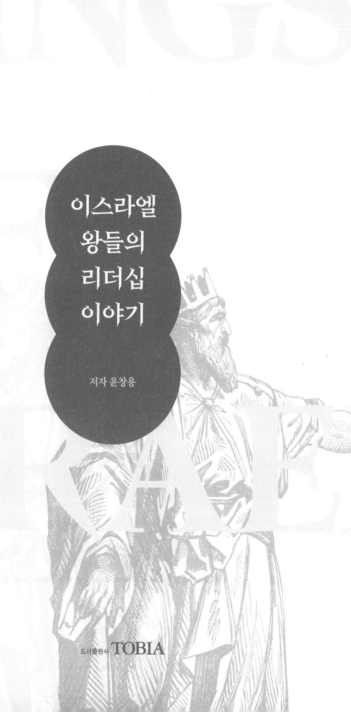

이스라엘 왕들의 리더십 이야기

저자 윤창용

도서출판사 TOBIA

저자 윤창용 목사

윤창용 목사는 서울신학대학교와 동 대학원에서 신학과 목회를 공부하였습니다(M.A., Th.M., Ph.D). 영생교회를 시작으로 공북교회와 청주서원교회를 거쳐 동광교회에서 사역하였습니다. 기독교대한성결교회 부산서지방회 회장과 서울신학대학교 이사. 기독교대한성결교회 해외선교위원회 위원장 및 캄보디아선교회 이사장으로 한국교회 발전과 교단 발전을 위해 수고했습니다. 현재는 CTS기독교TV 이사로, 국민일보 목회자포럼 회장으로 섬기고 있으며. 기독교대한성결교회 한우리교회 제21대 담임목사로 헌신하는 가운데 한국교회를 이끄는 교회의 비전을 품고 온 성도들과 함께 신실한 목회의 길을 걷고 있습니다. 저서로는 설교집 『틈새에 서 있는 사람』(사랑마루, 2015)과 단상, 『성서의 여인들』(토비아, 2020)이 있습니다.

이스라엘 왕들의
리더십 이야기

1판 1쇄 2024년 1월 14일

저자_윤창용
편집_강신덕
디자인_오인표
펴낸이_강신덕
펴낸곳_도서출판 토비아
등록_107-28-69342
주소_03383) 서울특별시 은평구 은평로 21길31-12, 4층
　　　 T 02-738-2082 F 02-738-2083

ISBN: 979-11-91729-20-7 (03230)
* 도서출판 토비아는 토비아선교회가 순례, 말씀사역, 콘텐츠선교를 위해 세운 출판브랜드입니다.

이스라엘 왕들의
리더십 이야기

저자 윤창용

도서출판사 **TOBIA**

뜻밖의 교훈으로 가득한 책

이 영 훈
여의도순복음교회 담임목사

국민일보 목회자포럼 대표회장이신 윤창용 목사님의 신간 추천사를 쓰게 된 것에 감사드립니다. 국민일보 목회자포럼은 차세대 지도자를 양성하고 한국사회에 비전을 제시하기 위해 2015년에 설립되었습니다. 그리고 윤창용 목사님과 같은 교계 지도자들에게 그 책임과 사명이 주어졌습니다. 그런 가운데 이번 목사님의 책 『이스라엘 왕들의 리더십 이야기』를 접하게 되었습니다. 그리고 책이 들려주는 리더십에 관련된 이야기들에 놀라움을 금치 못했습니다. 윤창용 목사님께서 목회자포럼을 맡아 이끌어 가시기에 참으로 적합한 리더라는 것을 다시 한 번 깨닫게 되었습니다.

한 공동체의 리더가 된다는 것은 결코 쉬운 일은 아닙니다. 시대를 따라 적절한 리더십을 겸비한 인물들이 주목을 받았고 리더로서 쓰임 받았던 것이 역사의 이치입니다. 하나님께서는 그 시대에 어울리는 리더들을 세우시고 그들을 통해 당신의 섭리를 세상 가운데 펼치셨으며 당신의 뜻을 그들을 통해 이루셨습니다. 다윗이나 솔로몬도 그랬지만 하나님께서는 고레스나 아하수에로 같은 왕들을 통해 당신의 놀라운 일들을 성취하시고 실현하셨습니다. 우리는 그래서 리더라는 것이 어떤 모습으로나 혹은 누구에게나 하나님의 쓸모대로 나타난다는 것을 주목해야 합니다. 이것이야말로 성경적인 리더십의 핵심입니다.

사실 성경이 이야기하는 왕들의 리더십은 고루해 보이기도 합니다. 그 시대 왕들은 수직적인 리더십의 전형입니다. 하나같이 권위의 자리에 앉았고 백성을 아래에 두고 다스렸습니다. 그런데 오늘 우리가 사는 시대는 그런 왕들의 시대가 아닙니다. 그 시절 수직적인 리더십은 이제 낡고 고루한 것이 되어버렸습니다. 오늘날의 세상은 더 이상 상하 관계가 존재하는 전통적인 수직적 리더십이 통용하지 않습니다. 오히려 오늘의 리더십은 공동체와 함께하는 협력적인 리더십 즉, 수평적 리더십이 대세를 이루고 있습니다. 그래서 사실, 저는 윤창용 목사님의 책을 처음 받아들고 의심을 지울 수 없었습니다. 그런데 막상 내용을 하나하나 읽어보니 나의 의심이 기우라는 것이 곧 밝혀졌습니다. 목사님이 다루신 왕들의 리더십은 하나같이 이 시대에도 중요한 교훈들로 가득했습니다. 본서에서 나타나는 이스라엘 왕들의 리더십은 그들의 잘했고 못했고를 떠나 하나같이 나름의 가치가 있었습니다.

저자는 관계 중심적으로 왕들의 리더십을 해석하고 있습니다. 즉, 수직적인 리더십을 가지고 있는 왕들의 모습가운데에서 수평적인 리더십을 찾는 새로운 시도를 했다는 것입니다. 이스라엘의 핵심적인 왕들이 하나님과의 관계에서, 백성들의 관계에서, 자기 자신과의 관계에서, 리더로서 책무와의 관계에서, 이웃과 환경과의 관계를 통해 어떻게 자신의 리더십을 펼치고 있는지를 살펴보면서 다양한 모습을 통해 오늘날의 필요한 지혜를 탐구할 수 있습니다. 때로는 실패를 통해서, 때로는 성공을 통해서 올바른 리더십이 무엇인지에 대해서 깊이 고찰할 수 있는 책입니다. 특별히 저자는 구약 이스라엘 왕들로만 이 책을 마무리하는 것이 아니라 이스라엘의 완벽한 왕의 모습, 메시아 예수 그리스도를 소개함으로 부족한 부분들을 보완하고 비교할 수 있게 해주고 있습니다. 결국 우리는 이 책을 통해 오늘날 우리 리더십을 점검하고, 비교하면서 이상적인 방향으로 나아갈 새로운 자극을 얻을 수 있습니다.

세상이 보이는 여러 가지 시험과 환란 가운데에도 우리는 이 세상의 빛과 소금의 역할을 감당해야 합니다. 그리스도인으로서 이 세상 가운데 진정한 리더가 되어야 한다는 말입니다. 세상에 끌려 다니는 것이 아니라, 이 세상을 선도하기를 원하는 독자들이 있다면 꼭 이 책을 선택해 보시기를 바랍니다. 그리고 왕들의 리더십을 통해서 나의 리더십을 점검하고 세상을 움직일 수 있는 이 시대의 진정한 리더가 탄생하기를 기대해봅니다.

리더십 연구에 관한 새로운 실험

황 덕 형
서울신학대학교 총장

본서는 성경에 기록된 이스라엘의 다양한 왕들의 기록을 통하여 배우는 하나의 진지한 리더십 연구입니다. 그렇지만 아주 범상치 않은 목표를 세우고 있습니다. 성경의 왕들의 이야기에 가려져 있거나 혹은 아직 다 발견되지 않은 통찰을 새로운 읽기를 통하여 발견하고 그 교훈 배후에 역사하는 하나님의 섭리를 배우며 또한 이와 더불어 오늘 우리에게 주시는 메시지를 발견하고자 합니다. 사람들이 하듯이 세계 열방의 아주 흥미진진할 왕들의 이야기를 통해 어떤 교훈을 얻으려는 것이 아닙니다. 냉철한 분석으로 왕들을 리더십의 심판대 앞에 세우려는 것이 이 책의 목적입니다.

사실 '성경의 왕들의 이야기'는 이미 열왕기와 역대기의 고유하면서 구체적인 가치기준에 의하여 혹독하리만큼 평가되어 있기 때문에, 왕들의 이야기를 통해서 리더십을 위한 다른 통찰을 얻기 어렵습니다. 그럼에도 불구하고 윤창용 목사님은 구도자의 심정으로 아주 어려운 결심을 하고 전혀 새로운 읽기를 시도하고자 합니다. 그래서 이러한 작업은 사실 두 가지 관점에서 세심한 주의를 기울여야 했을 것입니다. 먼저 현대적 역사의식에 대한 새로운 이해를 충분히 고려했을 것입니다. 우리는 역사가 과거 기록을 단순하게 현재화 시킬 수 없다는 것을 알고 있습니다. 언제나 역사란 과거 텍스트와 현재의 관점이 만들어내는 살아있는 대화이며 가능성의 공간으로서 새롭게 등장하는 역동적 창조의 사이인 것입니다. 두 번째로 성경이라는 텍스트가 가진 독특성의 문제입니다. 성경은 하나님께서 예수 그리스도 안에서 이루어 가시는 구원의 질서와 역사를 기록하고 있는 문서입니다. 이 본래의 성격에서 벗어나 다른 과제나 주제를 찾고자 한다면 그것은 매우 피상적인 작업이 될 수밖에 없는 것이라고 할 것입니다.

이러한 두 가지 어려운 여건들을 고려해볼 때 성경의 왕들의 이야기를 자신의 고유한 방식으로 읽어내면서, 관계적 리더십의 틀을 중심으로 그들을 평가하여 오늘을 위한 바람직한 리더십을 찾는다는 것은 참으로 어려운 작업이었을 것입니다. 그럼에도 불구하고 윤 목사님은 그 작업을 완수하셨습니다. 그리고 우리가 배워야 할 리더십의 궁극적인 대화 상대자로서 모든 성경의 주제이신 메시아의 리더십을 인정하고 있습니다. 메시아 리더십의 관계 아래서 구약 왕들의 이야기를 현재화시킴과 동시에 메시아가 보여주시는 리더십의 기준 하에서 그들을 비판적으로 검토하여 평가하는데 성공하였습니다. 그리고 그렇게 함으로써 우리에게 교훈을 남기는 작업을 완성하였다는 것은 참으로 놀라운 역작이라고 할 것입니다. 이러한 형식상의 완성도만으로도 본서는 꼭 한번 읽어봐야 할 내적 당위성을 가지고 있습니다.

마지막으로 본서의 가치에 대하여 말하고자 할 때 반드시 언급해야 할 것은 본서가 가지는 여러 가지 리더십의 특성에 대한 정확한 이해 그리고 친절한 해석과 더불어 그에 연관된 진지한 저자의 고민과 풍성한 자료가 흥미진진하게 서술되고 있다는 사실입니다. 본서는 읽기 시작하면서 잠시도 지루하다거나 반복적이어서 천편일률적일 수 있다는 생각을 못하게 합니다. 거기에 덧붙여 우리가 스스로를 반성하며 자신의 리더십을 형성하는데 유익하고 온갖 여러 가지 다양한 측면을 미리 생각해 볼 수 있도록 하는 사고 실험을 가능하게 한다는 점에서 아주 신선한 시도를 내포한 책입니다. 우리 교단의 목사님께서 이러한 책을 기술하셨다는 데 큰 자부심을 느끼며 숙독을 권합니다.

구약성경의 리더십을 재해석하다

권 수 영
연세대학교 신과대학 교수

지난 20년 간 종합대학교에서 상담과 코칭을 가르치는 덕에 많은 기업과 단체들이 추천자가 속한 대학에 요청하는 리더십 위탁교육을 맡아왔습니다. 전통적인 리더십 연구에서 당연하게 여겼던 리더십의 원형은 국가의 통치자로서의 리더십이었습니다. 하지만, 우리 시대는 더 이상 이러한 카리스마 있는 통치자의 통솔력을 바람직한 리더십의 모습으로 여기지 않습니다. 특히 젊은 밀레니얼 세대는 왕 같은 리더의 모습을 '꼰대'라고 저평가하는 시대가 되었습니다. 이에 사회 곳곳에서 리더십의 변화가 절실한 시대인 것입니다.

윤창용 목사님의 『이스라엘 왕들의 리더십 이야기』는 구약성경 역사를 재해석하여 그리스도인들은 물론이고 우리 사회 모든 리더를 향해 숨겨진 지혜를 전달하는 묘약 같은 책입니다. 1970년대 신약성경을 기반으로 '서번트 리더십'이란 개념을 비즈니스 세계에 소개한 이는 목회자가 아니었습니다. 로버트 그린리프Robert K. Greenleaf는 AT&T 라는 미국

전화회사를 38년간 다니다가 은퇴한 후 예수 그리스도가 보여준 섬김의 리더십이 현대 기업의 윤리경영의 핵심이라고 주장했습니다. 그린리프는 MIT와 하버드 경영대학원에서 가르치기도 했고, 록펠러 재단, 포드 재단, 인도 정부에까지 경영 컨설팅을 했습니다.

저는 윤창용 목사님의 『이스라엘 왕들의 리더십 이야기』를 통해서 제가 그동안 가지고 있던 성경 기반 리더십의 시각이 몇 차원 확장되는 놀라운 경험을 하였습니다. 구약성경에 등장하는 왕들의 이야기는 이미 지난 구시대의 리더십으로 치부하기 쉬운 구태라고 여겼기 때문입니다. 최근 리더십 연구의 화두는 '서번트 리더십'을 넘어서 '관계적 리더십'을 추구합니다. 혁신적인 기업마다 리더들은 구성원들 뿐 아니라 소비자들과도 친밀하게 관계를 맺는 능력을 가장 중요한 리더십 자원이라고 밝힙니다.

『이스라엘 왕들의 리더십 이야기』는 바로 이 '관계적 리더십'을 핵심 주제로 구약성경을 해석합니다. 이스라엘 왕들의 즉위로부터 역사적인 퇴장에 이르기까지 구약성경이 묘사하는 왕들의 이야기를 왕과 하나님과의 관계, 왕과 백성들과의 관계, 왕과 자기 자신과의 관계, 왕과 자기 책무와의 관계 그리고 왕과 대외 관계 등의 다섯 가지 축에서 살피고 각왕들의 리더십의 특징을 정리하고 있습니다.

저는 무엇보다 저자가 『이스라엘 왕들의 리더십 이야기』를 통하여 리더십의 관점으로 이스라엘 왕들과 메시아로 오실 왕 되신 예수 그리스도를 연결하고자 하는 해석학적인 시도를 하고 있음에 주목하고 싶습니다. 이스라엘 왕들이 보인 여러 리더십의 강점과 약점들, 훌륭함과 흠결들 모두를 구약 예언자들이 계시 가운데 꿈꿨던 메시아의 리더십으로 연결하고 있습니다. 그래서 신약 시대에 완성된 예수 그리스도의 왕 되신 리더십으로 이스라엘 왕들의 리더십을 최종 보완하려는 시도입니다.

윤창용 목사님의 『이스라엘 왕들의 리더십 이야기』는 우리 모두에게 리더십의 관점으로 이스라엘 역사와 신약으로 이어지는 구원사 전체를 조망하는 기쁨을 제공할 것입니다. 그리스도인들은 자주 기도 중에 이 땅의 위정자와 리더들을 위해 기도하곤 합니다. 이 책으로 인해 우리는 이제 단순히 하나님께서 사용하시는 리더가 되게 해 달라는 기도를 넘어, 우리가 중보 기도하는 리더가 어떠한 관계와 비전으로 리더십을 발휘해야 할지 조목조목 구체적으로 기도할 수 있게 되었습니다. 리더를 위해 기도하는 모든 그리스도인들, 리더이신 그리스도인들 그리고 이 땅의 모든 리더들에게도 강력하게 일독을 권합니다.

머리말

리더가 된다는 것

마틴 루터 킹Martin Luther King Jr.은 앨라배마에서 했던 한 연설에서 '리더가 된다는 것'에 대해 이렇게 말했다. "리더는 자신이 옳다고 생각하는 것, 그리고 시대가 그렇게 요구하는 것으로 사람들을 변화시키기 위해 자신의 삶을 온전히 바치는 사람이다." 마틴 루터 킹의 생각에 리더는 미국 흑인들의 인권과 평등한 삶을 위해 최선의 노력을 다하는 사람이었다. 실제로 그는 동료 흑인들의 생각과 마음 그리고 행동을 변화시키기 위해 자기를 온전히 바쳤다. 더 나아가 그는 동료 미국인들의 생각과 마음 그리고 행동을 변화시키기 위해 최선의 노력을 다했다. 그는 그렇게 해서 자기 주변 흑인들과 흑백을 초월한 미국인들 그리고 전 세계 모든 이들에게 인간됨에 관한 길을 여는 리더가 되었다. 그는 그렇게 온 인류가 추앙하는 참된 리더가 되었다.

리더가 된다는 것은 자기 확신과 의지가 중요하다. 그러나 리더가 되는 길에서 자기 의지는 필요는 할지언정 충분하지는 않다. 리더가 된다는 것은 자기 의지를 훨씬 넘어서는 관계적 요소들이 작동한 결과이다. 당장 시대적, 상황적, 역사적 요구와도 관계가 있다. 시대가 원하고, 역사가 필요로 하며, 상황이 요청하는 그 사람이 그때 그 자리의 리더가 되는 것이다. 또한 리더가 되기 위한 충분 요소에는 자신의 책무나 사람들과의 관계도 있다. 리더는 독불장군이 아니다. 리더는 홀로 앞서 있으나 모두와 동반하여 앞선 사람이다. 그러니 그가 이끄는 사람들과의 관계 혹은 그가 해야 하는 일과의 관계 여부는 리더가 되는 중요한 요소가 된다. 이 외에도 리더는 우리가 다 열거하기 어려운 여러 역학관계의 고려 속에서 이루어진다.

중요한 것은 '관계'relationship이다. 리더는 자신과의 관계, 타인과의 관계, 하는 일들과의 관계, 그리고 주변 환경과의 관계가 존재한다는 사실을 알고 있다. 여기에 기독교인이라면 하나님과의 소명 관계나 신앙 관계도 중요한 요소로 포함된다. 결국 리더에게는 모든 관계적 요소들 가운데서 행위에 관한 좋고 나쁨, 훌륭함과 미숙함에 따라 평가가 주어진다. 평가를 앞세우려는 것이 아니라 관계의 중요성을 말하려는 것이다. 관계는 결국 '추이'이다. 좋을 때와 나쁠 때, 훌륭할 때와 부족할 때가 있다. 중요한 것은 그 모든 변화를 바르고 선한 추이로 개선해 나가는 것이다. 좋은 리더는 모든 관계가 훌륭한 사람이 아니다. 좋은 리더는 자기 리더십의 추이를 꾸준히 선하고 바른 방향으로 끄집어 올리는 사람이다. 그런 의미에서 이스라엘의 열왕들의 이야기는 관계적 리더십을 살피고 분석하기 좋은 대상이다. 그 치세가 짧았건 길었건 그들은 '추이'와

'경향'을 보였다. 그리고 성경은 그런 그들의 리더십을 한마디로 평가 정리해 두었다. 성경 왕들의 리더십을 공부하는 일에서 해야 할 일은 그들이 왜 그런 추이를 보였고 그런 경향으로 흘러갔는지를 관계적 차원에서 살피는 것이다.

한동안 이스라엘 왕들을 공부하고 설교하면서 그들의 리더십 추이와 경향에 관한 통찰을 얻게 되었다. 그 통찰은 매우 흥미로웠다. 다윗은 관계적 맥락에서 꾸준히 개선하고 상승하는 모습을 보여주었다. 그는 부족하고 연약한 인간적 면모들을 드러내는 가운데 꾸준히 자기 개선을 시도했고 훌륭한 왕의 리더십의 길로 차근히 나아갔다. 그런데 그의 아들 솔로몬은 반대의 길로 갔다. 그도 처음에는 바르고 선한 길 위에 서 있었고 그런 추이로 이스라엘의 왕이 되어갔다. 그러나 곧 상황은 바뀌었다. 그는 점점 내려앉았고 악하고 불의하게 되었다. 결국에 말년에 돌이키기는 했으나 그는 확실히 좋지 않은 방향으로 리더십의 추이를 보여준 왕이 되었다. 다윗과 솔로몬의 이야기를 시작으로 이스라엘 왕들의 관계적 리더십 이야기는 흥미로운 통찰들을 전해준다. 그들은 서서히 혹은 급격하게 불의한 모습으로 전락하기도 했다. 어떤 경우는 좋았다가 나빠지기도 했고, 악했다가 선해지기도 하는 모습을 보이기도 했다. 일관되게 악하거나 일관되게 선하고 의로운 경우도 있었다. 이 모든 통찰은 결국 우리에게 리더십의 의미를 일깨워 준다. 무엇보다 열왕의 이야기들이 예언자들에 의해 메시아적 리더십 즉, 예수 그리스도의 리더십으로 이어진다는 것이 중요하다. 이스라엘 왕들에 관한 공부가 특히 그들의 리더십에 관한 공부가 예수 그리스도에게 이어지는 것을 보는 것은 즐겁고 행복한 경험이었다.

이 책이 열왕들에 관한 평가나 결론이 되는 것을 원치 않는다. 성경이 이미 결론을 내렸기에 열왕들의 리더십에 관한 평가는 그것으로 족하다. 단, 이 책이 열왕들의 리더십에 관한 새로운 논의의 시작이 되길 바란다. 그들에게도 시간과 기회가 있었고 그 시간과 기회 가운데 그들은 왕에 대한 자기 정의를 내리고, 그 정의에 노력을 다했다는 점이다. 그렇게 그들은 수년 간 혹은 수십 년간 왕으로 있으면서 스스로 왕으로서 리더십에 관한 자기 정의를 내렸다. 그러므로 우리는 왕들이 스스로 정의 내린 리더십을 살펴보면서 성경의 평가와 특별히 메시아적 소망에 비추어 그들의 리더십이 어떤 교훈을 우리에게 주는 지를 살펴야 한다. 이 책은 그 통찰을 얻고 교훈을 살피는 일에 충실했다. 그것으로 만족한다.

책을 쓰고 정리하는 일에 여러분들이 함께 해 주었다. 동역자들 특히 정영호 목사의 도움은 책을 완성하는 길의 중요한 동반자였다. 박인규 장로님과 이정열 권사님은 완성된 원고를 읽어주시고 적절한 교정을 해 주셨다. 장로님들과 목회실의 기도와 관심은 이 책이 완성되는 길의 중요한 원동력이었다. 토비아의 여러 관계자들에게도 감사한다. 그들은 내가 어떤 의도로 책을 만들려 하는 지를 잘 알아준 사람들이다. 한우리교회 성도들이 부족한 사람의 리더십을 따라 주고 있음에 감사한다. 나 역시 선하고 바른 성경적 리더십을 향한 변화의 추이 위에 서 있는 사람이다. 나 스스로도 꾸준히 바른 리더십을 향해 정진하는 사람이기를 바란다. 이 책의 통찰과 교훈은 나의 온전한 리더십을 향한 정진에 귀한 디딤돌이 되어 주었다. 마지막으로 목회적 리더의 자리를 허락하신 하나님 앞에서 겸손하고 싶다. 그분을 경외하는 것이야말로 나의 목회적 리더십의 핵심이요 근간이다.

2023년 12월 한 해를 마무리하며

윤청웅

Contents

이스라엘 왕들의 리더십 이야기

열왕에게 배우는 리더십

태어나기보다 만들어지는 자리

영국과 프랑스 사이 백년 전쟁이 한창이던 1399년 헨리 4세Henry IV가 리처드 2세Richard II를 폐위시키고 영국의 왕위에 올랐다. 왕이 되기 전 볼링브로크Bolingbroke로 불리던 헨리 4세는 권세가 대단했던 에드워드 3 세EdwardIII의 아들 랭카스터 공 곤트 존John of Gaunt의 아들이었다. 그러나 아버지 곤트 존이 리처드 2세의 섭정 후 계속 권력에 대한 야망을 버리지 못하자 작위를 빼앗기고 아버지와 함께 유배되었다. 그러나 그는 곧 일어섰다. 유배되어 일 년 정도가 지나고 아버지가 죽자 캔터베리 대주교와 여러 귀족들의 동조를 얻어 리처드 2세를 몰아내고 스스로 왕위에 오른 것이다. 이때 그는 자신의 아버지가 에드워드 3세Edward III의 아들이고 자신은 그 손자라는 명분을 앞세워 자신이 왕권을 이어갈 권리가 있음을 앞세웠다. 그러나 그가 쟁취한 왕권의 정당성은 그의 재위 내내 의

심반았다. 특별히 선대왕 리처드 2세가 감옥에서 의문사하자 그는 통치하던 내내 그를 옹위했던 귀족들의 반대와 반란에 직면해야 했다. 몇몇 귀족들은 헨리 4세가 리처드 2세를 가둔 채 굶겨 죽이려고 했다고 주장하면서 리처드 2세의 시신을 확인해야 한다고 주장했다. 헨리 4세는 결국 리처드 2세의 시신을 런던의 바울대성당에서 공개해야 했다. 이번에는 몇몇 귀족들 사이에서 리처드 2세가 죽지 않고 살아있으며 그의 왕권을 되찾으려 한다는 소문이 돌았다. 그들은 바울대성당에서 공개된 시신은 리처드 2세의 것이 아니라고 주장했다. 그뿐이 아니었다. 귀족들 가운데 몇몇은 리처드 2세에게 숨겨진 아들이 있으니 왕위는 그에게 돌아가야 한다고 주장했다. 그들은 살아있는 아들이 네덜란드에서 살고 있다고 말하기까지 했다. 헨리 4세는 그 모든 소문과 모함을 참고 견디며 리처드 2세에 관한 소문을 잠재우기 위해 애썼다. 그러나 그의 노력은 소용이 없었다.

세기가 바뀌어 1400년이 되자 웨일즈Wales의 글렌다워Owain Glyndŵr가 헨리 4세에게 반기를 들었다. 글렌다워는 리처드 2세의 폐위와 헨리4세의 등장이 불편했고 리처드 2세의 편에 있던 자신과 자신의 가문이 언젠가 런던에 완전히 무너지게 되리라는 위기감에서 반기를 들었다. 글렌다워의 반란은 헨리 4세에 의해 진압되었다. 헨리 4세는 그의 왕권에 도전하는 글렌다워를 묵과하지 않았다. 그런데 1403년 이번에는 노섬버랜드Nothumberland의 백작 헨리 퍼시Henry Percy가 반란을 일으켰다. 노섬버랜드의 반란은 헨리 4세에게 충격이 컸다. 특히 백작의 아들 핫스퍼Hotspur, 무모한 사람라고 불리는 헨리의 군대는 거세게 헨리 4세를 위협했다.

헨리 4세는 결국 나중에 헨리 5세가 되는 그의 아들 몬머스의 헨리를 앞세워 반란을 진압했다. 몬머스의 헨리는 아버지를 위해 충실하게 싸웠고 얼굴에 중상을 입으면서까지 전투를 승리로 이끌었다. 노섬버랜드의 반란까지 진압하고서야 헨리 4세는 한숨을 돌릴 수 있었다. 그는 아들의 반란 진압 소식을 듣고서 이렇게 말했다. "왕관을 쓴 머리는 늘 불안하다." 헨리 4세는 그렇게 왕권을 지키고 나라를 다스리는 쉽지 않은 길을 그만의 돌파력으로 차분하게 풀어갔다. 그는 한 발씩 한 발씩 온전한 왕의 자리로 나아갔다. 헨리 4세는 왕이라는 자리가 쉽게 주어지지 않는다는 것, 왕으로서 한 나라를 다스린다는 것이 가볍지 않다는 것을 보여준다. 헨리 4세는 왕관을 쓰고 다 갖춘 채로 왕위에 오르는 사람은 없다는 것을 보여준다. 그는 왕의 자리라는 것은 결국 꾸준한 노력과 헌신 가운데 지켜지고 굳건하게 된다는 것을 보여주었다. 그래서 훗날 헨리 4세 시대를 멋진 역사 희곡으로 정리한 셰익스피어는 이런 말을 남겼다. "왕은 태어나는 것이 아니라 만들어지는 것이다."

평범한 한 사람의 삶을 살피고 추적하여 평전으로 정리하는 것도 쉽지 않은데 한 시대를 왕으로 살고 다스리다 죽어 왕묘에 안장된 사람의 이야기를 다루고 그것을 평가하는 일은 더더군다나 어려운 일이다. 왕들의 일생에 관한 기록이야 많다지만, 제아무리 많아도 그 삶을, 그 일생의 이야기를 몇 권의 책, 몇 장의 이야기로 들여다보고 그가 잘했는지, 못했는지를 판단한다는 것은 자칫 장님이 코끼리 다리를 만지면서 그 전체 생김새를 그리는 꼴과 같은 것이다. 아니면 잘 그려진 그림 위에 쓸데없는 덧칠을 해대는 것과 같은 무모한 짓이 될 수도 있다. 그러나 그 모든 난관과 어려움에도 불구하고, 자칫 졸작이 될 수도 있다는 두려움에도 불구하고 왕들을 공부하고 그들의 삶과 통치를 평가해보는 것은 여느 역사적 연구나 공부보다 흥미롭고 가치 있는 것이다. 그들의 삶과 통치에 관한 연구는 그만큼 매력적이고 의미가 있으며 배울 것이 풍성하다. 도구와 방법만 괜찮으면, 들여다 볼 안목과 관점만 쓸모 있다면, 그들의 삶과 통치에 관한 기록들과 이야기 곳곳에는 숨은 진주들이 가득하다. 그들이 어떻게 왕이 되었는지, 어떻게 그 자리를 지켰으며, 그 자리를 완성해 갔는지를 살피는 일의 흥미진진함이다. 그들이 그 모습으로 태어난 것이 아니라 그 자리에 어울리는 사람이 되기 위해 분투한 흔적을 추적하는 일은 즐겁다.

이스라엘 왕들 공부하기

성경 구약 왕들의 이야기가 그렇다. 구약의 왕들은 지금부터 3천 년 전 고대 근동의 구석, 가나안 땅에 정착한 히브리인들의 나라 이스라엘을 다스렸던 사람들이다. 이스라엘은 우리가 공부한 세계사 가운데 고대사의 지극히 일부에 불과하다. 우리가 늘 책으로 보게 되는 여러 영웅들의 거대한 나라들에 비하면 보잘 것이 없다. 그들은 당대의 거대한 애굽의 왕들이 아니었으며, 위대한 앗수르와 바벨론, 페르시아의 왕들이 아니었다. 그들의 나라는 지금의 발달된 교통편으로 동서로 두 시간이면 횡단이 가능하고 남북으로 두 세 시간이면 종단이 가능한 작은 나라였다. 그들의 백성은 성경의 과장된 기록으로도 이백만을 넘지 않았고, 그들의 도시는 수천 명을 수용하기에도 버거웠으며, 그들의 군대는 과도한 설명을 조금 더 보태서 주변 비슷한 규모의 나라들과 어깨를 견줄 만한 정도로 올망졸망했다.

그러나 구약의 왕들은 거대한 나라를 다스리는 왕들 못지않은 자부심과 의지와 능력으로 다스리는 그들 나라의 왕들이었다. 그들은 비록 작은 나라의 왕들이었을지라도 큰 나라 못지않게 자기 나라와 백성, 그리고 수도와 왕궁을 가지고 있었다. 그의 통치 아래 있던 모든 것은 비록 규모는 작을지라도 그가 스스로 왕으로 여길 만큼 규모가 있었고, 왕으로서 자부심을 느낄 만한 권세를 누렸다. 그들은 그 작은 나라 백성들을 자기 백성이라고 불렀고 그들 가운데 그와 더불어 싸울 장수들과 군인들을 차출했으며, 그의 왕궁에서 시중을 들 시녀들을 발탁했다. 그들은 그 작은 나라 수도 왕궁에서 여러 신하들과 더불어 통치 행위를 펼쳤고, 정치를 벌였으며, 그의 지지자들 사이에서 기쁨을 누리기도 하고 그의 반대자들의 낯을 피해 도망치다 험한 일들을 겪기도 했다. 그들은 그 작은 나라를 어떻게 해서든 다스리겠다고 힘을 모으고, 권위를 세우고, 투쟁을 하고 그리고 전투를 벌이기도 했다. 그들은 그 작은 나라라도 지키겠다고 쳐들어오는 적군과 대적하여 싸워 이기기도 하고 패하기도 하고, 오히려 상대편 나라를 제압하기도 하고 혹은 그 나라 왕에게 굴욕적인 순복을 강요당하기도 했다. 그렇게 그들은 그 나라의 왕으로 섰고, 왕이 되어 갔고, 왕으로서 자리 매김을 하다가 역사의 뒤안길로 물러서 자기들 묘실에 누웠다.

이스라엘의 왕들은 어떤 이유에서건 왕의 자리에 앉게 된 후 줄곧 권세의 자리를 어떻게 다루어야 할지를 고민했다. 성경 사무엘서와 열왕기서 그리고 역대기서 및 선지서들과 시가서들을 읽는 것은 그들의 그 고민의 흔적을 읽는 것이다. 그들은 그 자리에 앉아 자기들의 생각과 지혜와 판단으로 '왕이 되는 길'을 찾고 발굴해 그 길을 걸었다. 그래서 그들 모두가 훌륭한 왕도를 이루지는 못했다. 그들 가운데에는 주어진 왕의 자리가 걸어야 할 길을 끝내 찾지 못한 채 방황하다가 결국 길을 잃고 나락으로 떨어진 사람들이 있었다. 그들 가운데 일부는 주어진 왕의 자리와 권세를 가지고 온갖 악한 일들을 벌이며 그와 그의 집안과 그리고 백성과 나라를 멸망의 길로 들어서도록 했다. 그들 가운데 누군가는 스스로 찾은 '왕의 길'을 자기와 자기 일가의 편리와 유익을 펼치는 일에만 사용했다. 그들 가운데 누군가는 어렵게 알게 된 '왕의 길'을 통해 자기와 자기 가문과 나아가 자기 백성의 바르고 평안한 미래를 열었다. 그리고, 그들 가운데 몇몇은 참된 '왕의 길'을 깨달아 그들이 섬기고 예배하는 하나님께서 보시기에 기뻐하실만한 선정을 베풀고 하늘과 땅과 백성 모두에게 평안한 길을 열어 주었다. 그들 누구도 자신에게 주어진 왕의 자리를 생각 없는 단세포 동물처럼 펼치지는 않았다. 그들은 모두 자기들 형편과 자질과 생각에 비추어 그들 나름의 왕의 길을 열었다.

이스라엘의 왕들을 공부하는 매력은 바로 여기에 있다. 이스라엘의 열왕들이 스스로 생각하여 펼친 길들의 이유와 의미와 가치 그리고 교훈을 살피는 일의 즐거움 말이다. 물론 성경의 역사서들은 각 책들 나름으로 왕들에 대한 평가와 교훈을 정리하고 있다. 특히 열왕기서는 다윗과 솔로몬 시대 이후 북이스라엘과 남유다의 왕들을 실록처럼 연대기로 열거하면서 각 왕들에게 일어난 일들과 그 의미, 교훈을 정리했다. 그리고 각 왕들이 하나님 보시기에 합당한 왕이었는지, 그들이 열왕의 표본이라 할 수 있는 다윗의 길을 갔는지를 살피고 평가했다. 사실 이스라엘의 왕들을 공부하면서 열왕기서가 붙여놓은 평가의 딱지를 제거하고 가치 중립의 상태에서 왕들을 바라볼 수는 없다. 그 외 자료들이 터무니없이 부족하기도 하거니와 이스라엘의 왕들을 다루는 문제에서 열왕기서가 들이대는 기준표를 무시하고 넘길 수는 없는 일이기 때문이다. 그들은 이스라엘의 왕이자 곧 하나님께서 세우신 나라의 왕들이었다는 말이다. 그럼에도 불구하고 열왕기서가 들이미는 기준을 손에 들고서라도 이스라엘 제왕들의 삶과 통치를 살피는 일은 여전히 즐겁고 흥미롭다. 비록 성경의 필터링이 작동하는 가운데라도 그들의 이야기에서 많은 부분 상상과 교훈을 발굴해 낼 수 있기 때문이다.

다윗 이래 이스라엘 왕들은 하나님 아래 세상 곳곳 큰 조직과 작은 조직, 큰 공동체와 작은 공동체를 다스리고 통치하도록 위임받은 우리의 선배들이어서 더더군다나 그들의 이야기는 우리에게 흥미를 더한다. 이스라엘 왕들이 나라 크기에 관계없이 왕으로서 다스림과 인도, 통치의 묘미 거의 모든 것을 느끼고 그 가운데 그들 나름대로 길을 찾는 가운데 나쁜 것이든 좋은 것이든 우리에게 교훈이 되는 것처럼, 우리 역시 우리에게 주어진 세상 곳곳 크고 작은 통치와 다스림 가운데 우리 나름의 길을 내고 우리 후배들에게 좋거나 나쁜 교훈이 되고 있다. 우리도 그들처럼 우리에게 주어진 자리에서 통치하고 다스린다. 우리도 역시 우리 나름의 '왕의 길'을 열고 있다. 그리고 우리도 역시 우리 아랫 사람들과 우리의 후진들에게 좋고 나쁨의 평가를 받는다. 무엇보다 우리 역시 우리의 통치와 우리의 다스림을 평가하시고 심판하시는 하나님 앞에서 두렵고 떨리는 마음을 품는다. 다윗이 그랬던 것처럼 말이다. 그는 이렇게 기도하며 노래했다. "모든 사람이 두려워하여 하나님의 일을 선포하며 그의 행하심을 깊이 생각하리로다."시 64:9 이것이야말로 우리가 이스라엘 열왕들을 공부하고 나누는 것에서 우리의 흥미를 돋우는 마술사이다.

왕들에게 리더십을 배운다는 것

사실 이스라엘 왕들에 관한 사람들의 설명과 해석은 다양하다. 니콜로 마키아벨리Niccolò Machiavelli는 그의 책 『군주론』The Prince에서 이스라엘 왕들의 사례 몇몇을 다루면서 북이스라엘의 반정 군주 예후의 예를 들면서 이렇게 말했다. "그는 무자비하면서도 비전 있는 왕이었다. 그는 그에게 주어진 목적을 이루기 위해서라면 그 무엇도 할 의지가 있는 사람이었다." 철학자 볼테르François-Marie A. Voltaire는 남유다의 개혁 군주 히스기야 왕에 대해 이러한 평가를 내렸다. "그는 지혜롭고 의로운 왕이었고 그의 나라 이스라엘을 위대한 번영의 시기로 인도한 왕이었다." 역사학자 에드워드 기본Edward Gibbon도 그의 책 『로마제국 흥망사』The Decline and Fall of the Roman Empire를 다루면서 북이스라엘을 세운 여로보암 왕에 대해 이런 평가를 내렸다. "그는 이스라엘 북부 왕국을 세운 빈틈이 없으면서도 매우 기회주의적인 왕이었다." 이 모든 평가는 이스라엘 왕들의 삶과 통치 모두를 한 마디로 평가하는 것이다. 그러나 그 모든 작가와 학자들의 평가는 그들 나름의 기준에 근거한 것이다. 이 모든 평가는 그들 나름의 멋진 것이지만 이스라엘 왕들의 모든 것을 온전히 드러내는 것은 아니다. 그렇다. 이스라엘 왕들을 온전히 평가하는 것은 있을 수 없다. 그들의 삶과 통치를 일정한 관점과 생각과 의도로 바라보고 그에 맞게 평가하는 것이 있을 뿐이다. 그렇게 본다면 이스라엘 왕들에 관해 '리더십'이라는 관점으로 살피고 평가하는 일은 이 모든 위대한 작가들의 평가에 뒤지지 않는 자기만의 독특한 평가일 수 있다. 우리가 만일 리더십에 근거해 이스라엘 왕들을 살피고 설명하고 정의할 수 있다면 거기에는 나름의 의미 있는 교훈들이 뒤따르게 될 것이다.

그렇다면, 우리는 이스라엘의 왕들에게서 리더십에 관한 귀한 교훈들을 얻을 수 있다. 당장, 그들이 주는 교훈은 테크니컬하거나 방법적인 면에서보다는 존재론적이고 인식론적인 차원에서, 그리고 가치적인 차원에서 교훈적이다. 이스라엘의 왕들이 보이는 리더십은 간주관적이지 않다. 그들이 보이는 왕도의 교훈은 가치 편향적이며 행동의 판단 규범이 분명하다. 신앙 윤리적인 차원에서 바라보는 기준으로 그들의 정치적인 행위를 판단하여 교훈을 찾는다는 말이다. 또, 그들이 전하는 통치의 교훈은 인식과 관점의 기준이 분명하다. 그들의 왕으로서 보인 여러 생각과 말들은 하나님과 모세의 율법, 다윗의 도리에 비추어 이리저리 치우친 모습을 보일 때가 많다. 결국 그들의 생각과 판단은 하나님 중심인지, 자기 중심인지에 따라 얻을 수 있는 교훈이 달라진다. 그들의 생각과 판단은 하나님의 공의에 기준한 것인지, 아니면 세상과 악의 불의에 기준한 것인지에 따라 주어지는 교훈도 달라진다. 무엇보다 그들이 보이는 왕이라는 존재에 대한 개념은 그가 하나님 앞에서 왕인지 아니면 세상 가운데 스스로 왕인지에 따라 그 옳고 그름이 분명해 진다. 이런 식의 기준점들은 앞서 언급했듯이 성경을 통해 이스라엘 왕들을 공부하면서 떼려야 뗄 수 없는 전제들이다.

그러나 이스라엘 왕들이 보인 리더십에 관한 공부는 전혀 다른 면에서 배울 점들이 있다. 이스라엘 왕들이 갖는 위와 같은 신앙적 전제들은 성경을 읽는 독자들에게만 있는 독특한 것이 아니라 이스라엘 왕들 스스로가 이미 가지고 있었던 일종의 왕됨의 조건과 같은 것이었다. 그래서 이스라엘의 왕들은 세상 여타의 나라 왕들이 보이는 것과 다른 양상을 그들의 재위 시절 드러낸다. 이스라엘 왕들에게는 그 보좌에 앉아 있는 동안 일련의 변화 추이가 나타난다. 그들은 하나님과 이스라엘 백성들 그리고 자기 자신과의 관계 및 주변 나라들과의 관계에서 변화의 흐름을 드러낸다. 어떤 왕들은 하나님과 백성들 및 자기 자신과의 관계가 점점 호전되는 모습을 보인다. 어떤 왕들은 반대로 하나님과 백성들, 및 자기 자신과의 관계가 점점 악화되는 모습을 보인다. 또 어떤 이들은 하나님과 백성들 및 자기 자신과의 관계 등에서 흔들림 없는 모습을 보이기도 한다. 하나님과 백성들과의 관계는 일관되게 악하고 자기 자신 및 자기 집안과의 관계만 좋은 경우가 있고 하나님과 백성들과의 관계 자기 자신과의 관계가 모두 일관되게 좋은 경우가 있다. 또, 그들은 국가 내에서 하나님과 백성들 및 자기 자신과의 관계에서 보이는 태도 및 행동에 따라서 대외 관계도 나름의 변화 추이를 뚜렷이 보인다. 이스라엘의 왕들의 경우 국내에서 하나님과 백성들 및 자기 자신과의 관계에서 올바른 모습을 보이는 경우 대외 관계도 국내 관계의 여부에 따라 좋고 나쁜 관계가 형성된다. 이렇게 본다면 국내 관계가 좋다고 해서 대외 관계가 무조건 좋을 리가 없다. 반대로 대외 관계가 좋은 것이 꼭 국내 관계의 호전으로 이어지지도 않는다.

이 책은 이스라엘 왕들의 이 '관계적 리더십'을 이 책을 전개하는 중요한 축으로 삼고자 한다. 그래서 이스라엘 왕들의 즉위로부터 역사적인 퇴장에 이르기까지 성경이 묘사하는 왕들의 이야기를 왕과 하나님과의 관계, 왕과 백성들과의 관계, 왕과 자기 자신과의 관계, 왕과 자기 책무와의 관계 그리고 왕과 대외 관계라는 다섯 가지 축에서 살피고 각 왕들의 리더십의 특징을 정리하고자 한다. 그렇게 해서 각 왕 리더십의 특징을 긍정과 부정을 넘어서는 한 가지 표현들로 정리해 보고자 한다. 그렇게 되면 각 왕들이 보인 긍정적인 리더십과 부정적인 리더십 모두에서 일단의 교훈을 끄집어낼 수 있으리라 보는 것이다. 사실, 왕들의 리더십이라는 것이 그 내적인 통치 논리가 있어서 함부로 판단할 수 없는 것이다. 왕들의 통치 행위는 그 시절의 상황과 사태에 따라서 나름의 이유가 붙게 마련이고 그렇게 역사적인 기술들을 이해하다보면 왕들의 통치행위는 나름의 이유와 명분 가운데 옳고 그름의 영역을 넘어서기가 일쑤이다. 그러나 이 책은 그런 문제들을 성경이라는 기준을 통해 넘어서고자 한다. 성경이 이미 전제해 놓은 조건들 속에서 왕들을 살피는 가운데 그 옳고 그름을 정리하고 그리고 그 가운데서 리더십에 관련된 의미와 교훈을 추출하자는 것이다.

중요한 것은 이스라엘 왕들이 엿보인 생각과 자세와 행동을 리더십이라는 안목으로 살피는 것이다. 그래서 그들에게서 리더십의 교훈을 얻어내는 것이다. 혹시나 이스라엘 왕들 누군가 이 책을 보고서 그들의 마음과 생각과는 다르다고 말하거나 그들의 의도와는 다른 해석이라고 말하는 이들도 있을 것이다. 그러나 그것은 중요한 것이 아니다. 그들의 행동은 이미 벌어졌고 성경의 안목으로 기록되었으며 무수히 많은 이들에게 해석되었으며 이 책도 그 모든 기반 위에 서서 리더십이라는 새로운 해석적 교훈을 펼치기 때문이다. 이 책의 독자들은 이 책의 해석과 결론에 대해 재론의 여지가 있겠으나 이스라엘 왕들은 이 책에 관하여 그 어떤 변명도 늘어놓을 수 없다. 이 책은 그들의 모든 것을 다루는 책이 아니라 그들이 보인 것을 리더십으로 살핀 책이다.

이 책의 목적과 규모와 한계

이 책은 이스라엘 왕들을 리더십이라는 관점으로 바라보고 그들의 리더십이 갖는 교훈을 살피는 것을 목적으로 썼다. 책은 선별된 왕들이 재위 시절 관계했던 주변, 즉 하나님, 백성들, 자기 자신 그리고 자기 책무 및 주변 나라들과 관련해 어떤 생각과 태도, 그리고 행동을 보였는지를 살필 것이다. 그리고 그것을 기반으로 그들의 리더십을 레이더 차트 radar chart로 정리할 것이다. 레이더 차트에서 매겨지는 각 관계 분야별 점수는 특별한 척도를 가지고 이루어지지는 않는다. 각 관계 분야별 점수는 저자의 왕들의 리더십에 관한 공부에 대한 일종의 주관적인 결론들이다. 중요한 것은 그 다음이다. 책은 마지막으로 각 왕의 리더십이 전하는 교훈들을 가지고 보다 나은 리더십을 위한 충분과 불충분, 필요와 불필요의 몇 가지 제안을 성경 예언이 말하는 메시아 상에 비추어 정리할 것이다. 그리고 그렇게 정리된 포인트들을 우리 주 예수 그리스도께서 세상에 오셔서 보이신 왕된 리더십으로 모아 결론을 맺으려 한다. 이런 면에서 책이 지향하는 것은 분명하다. 이스라엘 왕들이 보인 여러 리더십의 장점과 약점, 훌륭함과 흠결 모두를 구약 예언자들이 계시 가운데 꿈꿨던 메시아의 리더십으로 연결하는 것이다. 그래서 그것을 현실로 이루신 예수 그리스도의 왕된 리더십으로 이스라엘 왕들의 리더십을 최종 보완하는 것이다.

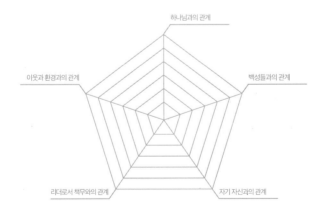

물론 이 책은 어쭙잖은 현대적 제안 같은 것은 다루지 않는다. 이 책은 현대 리더십을 다루고 리더십에 관한 멋진 제안을 하려고 만들어진 책이 아니다. 리더십 전문가도 아닌 저자가 리더십에 왈가왈부하는 것은 옳지 않다는 생각이다. 이 책은 그저 이스라엘 왕들이 보인 리더십들에 관한 저자의 공부와 통찰, 그리고 고민을 간략하게 담은 수준이다. 그러니 리더십에 관한 현대적인 교훈과 제안은 책을 읽으시는 독자들 각자의 몫으로 두려고 한다. 그래서, 이 책은 이스라엘 왕들을 다루고 거기서 리더십의 교훈을 얻어내려는 목적에서 쓰였다. 독자들은 이 책을 읽으면서 성경에 기반한 왕들의 삶과 통치에 관한 이야기들을 접하게 될 것이다. 그리고 그들의 삶과 통치가 갖는 의미와 리더십의 교훈이 무엇인지 정리하고 살피고자 한다. 이 부분에서 독자들은 각자 자기 삶과 사역과 일들에서 본인은 어떤 리더인지를 돌아볼 수 있는 기회를 갖게 된다. 책은 오늘을 위한 적용과 제안을 전적으로 독자들에게 넘기지만 그것이 훨씬 독자들에게 좋은 기회이리라 생각한다.

무엇보다 책이 중요하게 여기는 것은 메시아 리더십이다. 독자들은 마지막 장에서 메시아 리더십을 읽으면서 그동안 읽은 이스라엘 왕들의 리더십에 관한 이야기들이 성경 스스로의 통찰로 정리되고 있음을 알게 될 것이다. 그리고 그 모든 결론적인 이상理想을 예수 그리스도에게서 보고 그분의 리더십이야말로 이스라엘 왕들을 포함한 오늘 우리의 리더십에 이르기까지 모든 세상에 위임된 리더십의 진정한 대안라는 것을 알게 될 것이다. 책은 우리가 믿고 따르는 우리 주 예수 그리스도야말로 우리에게 리더십의 표상이며 이상이고 실현 가능한 목표치라는 것을 일깨울 것이다. 마지막으로 이 책은 이스라엘 왕들 목록에 등장하는 모든 왕을 다루지 않는다. 책의 분량을 고려해서이기도 하지만, 사십이 명이나 되는 왕들을 모두 리더십이라는 주제로 공부하고 통찰하여 정리하는 것은 불가능하다. 그만큼 정보가 넉넉하지 않기 때문이다. 성경은 하나님께서 세상 가운데 벌이신 구원의 역사를 다룬 책이지 왕들의 전기가 아니라는 사실을 주지해야 한다.

제 **1** 장

다윗

David

기준점 찾기

기준점 찾기

  기준점a reference point을 설정하는 일은 중요하다. 그런데 그 일은 중요한 만큼 쉽지 않다. 과학혁명을 이야기한 토마스 쿤Thomas Kuhn은 연구를 위해 주어진 현상을 설명하고 분석하려면 기준을 명확하게 하는 일이 중요하다고 말하면서 동시에 그 기준을 갖는 일이 얼마나 어려운 일인지에 대해서 이렇게 말한다. "우리는 어떤 창문으로 세상을 볼 때조차 다양한 관점에서 세상을 본다. 동일한 안목을 갖는 일은 무척 어렵다." 유명한 과학자 칼 세이건Karl Sagan 역시 비슷한 생각을 했다. 그는 밤하늘 천체와 우주를 바라보면서 이렇게 말했다. "우리는 각자 자기 기준으로 이 우주를 바라본다." 철학자인 미셸 푸코Michel Foucault 역시 비슷한 생각을 이야기한 바가 있다. "어떤 하나의 모델과 샘플이 발생하면 우리는 그것을 두고서 서로 격렬하게 싸우는 경향이 있다." 과학적인 현상을 하나의 기준으로 보는 일만 어려운 것이 아니다. 역사와 사회를 보는 것 역시 기준을 갖기가 쉽지 않다. 서두부터 독자의 마음을 책으로부터 멀어지게 하려 하는 말이 아니다. 우리가 사는 현실이 언제든 어디든 늘 그렇다는 말이다.

리더십에 관한 생각 역시 마찬가지다. 우리 모두 리더십의 중요성을 잘 안다. 좋은 리더십을 가지고 팀과 공동체와 단체를 이끌어가는 일이 얼마나 중요한지는 설명이 필요치 않다. 그런데 좋은 리더십의 기준은 무엇인가? 리더십에서도 그 기준점을 설정하는 일이 쉽지 않다. 만일 기준점 설정하는 것이 가능하다면 우리는 여기저기 훌륭한 리더들의 등장을 많이 보았을 것이다. 그러나 현실은 그렇지 않다. 어떤 기준에 부합하는 좋은 리더를 찾는 일은 쉽지 않다. '구글링' 한번 해보면 리더십에 관한 생각이 얼마나 다양한지는 쉽게 알 수 있다. 대표적인 것이 권위적인 리더십과 민주적인 리더십 그리고 방임의 리더십이다. 1939년 커트 레빈Kurt Levin이 정리한 이 리더십 유형들은 우리를 곤란하게 만든다. 우선 권위적인 리더십은 조직과 단체의 의사결정을 리더 한 사람의 독단으로 결정하는 방식의 지도력을 말한다. 이런 식의 리더십은 조직과 단체의 효율성을 높일 수 있다는 장점이 있다. 그러나 구성원들에게 인기가 있을리는 만무하다. 특히나 요즘 같은 시절에 말이다. 민주적 리더십은 의사결정과정의 투명함을 지향한다. 무엇이든 모여 토론하고 의결해 결의된 것만 추진한다는 것이다. 그러나 우리 모두는 이런 식의 민주적 정치

형태의 리더십이 시간을 무척 잡아먹는다는 것을 잘 안다. 마지막으로 방임형 리더십은 어떠한가. 이것은 구성원들에게 믿고 맡기는 방식의 리더십을 말한다. 요즘 같은 시절에 좋은 리더십으로 비쳐진다. 그러나 지도자라면 누구나 그것이 얼마나 허망한지도 잘 안다. 구성원들이 업무에서 자기 책임을 다하는 경우는 생각보다 드물다. 돈을 아무리 많이 주고 동기유발을 잘해 주어도 구성원들은 주어진 시간과 책임 안에서만 일을 하려 하기 때문이다. 결국 그 모두를 엮고 묶어서 조직 전체에게 이익이 되도록 하는 일은 지도자로 세움 받은 사람의 몫이다. 문제는 '리더십'이라는 명사 자체에 있지 않다. '어떤'이라는 형용사와 부사가 포함된 리더십이 문제다.

오늘날 리더십 문제를 다루는 책들이 한결같이 말하는 것은 이것이다. '유형들은 이렇게 정리할 수 있다. 그러니 이 유형들 가운데 당신에게 어울리는 것, 당신 조직과 공동체에 어울리는 것은 당신 스스로 알아서 취사선택하라.' 사실 우리는 이런 식의 리더십 강의에 신물이 나 있다. 리더들에게 수동적인 면모가 있음을 말하려는 것이 아니다. 리더들은 모두 한결같이 자기에게 주어진 조직과 단체를 향한 책임을 다하려 한다. 그런데 그런 그들에게 객관적 자료와 여러 종류의 기준점들을 제공하고서 그 가운데 하나를 선택하라고 하는 일은 난감한 일이다. 이런 방식의 리더십 교육은 현재 지도자로서 책무를 다하는 사람들에게 어울리는 제안이 아니다. 이런 방식의 취사선택 유형 문제 제기는 차라리 리더십에 관한 강의를 듣는 경영학과 대학생의 수업에서나 어울리는 것이다.

현직에 있는 리더들에게 어울리고 필요한 것은 오히려 자기만의 리더십을 형성하게 해주는 코칭coaching이다. 코칭이란 『이너게임』Inner Game, 가을여행, 2019의 저자 티모시 갤웨이Timothy Gallway가 말하는 것처럼, "자기가 품고 있는 것을 개발하여 그것으로 실행하고 성취하도록 돕는 것"이다. 여기서 중요한 것은 자기가 품고 있는 것이 긍정적인 것만을 말하지 않는다는 것이다. 진정한 자기를 개발하는 일에는 긍정적인 부분만 아니라 부정적인 부분까지도 품고 자기를 개발하는 일에 포함하는 것을 말한다. 이렇게 본다면 참된 리더가 자기를 개발하고 자기 리더십 유형을 찾아가도록 돕는 코칭은 리더로서 외적이고 객관적인 자질들을 자기화하는 일과 더불어 한 개인으로서 그가 품고 살아온 것들, 그에게 주어진 공동체적 현실들을 모두 품고서 그 가운데 자기 리더십의 유형을 찾도록 이끄는 유익한 작업이 될 것이다. 자기와 공동체의 현실을 직시하고 가장 옳은 리더십의 유형을 선택하여 자기를 개발하면서, 동시에 조직과 단체, 공동체를 이끄는 것이다.

리더십 전문가인 워렌 베니스Warren Bennis는 "리더십에서 자기 개발은 평생에 걸친 자기 훈련의 여정"이라고 말했다. 그는 "리더에게 자기를 개발하는 것은 단순히 직업적인 자리 하나를 얻는 것을 넘어서 조직과 세상에 최선을 다하는 자기를 찾는 지속적인 행동이다"라고 했다. 리더로서 자기를 개발하는 일, 그것은 공동체와 조직을 책임지는 이들에게 중요한 시간이다. 참된 리더는 모든 것을 완벽하게 갖춘 채로 최고의 자리에 오르지 않는다. 어느 정도의 소양과 능력을 인정받아 그 자리에 오르는 것이 당연한 일이겠지만, 리더의 자리에 올라선 그 모습 그대로 조직과 공동체를 이끌 수는 없는 일이다. 그는 꾸준히 자기를 개발해야 한다. 자기 조직과 공동체에게 어울리는 리더가 되기 위해 부단한 노력을 기울여야 하는 것이다. 타고난 것으로 조직과 공동체를 이끄는 것은 리더의 현실적인 자질에서 절반의 필요일 뿐이다. 참된 리더는 조직과 공동체가 필요로 하는 개발된 자질로 나머지 절반의 충분조건을 채운다. 결국 누군가의 적극적인 코칭을 통해 자기를 객관화하는 방식으로 자기만의 리더십을 개발하는 일은 참된 리더가 되기 위해 중요한 과정이요 단계가 된다.

성경의 다윗은 자기를 개발하고 공동체를 위해 최선을 다하는 리더가 되기 위해 꾸준히 노력하는 전형이다. 그는 어느 날 갑자기 왕위에 올라 슈퍼맨 같은 능력을 발휘한 사람이 아니었다. 어느 정도 자질과 능력이 주어져 있었다 하더라도 다윗은 꾸준히 자기를 개발하고 훈련하여 하나님과 백성 앞에 그리고 세상을 향해 훌륭한 왕이 되고자 노력했던 사람이었다. 그는 이스라엘을 위해 그리고 하나님 보시기에 바른 왕이 되기 위해 분전했다. 다윗은 준비된 왕이라기보다 부르심을 받은 왕이었다. 다윗은 왕의 자리를 누렸던 사람이 아니라 그 자리의 의미와 정체성, 역할을 찾기 위해 노력했던 왕이었다. 그렇게 다윗은 이스라엘을 다스리는 일이 무엇을 의미하며, 이스라엘의 왕이 된다는 것이 어떤 것을 필요로 하는지를 찾아 그것을 자기화하는 일에 최선을 다했다.

왕으로서 다윗

다윗은 이스라엘의 두 번째 왕으로서 이스라엘을 부족 연맹체에서 하나의 국가로 자리매김하도록 만든 사람이었다. 미국의 기초를 놓았던 토마스 제퍼슨Thomas Jefferson이 언급한 것처럼 다윗은 "한 나라를 세우고 그 나라를 나라답게 세우는 일에서 기독교계를 넘어서 세상 모든 지도자의 전형이요 모델"이다. 다윗 이전에 사무엘이 이스라엘의 왕으로 세운 사울이 있다고는 하지만, 아무래도 한 나라로서 이스라엘의 기초를 놓은 사람은 다윗이라고 보아야 한다. 부족 연맹체 이스라엘은 그 모든 것이 다윗에게로 흘러 들어가, 다윗에게서 나라의 모양새를 갖춘 채로 다시 태어났다. 로마 역사에 관한 탁월한 저서, 『로마인 이야기』RES GESTAE POPULI ROMANI, 한길사, 2008를 저술한 시오노 나나미가 율리우스 카이사르Gaius Julius Caesar를 공화정 로마를 재정립하고 황제정의 시대를 연 사람으로 평가하면서 "로마는 카이사르에게 흘러 들어가서 그에게서 다시 흘러 나왔다"라고 평가한 것처럼 다윗은 느슨한 연맹체로만 존재하던 이스라엘을 완전히 재편해 굳건한 왕정 국가로 새로 태어나도록 한 위대한 왕이었다.

사실 다윗은 왕가나 훌륭한 사사 가문에서 태어난 사람은 아니었다. 그는 유다 지파 사람들이 모여 살던 유다 산지 베들레헴의 이름이 알려지지 않은 집안 출신이었다. 그의 아버지는 이새였으며, 그의 증조할아버지는 보아스였다. 당연히 그의 집안 할머니들 가운데는 라합과 룻이 있었다. 라합과 룻, 혹은 보아스가 다윗 당대에 유명한 사람들은 아니었을 것이다. 그들이 이름을 알리게 된 것은 아무래도 다윗이 왕이 되고 난 이후의 일이었다. 아버지 이새 역시 그랬다. 가나안에 정착한 이스라엘 자손 사이에서 그는 이름이 알려지지 않은 사람들 가운데 하나였다. 한마디로 다윗의 집안과 사람들은 한결같이 무명이었다. 그런데 놀라운 일이 일어났다. 당대 이스라엘의 사사이며 예언자이고 지도자였던 사무엘이 다윗의 집을 방문한 것이다.

그 시절 사무엘은 고민이 많았다. 아니 하나님께서 고민이 많으셨다. 하나님께서는 어느 날 사무엘에게 이렇게 말씀하셨다. "내가 이미 사울을 버려 이스라엘 왕이 되지 못하게 하였거늘 네가 그를 위하여 언제까지 슬퍼하겠느냐 너는 뿔에 기름을 채워 가지고 가라 내가 너를 베들레헴 사람 이새에게로 보내리니 이는 내가 그의 아들 중에서 한 왕을 보았느니라."삼상 16:1 사무엘은 하나님께서 새로운 왕을 세우기로 하신 것으로 알고 즉시 베들레헴으로 갔다. 베들레헴에 도착한 사무엘은 그가 온 이유를 살짝 감추고서 거기 장로들에게 '성결 제사'를 제안했다. 그리고 그 제사에 이새의 집안을 초대하도록 했다.삼상 16:5 사무엘은 제사하는 자리에서 이새의 아들들을 살피기 시작했다. 큰아들 엘리압은 훌륭했다. 사무엘은 엘리압이 이스라엘의 왕이 될 재목이라고 여겼다. 그러나 하나님께서는 그의 의견에 동의하지 않으셨다. 하나님께서는 이렇게 말씀하셨다. "내가 보는 것은 사람과 같지 아니하니 사람은 외모를 보거니와 나 여호와는 중심을 보느니라."삼상 16:7 사무엘은 신중해졌다. 과연 그의 눈에도 엘리압을 비롯한 이새의 다른 다섯 아들들이 눈에 들지 않았다. 사무엘이 이새에게 물었다. "혹시 다른 아들이 있지 않은가?" 그러자 이

새는 미천한 막내아들이 있다고 말했다. 그리고 그는 그 아들이 아직 모자라고 어려서 들판에서 집안의 "양을 지킨다"라고 말했다.삼상 16:11 사무엘은 즉시 그 아들을 보자고 청했다. 그렇게 다윗이 나타났을 때 사무엘은 이 어린 다윗이야말로 이스라엘의 왕이 될 재목이라고 확신하게 되었다. 하나님께서도 다윗을 지목하셨다. 하나님께서는 사무엘에게 다윗의 머리에 기름을 부으라고 말씀하셨다.삼상 16:12 그렇게 다윗은 사울을 대신하여 이스라엘의 왕이 될 사람으로 지목되었다. 한미寒微한 집안의 미천한 아들, 양이나 돌보던 다윗은 그렇게 이스라엘의 왕좌에 오를 권리를 지니게 되었다.

하나님께서 택하시고 사무엘이 기름 부었다고 다윗이 즉시 왕의 자리에 오른 것은 아니었다. 그럴 수 없었다. 먼저 그는 사울 왕의 두통을 관리하는 음악 치료사로 왕궁에 자리를 잡았다. 그런데 세상은 다윗을 그냥 두지 않았다. 블레셋이 이스라엘을 침략한 것이다. 블레셋에게는 불패의 용장 골리앗이 있었다. 골리앗은 기골이 장대하고 싸움꾼의 기질이 다분한 장수였다. 그는 이스라엘을 도발했다. 그는 이스라엘 가운데 한 사람이 나서 자신과 결전을 치르고 그 결과로 전쟁의 승패를 판가름하자고 충동했다.삼상 17:8-9 사울 왕을 비롯한 이스라엘에서는 나설 사람이 없었다. 그때 다윗이 나섰다. 그는 어렸지만 담대한 마음을 품었다. 그는 그렇게 블레셋의 용장 앞에 섰다. 장비나 무기를 사용하지 않고 그저 익숙한 물맷돌만 들고서 말이다. 그는 스스로 이렇게 외쳤다. "너는 칼과 창과 단창으로 내게 나아 오거니와 나는 만군의 여호와의 이름 곧 네가 모욕하는 이스라엘 군대의 하나님의 이름으로 네게 나아가노라."삼상 17:45 그는 그렇게 싸움에서 이겼고 골리앗의 머리를 베었다.

골리앗과의 전투는 잠재적인 왕재王才로서 다윗의 지위를 격상시켰다. 그는 사울 왕에 의해 장군의 자리에 오르게 되었다. 그리고 곳곳에서 사울 왕을 대신해 싸웠고 전공을 많이 쌓았다. 다윗은 곳곳에서 승전했고 확실한 전과를 올렸다. 얼마 지나지 않아 다윗은 이스라엘 최고의 명예를 누리는 사람이 되었다. 왕의 자리에도 오를 것 같은 분위기에 휩싸였다. 사람들은 "사울이 죽인 자는 천천이요 다윗은 만만이로다"고 외쳐댔다.삼상 18:7 그러나 아직은 다윗이 왕이 될 때는 아니었다. 사울은 곧 그를 시기하기 시작해, 결국 그를 죽이려고 까지 했다.삼상 18:11 이후 줄곧 사울은 다윗을 죽이려는 음모를 꾸몄다. 다윗은 곧 위기에 몰리게 되었다. 한편으로는 사울을 모시면서도 다른 한편으로는 사울의 음모를 피해 다니느라 정신이 없게 되었다. 이 시기 다윗에게 왕의 자리는 멀기만 한 이야기였다. 다윗 역시 아직 왕으로서의 면모를 갖추지는 못했다. 아직은 그렇게 보아야 했다. 다윗은 골리앗을 죽인 이후 전쟁터를 전전하게 된다. 그리고 무수히 많은 싸움에서 무공을 쌓고 전과를 올리게 된다. 그러나 그것이 왕으로서 그가 가져야 하는 자질 모두는 아니었다. 왕이 가져야 할 자질 가운데 전투 능력은 지극히 일부에 불과한 것이었기 때문이다.

다윗이 왕으로서 능력을 키운 것은 오히려 사울을 피해 도망자 신세로 전락했을 때였다. 다윗은 도망자가 되어 사울의 왕궁을 떠났다. 그리고 여러 곳을 전전하면서 당대 이스라엘의 지도자들에게 배움을 얻기도 하고 신뢰를 얻기도 하면서 점점 자기 세력을 구축하는 일의 중요성과 하나님 안에서 진리로 행하는 일의 중요성을 깨닫게 되었다. 다윗은 당장 라마Rama에 있는 사무엘의 선지자 학교로 갔다. 거기서 다윗은 한동안 사무엘과 함께 살았다.삼상 19:18 이 시기 다윗은 사무엘에게서 많은 가르침을 받은 것으로 보인다. 이후 다윗은 놉Nob에 있는 제사장 아히멜렉에게 가서 거기 '진설병'을 얻어먹었다. 동시에 그에게서 골리앗의 칼을 얻기도 했다. 놉에 있는 제사장들의 신뢰를 확보한 것이다.삼상 21:1 이 시기 다윗은 동료들과 그리고 그를 따르기로 하는 백성들을 얻기도 했다. 그는 한때 블레셋 가드Gad의 왕 아기스에게 가서 숨어 지내기도 했다. 그러나 이스라엘의 장군으로서 그것이 위험한 일이라는 것을 깨닫고 거기를 떠나 쉐펠라의 아둘람으로 가 거기 동굴 지대에 숨어 살게 된다. 다윗은 그때 많은 사람이 그에게로 나오는 것을 경험한다.삼상 22:1~2 다윗은 그렇게 도망자로 떠돌아 살면서 지도자로서 관계를 확대할 수 있었고, 백성들과의 연대감도 돈독하게 구축할 수 있었으며, 무엇보다 그를 따르는 무리를 얻는 일에 성공하게 된다.

　도망자 다윗은 그 시기에 확실히 자기 세계가 확장되는 것을 경험한다. 그는 도망자 신세 가운데 이방 세계 다른 나라 사람들과 관계를 형성하기도 했다. 특별히 그는 블레셋의 왕 아기스와 관계를 형성하게 되는데, 그것은 그에게 이로운 부분이 되기도 하고 어려운 부분이 되기도 했다. 사실 블레셋 사람들은 다윗을 좋아하지 않았다. 그들 가운데 가장 빼어난 장수였던 골리앗을 죽이고 그 목을 베어버린 것이 바로 다윗이었기 때문이었다. 그래서 처음 아기스에게 갔을 때 다윗은 자신이 누구인지 속여야만 했다. 그러나 블레셋 사람들은 곧 그가 어떤 존재인지 알아보았다. 결국 다윗은 미친 사람 흉내를 내면서 그들로부터 도망쳐 나와야 했다.삼상 21:13-14 다윗이 블레셋과 불편한 긴장 관계만 형성하고 있었던 것은 아니었다. 이후 사울의 기세가 등등할 때 다윗은 다시 한번 블레셋 가드의 아기스에게로 가서 그에게 기대어 살았다. 그때 다윗은 자기 세력도 많이 늘어나 있었는데, 아기스는 그런 다윗을 받아들여 자기 휘하 장수의 하나로 만들려 했다. 그리고 다윗에게 이스라엘의 사울과의 전투에 자기 편에 서서 참전할 것을 요구하게 된다.삼상 28:1 다윗은 다소 모호한 태도를 보이기는 하지만 결국 블레셋과 사울 사이 전투에 블레셋 편에 서서 참전하기로 한다. 다윗은 이때 마음이 많이 흔들렸던 것 같다. 자신은 단 한 번도 해를 끼치려고 하지 않았는데 사울은 끝끝내 그를 찾아 죽이려는 태도를 보이는 것에 적잖이 실망한 것이다. 블레셋 다른 방백들이 반대하는 바람에 그의 참전이 불발에 그치기는 했지만, 다윗은 이때 블레셋의 힘을 빌려서라도 사울을 어찌하고 싶은 심정을 품었던 것으로 보인다. 사무엘상 28장에서 다윗의 그 어려운 마음을 살짝 엿볼 수 있다.

그렇다고 다윗이 도망자 시절 전체를 부랑하는 자의 마음으로만 살지는 않았다. 다윗은 사울과의 관계만은 철저하게 하나님의 안목에서 문제를 해결하려 들었다. 그는 사울 앞에서 그리고 무엇보다 하나님 앞에서 늘 신실하려고 애썼다. 그에게는 왕권에 관한 분명한 명분이 있었다. 그는 사무엘을 통해 왕위에 앉을 권리를 받았다. 그러나 우리가 모두 아는 것처럼 그는 그 권리를 함부로 앞세우지 않았다. 그는 도망자로 살아가던 10년 세월을 한결같이 사울에게서 벗어나려 했고 사울의 음해와 사울의 공격으로부터 도피하려고 했다. 그런데 그 모든 세월에 그는 사울을 공격하거나 사울을 제거하려는 시도를 벌이지 않았다. 실제로 엔게디 광야와 하길라 산 앞 십 광야에서 다윗은 사울을 제거할 기회를 얻기도 했다._{삼상 24장과 26장} 그러나 다윗은 그 두 번의 기회 모두를 그냥 흘려보내고 만다. 그때마다 다윗은 사울을 향해 그리고 자기 부하들과 스스로를 향해 이렇게 외쳤다. "내가 손을 들어 여호와의 기름 부음을 받은 내 주를 치는 것은 여호와께서 금하시는 것이니 그는 여호와의 기름 부음을 받은 자가 됨이니라."_{삼상 24:6} 다윗의 이런 모습은 그가 평생에 하나님을 찬양하고 하나님을 경배하며 하나님을 섬기는 종이었음을 알 수 있게 한다. 그는 시편의 서문과도 같은 1편에서 이렇게 노래한다. "복 있는 사람은 악인들의 꾀를 따르지 아니하며 죄인들의 길에 서지 아니하며 오만한 자들의 자리에 앉지 아니하고 오직 여호와의 율법을 즐거워하여 그의 율법을 주야로 묵상하는도다."_{시 1:1-2} 그리고 시편의 노래처럼 하나님을 향해 그리고 세상과 심지어 대적을 향해 선하고 바른길에 서기 위해 꾸준히 자기 노력을 기울였다.

이런 신실함은 결국 하나님의 마음을 움직였고, 다윗은 사울 집안과의 경쟁에서 승리해 이스라엘의 두 번째 왕으로 올라서게 된다._{삼하 5:3} 왕으로 등극한 이후 다윗은 본격적으로 이스라엘의 왕으로서 제대로 된 자질을 보이기 시작했다. 이스라엘을 하나의 왕국으로 올려 세우는 일에 탁월하고 출중한 리더십을 보인 것이다. 그는 먼저 그의 왕권이 온전하게 설 수 있는 왕의 도성을 예루살렘에 마련했다._{삼하 5:7-9} 그와 그의 나라는 예루살렘을 중심으로 점점 강성하게 되었다. 누가 보아도 다윗은 그가 앉은 보좌를 중심으로 나라를 재편하는 일에 열심이었다. 그는 먼저 예루살렘에 자기 왕궁을 지었다. 그것도 두로와 시돈 지역에서 백향목을 가져다 자기를 위한 왕궁, 이스라엘이라는 나라의 위상에 걸맞은 왕궁을 지었다.삼하 5:11 그는 무엇보다 자기 집안을 안정적이게 하는 일, 특히 후계 구도를 안정적이게 하는 일에 열심이었다. 덕분에 그는 수많은 처첩을 거느리고 많은 왕자를 아래에 두었다.삼하 5:13-16 다윗이 자기 왕권을 강화하는 가장 대표적인 사건은 무엇보다 하나님의 법궤를 그의 도성으로 가져온 것이었다. 하나님의 법궤는 옛날 엘리 제사장 시절 블레셋에게 빼앗겼다가 다시 이스라엘로 돌아온 이래 여러 곳을 전전했다. 다윗은 하나님의 법궤가 자신이 도성으로 세운 예루살렘으로 와야 한다는 것을 잘 알고 있었다. 그렇게 하는 것이 하나님의 이스라엘이 되도록 하는 일에 옳은 것이었고 무엇보다 자기 왕권을 강화하는 일에도 유익하다고 보았다. 그는 그렇게 기쁨으로 법궤를 옮겨왔고, 그가 스스로 만든 성막에 두었다.삼하 6:17 다윗은 하나님의 법궤와 성막이 자기 도성에 있으면 온 이스라엘이 예루살렘과 자신의 왕권을 중심으로 움직이리라는 것을 잘 알았다. 법궤를 예루살렘으로 가져온 것은 나름 정치적인 이유가 있었던 것이다. 실제로 이스라엘 온 나라는 그가 원하는 대로 되어서 이스라엘 백성은 모든 절기에 성막과 법궤가 있는 예루살렘을 방문했고, 다윗은 종교적인 집중화를 기반으로 자기 왕권을 강화할 수 있게 된다.

다윗은 이렇게 해서 그의 왕권이 중심이 되는 나라를 구축했다. 그에게는 열한 명의 왕자들을 중심으로 하는 튼튼한 왕실이 있었으며,삼하 5:14-16 요셉밧세벳이라 불리는 군대장관을 비롯 서른일곱 명이나 되는 충성스러운 장군들이 있었고,_{삼하 23:8-39} 그의 한 마디면 전투태세를 갖추고 즉각 일어서는 군대가 팔십만 명이나 되었다._{삼하 24:9} 그에게는 이외에도 아비아달과 같은 훌륭한 제사장이 있었으며,_{삼상 22:20-23, 삼하 15:24-36} 나단 같이 심지가 곧은 선지자들이 있었다._{삼하 7:4-17, 삼하 12:1-12} 다윗은 이런 인적자원을 기반으로 이스라엘의 국력을 확장했다. 그는 사사시대와 사무엘의 시대, 그리고 사울의 시대에 이르기까지 이스라엘을 얕보고 괴롭히던 주변 나라들을 평정하거나 복속시켰다. 다윗은 대외적인 외교 정치와 군사적인 전략 및 전술에 능수능란했다. 그래서 그의 시대에 이스라엘은 블레셋을 평정해 속국처럼 둘 수 있었으며,_{삼하 5:25} 에돔과의 전투에서 승리해 그곳에 자신의 수비대를 두기도 했다._{삼하 8:13-14} 그것뿐이 아니다. 다윗은 아직 통일 국가로 온전히 세워지지 않은 아람 세력을 정벌하고서 거기 오래된 중심도시 다메섹에 자기 수비대를 파견해 두기도 했다._{삼하 8:6} 다윗은 이어서 암몬과의 관계도 정리했다. 그는 하눈Hanun이 아버지를 이어 암몬의 왕이 되었을 때 그가 보낸 사신들을 멸시하고 조롱한 것을 빌미로 암몬을 침략했다. 그리고 자기의 충신 우리아를 전선 끝자락에서 죽게 한끝에 그 성 공략에 성공하게 된다._{삼하 11:25}

기초를 놓은 사람

스코틀랜드의 유명한 작가인 토마스 칼라일Thomas Carlyle은 다윗을 일컬어 "훌륭한 인격자이며, 시인이고, 신앙인이며, 혼란스러운 시대 이스라엘이라는 나라의 기초를 놓은 영웅"이라고 묘사했다. 왕으로서 다윗의 가장 큰 업적은 칼라일이 말하는 것처럼 '나라의 기초를 놓는 일'이었다. 이스라엘은 앞서 언급한 것처럼 다윗을 통해 나라다운 나라의 면모를 갖추게 되었다. 그를 앞섰던 사울은 사실 베냐민 지파 이상의 영향력을 갖지 못한 왕이었다. 그에게는 사무엘이라는 거대한 그림자도 있었다. 심지어 실로 계열의 제사장들은 사울에게 동조적이지 않았다. 그들은 결국 다윗 편에 섰다. 이런 현실에서 이스라엘의 첫 왕 사울은 이스라엘 전체에 대한 왕권을 주장하기가 어려웠다. 그는 언제나 이스라엘 일부의 왕이었다. 이런 현실은 다윗에게도 있었다. 다윗은 사울이 죽은 후 비로소 왕으로서 자기 자리에 대한 권리를 말할 수 있었다. 그러나 처음 그를 왕으로 인정한 것은 그가 소속된 유다 지파뿐이었다.삼하 2:4 심지어 사울의 아들 이스보셋은 사울의 군대장관 아브넬의 사주 가운데 길르앗의 마하나임에서 자기들만의 왕국을 별도로 세웠다.삼하 2:8-9 그러나 다윗은 왕으로서 자기 길을 멈추지 않았다. 그는 한편으로 죽은 사울의 가족들과 그를 따르는 사람들을 회유하고 받아들이기를 거듭하는 가운데 점차 이스라엘 전체 지파 내에서 인정받기 시작했다. 그리고 사울의 아들 이스보셋이 레갑과 바아나 형제에게 살해당하고삼하 4:1 길르앗의 사울 집안이 몰락하게 되자 다윗은 비로소 전체 지파로부터 왕으로 인정을 받아 이스라엘의 왕으로 올라섰다.

흥미로운 것은 이스라엘 백성 '전체에게 왕으로 인정을 받게 된 후 다윗의 행보이다. 그는 이스라엘의 왕이 된 후 곧 예루살렘과 자기 왕궁 중심의 나라 건설을 착수한다. 다윗의 행보는 새로운 나라를 창건한 왕들

다윗: 다윗은 사울을 이어 이스라엘의 두 번째 왕이 되었다. 그러나 왕정국가로서 이스라엘은 그의 손에서 세워진 것이나 다름없다. 그는 이스라엘의 왕으로서 해야 할 일과 보여야 할 것 등의 모든 것을 손수 일구었다. 그는 이스라엘 왕들이 따라야 할 왕도를 연 사람이다. 그림은 다윗이 레위인들에게 법궤를 예루살렘으로 가져오도록 명령하는 장면이다. 19세기 영국 학교 교과서에 실렸던 그림이다.

의 전형적인 행보라고 볼 수 있다. 그의 이스라엘 건설에는 다음과 같은 몇 가지 특징을 갖는다.

첫째, 다윗은 왕으로서 자기 사명에 대한 분명한 인식과 확신이 있었다. 다윗은 오랫동안 도망자의 신세로 살아가면서 자신은 아직 왕이 아니라는 사실 위에 분명하게 서 있었다. 그는 설사 자신이 왕으로서 부름을 받고 기름 부음을 받았다고 하더라도 그의 때는 아직 오지 않았다고 생각했다. 그러나 그는 하나님께서 사울에게 기름을 부으셨고 그를 이스라엘의 왕으로 삼으셨다는 사실, 자신의 고결함을 분명하게 인식하고 있었다. 그래서 그는 아직 이스라엘의 왕으로 서 있는 사울을 존중했고, 사울의 자리를 넘보거나 이스라엘을 향해 통치 행위를 앞세우거나 하지 않았다. 그런데 어느 순간 사울과 그 가족의 왕권이 제거되었다고 확신하는 순간, 다윗은 변했다. 그는 이스라엘의 왕권이 확실히 자기의 것이 되었다고 여겨지는 순간부터 왕으로서의 자기 인식과 처신, 행동에 나서게 된다. 자기 왕궁이 들어설 예루살렘을 정복하고 그곳에 하나님의 법궤가 있을 자리를 마련한 뒤 실제로 하나님의 법궤를 그곳에 두었다. 다윗은 이렇게 해서 예루살렘이 이스라엘의 정치와 경제, 종교적인 중심지가 되도록 했으며, 스스로는 예루살렘의 중심에 왕으로 자리매김하게 된다. 이 모든 것은 왕으로서 다윗의 분명한 자기 인식과 처신, 행동을 고스란히 드러내는 것이라고 할 수 있다. 다윗이 자신을 왕으로 분명히 인식했다는 사실은 밧세바와의 간음 사건이나 혹은 요압 장군을 통해 벌인 인구조사에서도 분명히 나타난다. 다윗은 왕으로서 권세를 앞세워 밧세바와 잘못된 관계를 맺었다. 그뿐 아니었다. 그는 자신이 이스라엘 군 전체를 움직일 힘이 있다는 것을 이용해 밧세바의 남편 우리아를 사지로 몰아세워 결국 죽게 만들었다.삼하 11장 다윗이 자기 왕권에 대한 분명한 인식은 훗날 그가 인구조사를 벌인 사건에서도 드러난다. 그는 자신이 통치하는 나라의 규모를 알고 싶었다. 그래서 그의 신하였던 요압 장군에게 군대로 동원 가능한 인구를 파악하라고 명령한다.삼하 24:1-2 그때 다윗은 이스라엘 왕으로서 자아가 매우 강했던 것 같다. 그는 요압의 반대에도 불구하고 자기 나라의 규모를 파악하고 자기 왕권의 강성함을 확인하고 싶어 했다. 이 모든 것에서 분명하게 드러나듯 다윗은 자신이 이스라엘의 왕이라는 사실을 인식하고 있었다. 그는 이스라엘이 아직 왕이라는 자리에 대해 현실 감각이 없을 때, 왕으로서 할 수 있는 일을 최대로 벌여 보았다. 그렇게 그는 왕으로서 분명한 자기 인식 속에서 그의 나라를 견고하게 했고 이스라엘의 중심에 자기 보좌를 굳건하게 세웠다.

둘째, 다윗은 스스로 개척하듯 벌인 통치 행위들을 통해 하나의 국가로서 이스라엘의 기초를 다지는 길을 열었다. 다윗은 왕으로서 자신의 지위를 분명하게 인식하고, 왕으로서 통치 행위를 이스라엘 가운데서 확고하게 실천하는 가운데 이스라엘을 안정화하는 일에 크게 기여했다. 그는 자기 왕궁이 있는 예루살렘을 국가의 중심이 되게 했다. 예루살렘은 곧 정치와 외교, 경제와 종교의 중심지가 되었다. 예루살렘이 새로운 중심지가 되기 전 이스라엘 사람들에게 중심지 역할을 하던 곳은 실로Shiloh였다. 사무엘의 어머니 한나에게서도 볼 수 있었던 것처럼 이스라엘 백성은 법궤가 있는 실로를 그들 삶의 중심지로 여겼다. 그러다 실로에서 법궤가 사라지자, 이스라엘은 혼란스럽게 되었고, 실로와 거기서 일하던 제사장들은 중심점으로서 권위를 상실하게 되었다. 제사장들은 결국 놉Nob으로 그들의 성막을 옮겨야 했다. 성막과 법궤의 방황은 이스라엘 백성의 마음을 혼란스럽게 했다. 다윗은 이스라엘 백성의 이런 마음을 잘 알았다. 그래서 그는 예루살렘을 그의 통치 중심지로 세우고 나서 곧 하나님의 법궤를 자기 도시로 옮겨오는 일을 추진했다. 다윗의 예루살렘 중심 통치 강화는 곧 이스라엘 백성 전체에게 긍정적인 결과로 나타났다. 이스라엘 백성은 절기가 되면 어김없이 예루살렘으로 가서 거기서 자기들의 왕 다윗과 함께 하나님을 예배했다. 결국 다윗은 그가 예루살렘에 설치한 성막과 법궤를 중심으로 이스라엘을 안정적으로 통치할 수 있게 되었다. 이스라엘이라는 나라가 법궤가 있는 예루살렘을 중심으로 번성하게 된 것은 당연한 귀결이었다. 문제는 이스라엘이 법궤가 있는 예루살렘을 중심으로 번영하던 것에서 점차 왕인 다윗이 있는 예루살렘을 중심으로 번성하기 시작했다는 것이다. 결국 예루살렘과 이스라엘의 번영이 하나님보다는 자신의 리더십 때문이라고 착각하는 경우가 종종 다윗에게 나타났다.

셋째, 다윗은 한 나라의 왕으로서 후대에 모범이 될 만한 리더십을 세웠다. 다윗은 자신을 왕으로 확고하게 인식하고 이스라엘을 자신의 통치 아래 군건하게 했다. 성경 사무엘하에 의하면 다윗은 자신을 중심으로 군사 조직을 새롭게 재편하고 여러 지파들과 심지어 이웃 이방 나라와 민족으로부터 뽑아 세운 출중한 장군들이 재편된 군사 조직을 이끌도록 만들었다. 그의 군사 조직에 이방 민족 사람들이 들어와 있는 것은 흥미롭다. 헷Hittite 사람이었던 우리아가 대표적이다.삼하 23:39 그만큼 다윗은 이스라엘뿐 아니라 주변 여러 나라와 민족들 사이에서 명성을 떨쳤다. 어쨌든 다윗은 군사적인 재능이 돋보이는 훌륭한 장수들 아래 80만 명이 넘는 상비군을 두었다. 실제 그랬을지는 의심스러울지라도 적어도 성경은 다윗 시절 이스라엘의 군사 동원 능력이 그렇게 대단했다고 증언한다. 그만큼 다윗의 통치아래 이스라엘이 안정적인 체제를 구축했음을 반증하는 것이다. 이외에도 다윗은 그의 왕궁에서 자신의 통치를 도울 '모사들'을 두었다. 오늘날 우리나라의 국무회의와 유사한 다윗의 모사들은 다윗을 도와 나라를 다스리고, 다윗을 대신해 나라의 구석구석을 살피고 관리하는 일을 맡았다. 이전 시대 사사들이 자신의 아들들에게 통치의 여러 부분을 위임했던 것과 비교해 발전된 모습이었다.삿 10:3-4, 삼하 8:1 다윗은 자기 아들들과 더불어 왕실을 든든하게 하는 일에도 충실했지만, 여러 인재들과 함께 소위 '조정'朝廷을 구성해 그들과 더불어 통치 체제를 구축하고 국가적 틀을 완성하는 일에도 능숙했다. 후대의 자료이기는 하지만 역대상은 다윗의 예루살렘 및 각 지파 통치 기구가 체계적이었음을 밝히고 있다.대상 26장~27장 그런데 다윗은 전혀 예상치 못한 곳에서 왕으로서 훌륭한 면모를 드러내기도 했다. 그의 정적 사울의 자손들을 품고 그들도 그의 나라의 일원이 되게 한 것이다. 그의 관용 덕분에 사울의 손자 므비보셋은 다윗의 빈객으로 여생을 누리게 된다.삼하 4:4, 9:6 16:1-4, 19:24-30 성경 해석자들은 이것이 그와 요나단 사이 우정어린 관계 때문이라고 보기도 하지만, 한 나라의 왕으로서 다윗의 관용은 그의 리더십의 훌륭함을 드러내는 대목이다.

넷째, 그러나 다윗의 이스라엘에 대한 리더십은 결국 왕권을 하나님과 대립하는 자리가 되도록 만들고 말았다. 하나님께서는 다윗을 사랑하셨다. 하나님께서는 다윗의 신실함과 겸손함, 그리고 재능과 능력 등 그가 가진 모두를 아끼고 귀하게 여기셨다. 하나님께서는 다윗의 모습을 기뻐하셔서 그가 예루살렘의 보좌에 앉게 되었을 때 나단을 통해 이렇게 말씀하셨다. "땅에서 위대한 자들의 이름 같이 네 이름을 위대하게 만들어 주리라."삼하 7:9 실제로 다윗은 위대한 왕의 보좌에 앉게 되었고 이스라엘과 나아가 주변 나라 및 민족들 사이에서 위대한 왕으로 군림하게 된다. 그러나 하나님께서 말씀하신 왕좌의 위대함에는 그림자가 있었다. 하나님께서는 그것을 이미 알고 계셨다. 다윗이 왕이 되기도 한참 전 이스라엘은 사사들의 임시 통치를 불만스러워했다. 그들은 당대 사사인 사무엘에게 "다른 나라들처럼 왕을 달라"고 요청했다.삼상 8:5 그때 사무엘은 이스라엘 백성에게 이렇게 말했다. "너희가 그의 종이 될 것이라."삼상 8:17 하나님의 종이요 백성으로서 이스라엘이 아니라 그들이 스스로 세운 왕의 종과 백성이 되리라는 염려였다. 그러나 이스라엘 백성은 사무엘의 말을 듣지 않았다. 사무엘은 하나님께 그런 이스라엘의 모습을 아뢰었다. 그러자 하나님께서는 "(하는 수 없다는 듯) 왕을 세우게 하라"고 말씀하신다. 그렇게 이스라엘에 인간 왕이 서게 되자 하나님과 사무엘의 염려는 현실이 되었다. 왕들은 이스라엘 백성을 하나님의 백성이 아닌 자기 백성으로 여기기 시작했다. 다윗의 경우에는 하나님의 백성과 왕의 백성 사이 중간에 서 있었던 것 같다. 즉, 다윗은 자신이 하나님의 종으로서 이스라엘의 왕이라는 사실을 분명하게 인식하고 있었다. 그러나 그런 그조차 왕권이 주는 유혹, 즉 이스라엘은 모두 왕인 자신의 것이라는 유혹을 떨치지 못했다. 밧세바 사건과 백성의 숫자를 조사했던 사건이 대표적이다. 물론 다윗의 경우에는 그 모든 유혹에서 언제나 하나님 편으로 돌아섰다. 그는 자신의 왕권이 하나님의 자리를 넘어서는 것을 깨닫자 즉시 원래 하나님의 종으로서 왕의 자리로 돌아왔다. 안타깝게도 다윗의 이런 겸손과 신중함이 후대 왕들에게 유전되지 않았다. 후대의 왕들은 항상 자기 중심의 통치와 하나님 중심의 대리 통치 사이에서 길을 찾거나 길을 잃곤 했다. 하나님 중심의 대리 통치가 정답이기는 했지만, 그것은 언제든 어려운 일이었다. 다윗도 그랬고 그의 아들 솔로몬을 비롯한 후대 모든 왕들이 그랬다.

다윗의 리더십: 모범 사례

정리하자면 다윗은 이스라엘이라는 나라의 국가적 기틀을 마련하고 안정적인 통일왕국으로 발전하는데 크게 기여했다. 그는 확실히 이스라엘 왕들에게 하나의 모범이었다. 성경은 그래서 하나님의 백성을 통치하는 일에서 다윗의 모범을 말하기도 한다. 하나님께서는 솔로몬에게 "다윗이 행함 같이 마음을 온전히 하고 바르게 하여 내 앞에서 행하며 내가 네게 명령한 대로 온갖 일에 순종하여 내 법도와 율례를 지킬 것"을 이야기하셨다.왕상 9:4 이후 이스라엘의 열왕들에게 다윗의 모범을 따라 바르게 행하는 것은 무엇보다 중요했다.왕상 15:11, 왕하 18:3 그러나 그의 모범은 긍정적인 부분만 있었던 것은 아니었다. 그의 통치는 하나님이 이스라엘의 진정한 왕이라는 명제를 넘나든 것이었다. 결국 다윗의 왕으로서 리더십은 후대 왕들에게 긍정적인 기준과 부정적인 기준 모두를 유산으로 물려주게 되었다.

이제 우리는 하나의 모범으로서 다윗 왕의 통치를 서론에서 이미 언급한 이스라엘 왕들의 리더십 분석을 위한 도구 '왕들의 관계 리더십'에 비추어 살펴야 한다. 일단, 우리는 다윗의 리더십을 성경이 말하는 모범 사례로 세우고자 한다. 다윗의 통치는 이스라엘 모든 왕에게 하나의 모범으로서 작동한다. 그는 왕으로서 하나님과의 관계와 공동체와의 관계, 자기 자신과의 관계, 자기 책무와의 관계 및 외부 환경과의 관계 모두를 개척한 인물이다. 출애굽 이후 이스라엘의 역사에서 그처럼 행동한 인물은 없었다. 그는 왕으로서 하나님 앞에 서는 전형을 찾아갔으며, 왕으로서 그의 백성 공동체와의 관계 역시 그가 처음 길을 열었다. 왕으로서 다윗은 자신을 돌아보고 근신하는 문제와 관련해서도 처음 그 관계의 문을 열었으며 왕으로서 국가를 위해 책무를 다하는 일에서도 그는 첫 시발점에 서 있었다. 대외 관계 역시 마찬가지였다. 다윗 이전 주변 나라들과 민족들은 이스라엘을 국가로 보지 않았다. 그래서 언제든 이스라엘을 침략하고 그들을 노예처럼 부리기도 했다. 다윗시대를 거치면서 이 관계는 역전된다. 다윗이 이스라엘의 왕으로 군림한 이래 주변 나라들은 이제 하나님 백성의 나라를 두려움으로 바라보아야 했다.

먼저, 다윗은 하나님과의 관계를 자기 왕권의 중심에 세워둔 왕이었다. 그는 왕이 되기 전에도 그리고 왕이 된 후에도 언제나 모든 생각과 행동을 하나님 앞에서 두려움과 겸손 가운데 수행했다. 그는 하나님께서 뜻하시고 이루신 것을 앞서지 않았다. 사울과의 관계가 그랬다. 그는 두 번이나 기회가 있었음에도 사울을 시해하고 왕권을 찬탈하지 않았다. 그는 자기 자신에게나 자기 부하에게 그리고 심지어 사울에게조차 "하나님께서 기름부어 세우신 종"의 의미를 강조했다. 다윗은 스스로 역시 기름부음을 받은 사람임에도 자기 왕의 자리를 당연한 것으로 여기지 않았다. 그는 그에게 주어진 관계의 모든 것을 하나님 앞에서 두렵고 떨리는 마음과 겸손한 마음으로 받아들였다. 그는 시편에서 이렇게 노

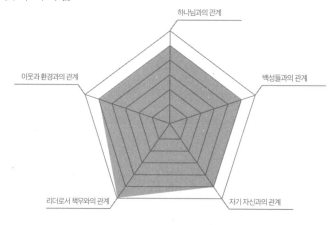

이스라엘 왕들의 레이더 차트
다윗의 리더십

하나님과의 관계
백성들과의 관계
이웃과 환경과의 관계
자기 자신과의 관계
리더로서 책무와의 관계

래했다. "여호와여 주의 도를 내게 보이시고 주의 길을 내게 가르치소서 주의 진리로 나를 지도하시고 교훈하소서 주는 내 구원의 하나님이시니 내가 종일 주를 기다리나이다."시 25:4-5 다윗은 스스로 왕이면서도 하나님을 자신과 모든 백성의 진정한 왕으로 여기는 일과의 긴장관계를 유지했다. 다윗은 그래서 자신조차 왕이신 하나님의 의와 도리를 따르는 것을 합당하게 여겼다. 스스로 하나님의 공의와 진리 가운데 서 있는 것을 중요하게 여겼다. 그는 하나님과의 온전한 관계가 무엇보다 중요했다. 그리고 평생에 그것을 신조처럼 지켰다.

둘째, 다윗은 자기 백성들과의 관계에서도 왕으로서 분명한 인식 가운데 자기 본분을 다했다. 그는 도망자의 신세에 있을 때 그를 따르는 무리를 함부로 여기거나 다루지 않았다. 그는 그를 따라 아둘람의 굴로 들어온 이래 유다 광야를 비롯한 모든 광야에서 도망자 신세일 때 그에게 온 이스라엘 백성들을 아끼고 존중했다. 그리고 그들에게 지도자로서 책임을 다하는 일에 최선을 다했다. 다윗의 이런 모습은 그가 이스라엘의 왕이 된 이후에도 분명히 나타났다. 다윗은 온 이스라엘을 자기 백성으로 품었고 기꺼이 그들의 왕이 되었다. 그는 자기 백성을 지키고 그들이 다윗 아래 복된 삶을 살아가도록 하는 일에 최선을 다했다. 앞서서도 이야기했지만, 비록 그에게 반기를 들고 그를 멀리했던 사람들이라 할지라도 다윗은 그들을 품었다. 시므이의 이야기가 그렇다. 압살롬의 반란 앞에 무기력하게 도망하던 다윗은 사울 집안의 시므이가 자기와 자기 집안을 저주하는 소리를 들었으나 그를 해하지 않았다. 그는 오히려 이렇게 말했다. "내 몸에서 난 아들도 내 생명을 해하려 하거든 하물며 이 베냐민 사람이랴 여호와께서 그에게 명령하신 것이니 그가 저주하게 버려두라."삼하 16:11 그는 압살롬이 반란을 일으켜 패가 갈린 나라에서 한 명이라도 더 자기 백성으로 품으려는 왕된 도리를 앞세웠다. 다윗은 진정 자기 백성을 위하고 자기 백성을 자기 통치 아래 평안 가운데 두고자 하는 의지가 강했던 왕이었다.

셋째, 무엇보다 다윗은 스스로에게 신실한 왕이기도 했다. 다윗은 신실한 기도자요, 예배자였다. 다윗의 이런 모습은 그가 스스로를 얼마나 삼가는 사람이었는지 알게 하는 근거이다. 다윗은 굉장한 하프 연주자이기도 했다. 그의 하프 연주 실력은 사울에게도 알려져 그가 골리앗과 전투에서 명성을 얻기도 전에 다윗은 사울의 두통 치료사로서 역할을 맡기도 했다. 사울과 달리 다윗은 찬양과 기도로 자기를 다스릴 줄 아는 사람이었다. 스스로 남긴 시편이 75개나 되는 것에서 알 수 있듯 다윗은 시련과 고통, 절망과 슬픔에 빠져 있을 때마다 스스로 기도문을 쓰고 시를 짓고 그것을 하프로 노래하며 어려운 시간을 이겨냈다. 그가 만들고 지어 노래로 부른 시편들은 한결같이 기도문들이었다. 그는 자신의 기도가 하나님과의 대화로 이어지도록 했고 그렇게 해서 스스로 악에 빠져들지 않은 채 하나님의 사람으로 남아 있는 길을 터득했다. 결국 다윗은 영적으로 매우 예민한 사람이 되었다. 그래서 그는 인간적으로 실수하고 왕으로서 실패했을 때마다 자기를 다스리는 가운데 진정한 회개의 시간을 가졌다. 이것은 다윗의 탁월함이기도 했다. 그는 자기 실수나 자기 잘못을 깨달았을 때마다 하나님을 향해 자기를 돌려세우기를 주저하지 않았다. 다윗은 그와 그의 가족과 그의 나라가 옳은 길 가운데 서 있도록 하는 일을 우선시했다. 다윗은 결국 스스로 성장하는 사람이었다. 그는 왕으로서 연결된 그 모든 관계에서 늘 정도正道를 생각하는 사람이었고 그 바른 길로 나아가 그 길로 걸어가는 왕이 되기 위해 스스로 부단히 노력하는 왕이었다.

네 번째, 다윗은 열왕의 통치 능력을 함양하는데도 탁월한 모범을 보였다. 그는 들판에서 양들과 가축들을 키울 때는 그에 어울리는 기술과 능력을 찾아 갖추었다. 물맷돌을 사용하는 방법에 능숙하게 된 것이다. 그는 들판에서 가축들을 보호하는 일에 사용하던 물맷돌을 결국 이스라엘의 대적 골리앗을 상대하는 일에서 사용하기도 한다. 골리앗 이후 그는 사울의 격려 가운데 군사적인 작전과 전투 능력을 키우는 일에도 집중했다. 그는 그렇게 해서 백성들 사이에 "다윗은 만 명과 싸워 이긴 장군"이라는 칭송을 듣기도 했다. 왕으로서 통치 능력을 함양하는 일은 도망자 신세일 때에도 꾸준히 이어졌다. 그는 도망하는 상황이라고 해서 그 시간을 소홀히 보내지 않았다. 그는 그 기간 백성들을 격려하고 품는 방법에서부터 외교적인 전술을 사용하는 방법과 군사적인 작전을 수행하는 방법에 이르기까지 다양한 기술을 터득했다. 그는 이스라엘이 국가적 기틀을 다져야 할 때 왕으로서 자기 책무에 충실했다. 그래서 예루살렘의 통치기구를 확립하고 지방 각 지파들 다스리는 체제를 구축하는 한편, 군사 조직을 다듬는 일과 외교적인 전술을 축적하는 일에도 많은 노력을 기울였다.

마지막으로, 다윗은 그의 리더십을 대외적으로 확대하고 공고하게 하는 일에도 최선을 다했다. 다윗의 통치 기술 발전은 이후 왕이 되고서도 계속 이어진다. 특히 그는 국내 경쟁자들과 대적자들을 상대하는 일, 그리고 외교적인 사안을 다루는 일에서도 왕으로서 최선을 다했다. 다윗은 당장 압살롬의 반란이나 세바의 반란 등을 다루는 일에서 왕으로서 합당한 모습을 견지했다. 그는 압살롬의 반란에 직면해서도 그를 반역한 사람이 아들이라는 사실을 잊지 않았다. 그는 그래서 아들 압살롬의 반란을 가슴 아파하기도 하고 그의 죽음을 애통해하는 모습을 보이기도 한다. 세바의 반란 역시 마찬가지였다.삼하 20장 그는 세바의 반란이 단순한 것이 아니라는 사실을 잘 알았다. 그는 세바가 예전 사울 집안의 리더십을 추억하는 무리를 규합했다는 것을 잘 알았다. 그래서 그는 한편으로 세바의 반란을 군사적으로 막을 생각을 하면서도 다른 한편으로 사울에게 돌아선 북쪽 지파들을 회유하는 일에도 최선을 다했다. 그래서 세바의 반란을 세바 한 사람을 죽이는 것으로 그치도록 독려했다. 이외에도 다윗은 외교적 사안들을 다루는 일에서도 후대 이스라엘에게 모범이 될 만한 행보를 보였다. 그는 두로와 시돈 등 그에게 이익이 되는 나라들과는 경제 외교적인 관계를 확대하고, 억압해야 할 나라들에 대해서는 반드시 군사적인 작전을 동반해 그들이 향후 이스라엘에게 저항하지 못하도록 하는 일에 최선을 다했다. 그는 하나님께서 이스라엘에게 허락하신 영토 이상을 벗어나 나라를 확장하려 하지 않았다. 그는 그 나라들에 분견대를 보내 그들이 함부로 행동하지 못하게 하는 정도의 외교적 주종 관계 수립으로 외교관계를 정리했다.

제**2**장

솔로몬
Solomon

번영의 리더십

번영한다는 것

번영prosperity이라는 것은 기본적으로 모든 것이 풍족하여 넉넉한 상태를 말한다. 돈이든, 재물이든, 자원이든, 내 삶을 살아가는데 필요한 자원이 원하는 만큼 채워져 있고, 쓸 만큼 가지고 있고, 부족하지 않다고 느낄 만큼 가득하다고 느끼는 것이다. 번영은 한 개인이 자기 삶의 조건들이 넉넉하다고 '느끼는 것'이다. 누군가는 보란듯이 커다란 곳간이 가득 채워져야 번영하는 것이라 여길 것이고, 누군가는 의식주의 최소한을 자기 삶의 번영이라고 여길 것이다. 누군가는 지극히 최소한의 생필품 몇 가지로도 자기 삶이 번영하고 있다고 느낄 수도 있다. 번영한다는 것은 절대적인 수치로 측정할 수 없는 것이다. 번영은 누가 누구보다 더 번영하고 있으며, 누군가는 누군가보다 덜 번영하고 있다고 느끼는 것과는 아무런 상관이 없는 것이다. 그래서 미국의 부부 심리학자 에드워드 디너Edward Diener와 캐롤 디너Carol Diener는 번영에 관한 심리학적 연구에서 이런 결론을 맺었다. "번영은 어떤 사람이 자기가 필요하다고 느끼는 만큼의 물질적 충족을 누리는 상태이다." 두 사람의 심리학적 결론은 지극히 타당하다. '누리고 있음을 느끼는 것' 그것이 번영의 요체인 것이다.

무시할 수 없는 것은 그 만족해 하는 '번영'에 대한 느낌의 원천이 주로 '물질적인 것'에 있다는 것이다. 번영은 확실히 충분한 물질적, 경제적 자원을 기반으로 한다. 옛날이나 지금이나 누군가 번영하고 있다고 느끼는 것은 지극히 물질적인 차원의 충족을 의미한다. 오늘날 우리 사회에서 번영은 당연히 '돈'과 직결되어 있다. 내가 번영하고 있다는 느낌은 내가 손에 쥘 수 있는 현금의 크기에 비례한다. 부동산이든 동산이든 내가 소유하고 있는 것을 사회가 사용하는 화폐 가치로 환원했을 때 그 크기가 얼마인지는 나의 번영에 대한 느낌에 직접적인 영향을 끼친다. 만일 환산한 돈의 가치가 당대 사회의 기준으로 볼 때 적다면 그는 번영하지 않고 있다고 느낄 것이다. 만일 환산한 돈의 가치가 당대 사회의 기준으로 볼 때 크다면 그는 번영하고 있다고 느낄 것이다. 그래서 자본주의적 사고를 일으킨 고전 경제학자인 아담 스미스Adam Smith는 사람들이 사회적인 부의 평균치를 알아내 그것을 기준으로 삼아 자기가 축적한 부의 가치를 따져보는 일에 큰 노력을 기울인다고 말했다. 아담 스미스는 당대 사회의 기준을 고려해 자신이 번영하고 있는지 아니면 물질적 부족과 불행 가운데 있는지를 따지는 일이 사회적인 인간에게 지극히 당연한 일이라고 여겼다. 그리고 그렇게 부를 축적해 개인이 번영을 사회적 번영으로 이루는 일이 인간 삶에 무엇보다 중요하다고 여겼다. 그는 개인적인 번영의 케이스가 많아지는 것이 인간 발전에 중요한 차원이라고 말하면서 "구성원들 가운데 많은 수가 가난하고 비참한 사회는 번영하지 않고 있는 것이며, 그런 곳을 행복한 사회라고 할 수는 없다"라고 말했다.

그렇다. 인간은 누구나 번영을 지향한다. 인간은 사회와 공동체, 역사 안에서 번영하게 되기를 추구한다. 그리고 그것을 위해 지극히 노력한다. 넉넉하게 잘 살게 되는 것은 인간이라면 누구에게나 있는 자연스러운 욕구이다. 그렇다고 혼자서 독식하는 것을 번영이라고 말하려는 것은 아니다. 어찌할 수 없이 그렇게 되는 면도 없지 않지만, 대부분 인간은 자기 번영이 자기를 넘어서 가족과 공동체와 관계를 형성하는 모든 이들에게 긍정적인 영향이기를 바란다. 물론 이런 주장에는 논쟁의 여지가 있다고 말할 수는 있겠다. 확실히 인간은 자기 번영을 독식하는 경향이 있다. 인간은 번영에 관한 한 개인주의적이고 탐욕적이라는 주장이다. 그러나 누군가의 통계에서도 볼 수 있듯 인간은 자기 번영을 공유하려는 의지를 갖게 마련이다. 이것이야말로 호모 사피엔스의 번성과 직결된 문제였다. 그런 면에서 인간의 번영은 생물학적인 번성과 지극한 상관관계를 갖는 것으로 보인다. 자기 자신이 넉넉하게 잘 살게 되는 것을 넘어서 자기 자손과 자기가 소속된 공동체가 편안하게 넉넉하게 살게 되기를 바라는 마음을 말하는 것이다. 인간은 번영하되 관계 안에서 안정적으로 모두 함께 번영하게 되기를 바란다.

성경은 '번영'이라는 말에 관용적慣用的이다. 성경은 꽤 많은 부분에서 인간의 번영, 우리 각자의 번영을 약속한다. 성경이 말하는 번영의 시작은 하나님께서 창조하시고 지으신 피조물의 수적 증가rābāh, 번성이다. 하나님께서는 당신의 뜻대로 세상 모든 피조물을 지으시고서 이렇게 말씀하셨다. "생육하고 번성하여 여러 바닷물에 충만하라 새들도 땅에 번성하라."창 1:22 하나님께서는 당신이 지으신 피조물들이 당신이 질서 지우신 세계에서 번성하기를 원하셨다. 하나님께서는 이런 식의 수적 증가를 인간에게도 바라셨다. 하나님께서 청지기로 삼으신 '사람'에게 원하신 것은 그 수가 증가하는 것이었다. 하나님께서는 그래서 이렇게 말씀하셨다. "생육하고 번성하여 땅에 충만하라, 땅을 정복하라, 바다의 물고기와 하늘의 새와 땅에 움직이는 모든 생물을 다스리라."창 1:28 하나님께서는 피조물 인간, 당신의 형상을 따라 지으신 인간이 당신이 지으신 세상 가운데 가득하고 충만하여 세상을 평안으로 인도하기를 바라셨다. 하나님의 이런 수적 번영의 약속은 노아와 아브라함의 때에도 계속 이어졌다. 노아는 오랫동안 생활하던 방주에서 나왔을 때, 아브라함은 소명대로 가나안에 가서 사는 동안에, 번영하게 하시겠다는 하나님의 약속을 들었다.창 9:1, 창 16:2 이후 이 약속은 모세를 통해 출애굽한 이스라엘 자손에게도 전해진다.신 6:3

그런데 흥미롭게도 성경은 이 수적 증가rābāh가 곧 삶의 번영, 즉 물질적인 안정의 느낌으로 직결된다고 보았다. 창세기와 출애굽기를 지나 신명기로 이어지는 모든 수적 증가의 축복은 결국 다윗을 넘어서 솔로몬에 이르러 적극적인 축복의 결실, 번영으로 나타났다. 솔로몬 왕에 이르러 이스라엘의 수적 증가는 곧 물질적인 풍요와 번영으로 직접 연결되기 시작한 것이다. 솔로몬 왕이 정치적인 안정과 평안을 지키는 가운데 이스라엘은 수적으로 증가했다. 그리고 그들이 벌이는 모든 활동은 결국 곳간을 채우고 그들의 마음이 평안해지는 결과로 이어졌다. 성경은 이 부분에 대해서 이렇게 증거한다. "유다와 이스라엘의 인구가 바닷가의 모래 같이 많게 되매 먹고 마시며 즐거워하였으며..."왕상 4:20 열왕기상의 같은 장은 솔로몬 시대의 번영에 대해 이렇게도 이야기한다. "솔로몬이 사는 동안에 유다와 이스라엘이 단에서부터 브엘세바에 이르기까지 각기 포도나무 아래와 무화과 나무 아래에서 평안히 살았더라."왕상 4:25 실제로 이스라엘의 수적 증가는 출애굽 이래 꾸준히 이루어졌다. 그리고 솔로몬이 왕으로 군림하는 동안 그 증가는 곧 이스라엘 전체의 물질적 풍요, 번영으로 연결되었다. 이것이야말로 솔로몬 왕이 이루어 낸 진정한 업적이다. 이스라엘 백성은 왕이 없던 시절과 비교해 훨씬 나은 삶을 살게 되었다. 무화과나무 아래, 포도나무 아래 평안하게 살았다는 표현은 솔로몬 왕과 모든 백성이 국태민안國泰民安의 평온한 시절을 보내고 있음을 의미하는 것이다. 그들은 또 동시대 다른 나라들에 비해서도 상대적으로 넉넉하고 평안한 삶을 살게 되었다. 주변 나라들은 솔로몬을 두려워하게 되었다. 두로와 시바와 같은 나라는 그 왕들이 솔로몬에게 무한한 존경의 마음을 보내오기도 했다.

솔로몬은 확실히 자기만의 번영을 노린 폐륜廢倫의 군주는 아니었다. 그는 잘 다스리는 것이 번영의 지름길이라는 것을 잘 알았다. 그는 무엇보다 백성들 모두가 각자 자기 자리에서 최선을 다하여 사는 일들의 결실이 그들 각자의 번영으로 이어져야 한다는 것과 그렇게 하는 것이 국가의 번영의 지름길이라는 것을 잘 알았다. 다윗의 대를 이어 왕이 된 솔로몬은 번영의 리더십을 온전히 구사한 왕이었다.

솔로몬 왕이 되다

성경 다윗 시대를 읽는 사람들은 솔로몬이 왕이 되리라는 것을 기대하기는 어렵겠다고 생각한다. 솔로몬은 기본적으로 다윗과 밧세바 사이 죄악의 결실이었다. 물론 성경은 솔로몬을 앞서서 아들 하나가 있었고, 그 아들이 부모의 죄를 대속이라도 하듯 어린 나이에 죽었기 때문에 솔로몬에게 부모의 죄과가 이어지지는 않아야 한다고 말하지만,삼하 12:15~18 성경을 읽는 사람들은 다윗과 밧세바의 죄과와 솔로몬을 떼어 생각하기가 어렵다. 솔로몬에게서 불륜의 향기를 느끼는 것은 성경 독자들 뿐이 아니었을 것이다. 솔로몬과 밧세바 그리고 그 형제들은 다윗이 통치하는 시절 내내 그 좋지 못한 과거가 일종의 주홍글씨처럼 그들을 괴롭혔을 것이다. 솔로몬은 이 문제 때문에라도 왕궁 내에서 운신하기 어려웠을 것으로 보인다. 그런데 솔로몬에게는 또 다른 문제가 있었다. 그의 어머니의 왕궁 내 서열이 생각보다 낮았다는 것이다. 밧수아라고도 불리는 밧세바는 순서상 다윗의 일곱 번째 아내였다. 밧세바보다 앞선 다윗의 부인들은 모두 다윗이 어려웠던 시절 그와 동고동락한 사람들이었다.삼하 3:2-5 다윗과 불륜관계로 왕궁에 들어오게 된 밧세바는 그들 사이에서 이름조차 꺼내기 어려웠을 것이다. 그것뿐이 아니었다. 밧세바는 압살롬의 반란을 겪으면서 더욱 위축되었다. 그의 할아버지 아히도벨이 압살롬의 반란 대열에 합류해 다윗에게 반역했기 때문이다.삼하 11:3, 삼하 15:31 아히도벨은 아들과 더불어 다윗의 왕권을 위해 충성하던 사람이었다. 다윗은 지혜로운 아히도벨을 그의 통치를 돕는 조정의 일원이 되도록 했다.대상 27:33 그러나 훗날 아히도벨은 다윗에게 반역했다. 아마도 밧세바 사건과 손주 사위 우리아의 죽음 때문으로 보인다. 어쨌든 이 모든 배경은 밧세바에게 불리하게 돌아갔다. 밧세바와 솔로몬은 압살롬의 반역 이후 더욱 기가 죽었을 것이다.

왕이 되기 어려운 솔로몬의 처지는 그의 형제들 사이 관계에서도 얼마든지 읽을 수 있다. 다윗이 예루살렘에 도읍을 정한 후 밧세바에게서 네 번째로 얻은 아들 솔로몬에게는 이미 여러 형들이 있었다. 큰 아들 암논은 출중했다.삼하 3:2 그런데 그는 여동생 다말을 사랑했고, 그녀를 강제로 범하는 죄를 지었다. 그는 결국 다말의 친오빠인 압살롬에게 죽임을 당하고 만다.삼하 13:28~29 둘째 아들인 다니엘 혹은 길르압은 웬일인지 아들의 이름 외에 어떤 이야기도 전하지 않는다.삼하 3:3, 대상 3:1 길르압은 아무래도 어린 시절에 죽었거나 다윗과 함께 여기저기서 전투를 치르다가 죽은 것으로 보인다. 그리고 이어지는 다윗의 세 번째 아들이 바로 압살롬이다. 그는 누구보다 다윗을 닮았고 빼어난 외모와 능력을 가지고 있었다. 그러나 그는 누이 다말의 일로 아버지의 권력에 불만을 품게 되고 결국 반란을 일으켰다가 죽고 만다.삼하 14:25, 삼하 18:1~33 여기까지는 솔로몬과 관계없이 솔로몬과의 왕권 경쟁 관계에서 멀어진 형제들의 이야기였다. 그렇다고 솔로몬이 왕권 경쟁에서 문제없이 승리한 것은 아니었다. 그에게는 아직 여섯 명의 형들과 아홉 명의 동생들이 있었다. 솔로몬이 그들과의 경쟁에서 승리해 왕권을 확보하는 일은 요원했다. 특히 그다음 형인 아도니야는 남달랐다. 그는 형제들 가운데 독특하게 구체적으로 아버지의 왕좌를 노렸다.

아도니야는 스스로 왕이 되리라 확신했다. 그는 형들이 왕권 경쟁에서 자연스럽게 도태되자 스스로 다윗의 왕위를 물려받고자 했던 인물이었다. 그는 아버지 다윗의 왕위가 자신에게 이어져야 한다고 생각했다. 그래서 그는 어느 날 제사장 아비아달과 군대장관 요압 등과 함께 모의하여 여러 신하를 초청해 그들의 인정 아래 왕위에 오르기로 했다. 물론 그 자리에 자기에게 반대하는 선지자 나단과 장군 브나야 그리고 사독 등은 초대하지 않았다.왕상 1:8-10 이 일은 곧 밧세바와 솔로몬 그리고 그들의 편에 선 여러 사람에게 알려졌다. 솔로몬과 밧세바로서는 큰일이 아닐 수 없었다. 아도니야가 왕이 되면 솔로몬과 밧세바가 살아남기는 힘들 것이었다. 그들은 틈을 보았다. 밧세바와 나단 선지자는 아도니야가 다윗의 최종 제가를 얻지 않은 채로 일을 벌이는 것을 알아차리고서 곧 다윗을 설득했다. 대세는 바뀌었다. 밧세바는 다윗의 동의를 얻어내어 솔로몬을 후계자가 되게 하는 일에 성공했다.왕상 1:33-35 한편 아도니야는 그가 왕이 되는 길에 거침이 없으리라 확신하며 그를 지지하는 사람들과 잔치를 벌이고 있었다. 그런데 그에게 뜻밖의 소리가 들렸다. 솔로몬이 다윗 왕의 인정 아래 왕위에 앉았다는 소식이었다. 아도니야는 어리석은 대권 도전자였다. 결국 아도니야와 함께하던 대신들과 동조자들은 모두 도망쳤다.왕상 1:49 아도니야 스스로도 살 길을 찾았다. 그는 하나님의 성막 제단 뿔을 붙잡고 솔로몬에게 살려달라 청했다.왕상 1:51-53

솔로몬은 그렇게 이스라엘의 세 번째 왕이 되었다. 왕이 된 솔로몬은 아버지 다윗의 뜻을 빌어 정적부터 제거했다.왕상 2:1-9 솔로몬은 어머니 밧세바 앞에서 다윗의 후처인 아비삭을 모독한 죄를 앞세워 아도니야를 먼저 제거하고, 자신과 동조하지 않은 제사장 아비아달을 아나돗으로 쫓아버렸다. 그의 주요한 정적은 아무래도 요압이었다. 요압은 아버지 다윗 시대에 요직을 차지했었고 군대를 동원할 수 있는 요직에 있었으며, 가까운 거리에서 다윗의 왕권을 나누었던 사람이었다. 그러나 다윗은 요압이 후일 솔로몬에게 근심이 되리라는 것을 알았다. 그래서 다윗은 자기 충신이었던 요압이 "평안히 스올에 내려가지 못하게 하라"고 유언했다.왕상 2:6 솔로몬은 자기 충신 브나야를 통해 요압을 척살해 광야의 그의 집에 매장했다.왕상 2:34 그뿐이 아니었다. 솔로몬은 살려두면 후일에 문제의 소지가 될 가능성이 있는 시므이도 죽였다. 처음에는 예루살렘을 떠나지 말라고 경고했다가 후에 시므이가 자기 종들을 찾으러 가드까지 내려간 일을 빌미 삼아 그를 죽여 근심을 없앴다.왕상 2:19-46 솔로몬의 왕권은 그렇게 정적들을 제거하고 왕권을 안정화하는 일로 시작되었다.

솔로몬의 왕궁은 선지자 나단, 군대장관 브나야 그리고 대제사장 사독 등 새로운 인물들이 정치 전면에 올라섰다. 솔로몬은 아버지 다윗 시대와는 전혀 다른 인물들을 중용해 자기 왕권을 강화했다. 솔로몬은 자기를 지지해 준 사독의 계보가 계속해서 예루살렘의 대제사장 자리를 이어가도록 했다. 그는 또한 자기가 왕이 되도록 하는 일에 가장 큰 공을 세운 나단의 아들 아사리아를 그의 열두 지방을 관리 감독하는 자리에 서게 했다. 나단의 또 다른 아들 사붓은 제사장의 직분을 가지고 있었으나 왕궁에 기거하면서 왕의 벗, 즉 왕의 최측근으로 늘 왕과 중대사를 상의하는 사람이 되었다.왕상 4:1-6 열왕기서는 솔로몬이 자기 중심 통치를 위해 이전 세대와 완전히 다른 새로운 세대를 관리로 중용했다는 사실을 기록하고 있다. 정권을 안전하게 만든 솔로몬은 이제 자기만의 주장으로 이스라엘을 다스리기 시작했다.

솔로몬은 먼저 열두 지파 중심의 이스라엘 통치 체제를 무너뜨렸다. 솔로몬이 통치하기까지 이스라엘은 오랫동안 지파별로 받은 땅에서 각자 살면서 느슨한 지파 공동체 형식의 체제를 유지하고 있었다. 그런데 이런 지파 중심 체제는 다윗 시절 한 차례 지파 예루살렘과 왕권 중심 체제로의 대대적인 전환을 이루게 된다. 각 지파의 지도자들이 예루살렘으로 와서 다윗과 함께 의논하며 국가를 운영하는 방식으로 바뀐 것이다. 이런 변화를 완성한 사람은 솔로몬이었다. 그의 시대에 이스라엘 지파들은 자기들만의 독자적인 체제 운영 방식을 포기하게 된다. 솔로몬은 지파별 지도자들과 장로들에 의해 개별로 운영되는 방식보다 솔로몬 자신이 예루살렘에서 파견한 사람들이 각 지파를 다스리도록 변화를 꾀했다. 솔로몬은 이를 위해 먼저 열두 지파 각 영역을 열두 지방 체제로 개편했다. 그리고 각 지방에 자기가 선임한 인물들을 지방장관으로 파견했다. 지방장관에 파견된 인물들은 그 지파와 관련된 인물일 수도 있었지만 그렇지 않을 수도 있었다. 솔로몬은 자기 통치의 필요, 즉 왕과 왕실을 위하여 양식과 필요 물품을 공급하는 일에 따라서 지방장관을 임명했다.왕상 4:7 이것은 당시로서는 혁신적인 일이었다. 더는 각 지파의 지도자들이 각자의 방식대로 자기 지파를 관리하고 운영하는 방식은 통하지 않게 되었다. 지파의 모든 일은 예루살렘의 왕이 품은 뜻을 중심으로 왕이 파견한 장관의 결정에 따라 이루어져야 했다. 이런 일은 한편으로 상명하달의 효율성을 높이는 일이 되었다. 왕의 뜻과 명령은 재빠르게 각 지방에 하달되었으며 각 지방의 상황도 빠르게 중앙까지 전달되었다. 솔로몬은 이렇게 예루살렘 왕궁 중심의 국가 통치 체제를 강화했다.

예루살렘 중심 국가 통치 체제 강화는 종교적인 면에서도 심도 있게 이루어졌다. 솔로몬은 그의 아버지 다윗이 꿈에도 그리던 성전 짓는 일을 자신의 대에 이루었다. 다윗은 그의 통치가 안정기에 접어들고 그 스스로 예루살렘 왕궁에서 편하게 지내게 되었을 때 나단과 이런 생각을 나눈 적이 있었다. "나는 백향목 궁에 살거늘 하나님의 궤는 휘장 가운데에 있도다."삼하 7:2 자신이 직접 하나님의 전을 짓고 싶다는 마음을 선지자에게 전한 것이다. 그러나 나단은 그런 다윗을 말렸다. 그는 하나님의 말씀을 이렇게 대언했다. "네가 나를 위하여 내가 살 집을 건축하겠느냐...내가 네 몸에서 날 네 씨를 네 뒤에 세워 그의 나라를 견고하게 하리라 그는 내 이름을 위하여 집을 건축할 것이요 나는 그의 나라 왕위를 영원히 견고하게 하리라."삼하 7:5~12 하나님께서는 그때 다윗에게 성전 짓는 일을 허락하지 않으셨다. 대신 하나님께서는 그의 자손 가운데 한 사람의 나라를 평안하게 하고 그를 통해 당신의 전을 건축하겠다고 하셨다. 그 일은 이제 솔로몬에게 실현되었다. 솔로몬은 그의 나라 통치가 안정적이게 되었을 때 두로의 히람에게 이렇게 말했다. "이제 내 하나님 여호와께서 내게 사방의 태평을 주시매 원수도 없고 재앙도 없도다 여호와께서 내 아버지 다윗에게 하신 말씀에 내가 너를 이어 네 자리에 오르게 할 네 아들 그가 내 이름을 위하여 성전을 건축하리라 하신 대로 내가 내 하나님 여호와의 이름을 위하여 성전을 건축하려" 한다.^{왕상 5:4~5} 솔로몬은 그렇게 7년에 걸쳐 다윗이 미리 구매해 놓은 자리, 옛 모리아 산이며, 오르난의 타작마당이 있던 자리에 하나님의 성전을 건축했다.^{왕상 6:37~38}

이렇게 성경은 솔로몬의 성전 건축을 아버지로부터 대를 이은 하나님을 향한 성심이라고 강조한다. 그러나 우리는 솔로몬의 성전 건축이 그의 신심을 넘어서는 통치의 효율성 증대 효과가 있음을 간파해야 한다. 그는 아버지가 법궤를 예루살렘에 가져다 놓은 정치적인 의미를 잘 알았다. 그런데 정작 그 스스로도 아버지의 법궤가 놓인 성막에서 하나님을 예배하지 않았다. 그는 자신만의 성소를 기브온에 두고서 거기서 하나님을 예배하고 찾았다.^{왕상 3:3~4} 그러나 예루살렘 성전을 완공하고 거기에 하나님의 법궤를 두었을 때, 그는 그곳이 온 이스라엘의 신앙의 중심이 되어야 할 것을 천명했다. 그는 완성된 성전 앞에서 이렇게 외쳤다. "내가 참으로 주를 위하여 계실 성전을 건축하였사오니 주께서 영원히 계실 처소로소이다."^{왕상 8:13} 그는 그때 이스라엘 온 백성을 향해 서서 대제사장이라도 된 듯 큰 소리로 기도했다. "주의 종과 주의 백성 이스라엘이 이곳을 향하여 기도할 때에 주는 그 간구함을 들으시되 주께서 계신 곳 하늘에서 들으시고 들으시사 사하여 주옵소서."^{왕상 8:30} 솔로몬은 그렇게 그가 각 지파로부터 불러 모은 백성 앞에서 하나님께 간구하는 일을 마치고서 백성들을 각자 고향으로 돌려 보냈다.왕상 8:66 솔로몬은 이제 자신의 왕궁 위에 세워진 예루살렘 성전이 온 이스라엘 백성의 신앙의 중심지가 되기를 바랐다. 그렇게 그들이 예루살렘 성전에 집중하게 될 때 그의 왕궁과 그의 통치도 영원히 그 자리에서 빛을 발하리라 확신한 것이다. 흥미롭게도 이스라엘 백성들은 솔로몬의 그 모든 행위를 기뻐하고 합당하게 여겼다.왕상 8:66

솔로몬은 국가 통치 체제를 완성하고 왕궁과 성전 건축하는 일, 그렇게 해서 예루살렘이 이스라엘이라는 나라의 견고한 중심이 되도록 하는 일을 모두 마치고서 국가 전체를 새롭게 재건축하는 일에 매진했다. 그는 마치 애굽의 바로가 비돔과 라암셋을 건축하여 국가의 부를 거기에 집중했던 것처럼 그의 통치 영역 곳곳에 그의 부와 그의 군대를 주둔시킬 곳들을 만들었다. 일반적으로 솔로몬의 철병거성이라 불리는 이 요새들은 예루살렘과 하솔, 므깃도, 그리고 게셀 등에 있었다.왕상 9:15 이곳들은 솔로몬이 통치하는 국가 강역의 주요 요지와 같은 장소들이었다. 그는 이 요새들에 그가 축적한 부의 결과물들을 보관해 두고 말 그대로 그의 철기병들을 주둔시켰다. 솔로몬의 건축의 열정은 거기서 멈추지 않았다. 그는 예루살렘을 크게 확장했고 블레셋과의 접경 지역 아래 벧호른Beth-Horon을 새로 건축했다. 그의 요새 및 성읍 건축은 곳곳에서 이루어졌다. 그는 이스라엘 곳곳, 심지어 레바논 일대와 홍해로 연결되는 에시온게벨Ezion-Geber에도 그의 요새를 두었다. 레바논과 에시온게벨에 요새를 세운 목적은 분명했다. 레바논의 풍부한 자원들을 가져오는 일과 페니키아라고 불리는 레바논 일대에서 홍해로 이어지는 무역에서 이득을 취하기 위함이었다.왕상 9:26-28

　주변 나라와 민족들은 솔로몬의 활약에 힘을 쓰지 못했다. 애굽의 바로는 자기 딸을 솔로몬에게 시집 보낸 후 사위가 하는 일에 나설 수 없는 형편이 되었다. 두로의 히람 왕은 몇 가지 마음에 들지 않는 일이 있었어도 솔로몬이 하는 일에 말을 보태지 못했다. 그것은 주변 나라와 민족들도 마찬가지였다. 에돔과 모압, 암몬은 그들이 영유권을 주장하던 요단 동편 무역로와 에시온게벨의 이익을 고스란히 솔로몬에게 바쳐야 했다. 솔로몬과 이스라엘은 이제 레반트 일대의 절대 강자가 되었다. 솔로몬의 명성은 이제 전 세계에 이름을 높이게 되었다. 심지어 아라비아 아래 스바Sheba로부터 여왕이 각종 예물을 들고 솔로몬을 방문하는 일도 있었다. 스바의 여왕은 이렇게 외쳤다. "복되도다 당신의 사람들이여 복되도다 당신의 이 신하들이여 항상 당신 앞에 서서 당신의 지혜를 들음이로다."왕상 10:8 이스라엘은 이제 더는 도망쳐온 노예들이 아니었다. 솔로몬과 이스라엘은 주변 나라들을 호령하는 지위로 올라서게 되었다. 그들은 이제 비천한 히브리인이라고 불리는 것보다 강한 이스라엘로 불리기를 즐기는 처지가 되었다.

　결국 이스라엘은 솔로몬의 통치 기간 강력한 나라, 부강한 나라가 되었다. 솔로몬의 이스라엘은 번영 일로로 나아갔다. 솔로몬은 레바논과 에시온게벨 사이 무역에 개입해 막대한 이익을 거두어들였다. 그는 그렇게 얻은 온갖 재화를 금으로 바꿔 그것으로 큰 방패 이백 개와 작은 방패 삼백 개를 만들어서 '레바논의 나무 궁'에 두었다.왕상 10:14-17 솔로몬은 상아로 조각한 보좌에 앉아서 정사를 살폈고, 그가 먹고 마시는 그릇은 모두 금으로 만든 것이었다. 성경은 그의 시대 분위기를 이렇게 전한다. "솔로몬의 시대에 은을 귀히 여기지 아니함은 왕이 바다에 다시스 배들을 두어 히람의 배와 함께 있게 하고 그 다시스 배로 삼 년에 한 번씩 금과 은과 상아와 원숭이와 공작을 실어왔음이라."왕상 10:22 그의 이스라엘에서는 "은을 돌같이 흔하게 여기고 백향목을 평지의 뽕나무같이 많게" 하였다.왕상 10:27 놀라운 것은 솔로몬의 병거가 천사백 대가 넘고 마병이 만이천 명이나 되는 대군이었다는 것이다.왕상 10:26 솔로몬 시대 이스라엘은 부강한 나라가 되었다.

그러나 세상 어느 나라보다 번영하고 번성하게 된 솔로몬의 통치에는 어두운 이면이 있었다. 먼저 솔로몬은 이스라엘에 국고성과 철병거성 등을 쌓고 지으면서 그 거대한 국가 건설 사업을 위해 이방인 '역군' 役軍을 일으켰다. 솔로몬은 그 모든 건축사업을 벌이면서 힘든 노동을 이스라엘 백성이 아닌 아모리 사람과 헷 사람, 브리스 사람과 히위 사람 및 여부스 사람들에게 부과했다. 그들은 모두 "이스라엘 자손이 다 멸하지 못하므로 그 땅에 남아 있는" 민족들의 "자손들"이었다.왕상 9:20-21 솔로몬은 가나안에 남은 민족들에게는 힘든 노역을 부과하면서 자신과 같은 이스라엘 백성들에게는 자유를 주었다. 이스라엘 백성은 오히려 그들을 다스리는 사람들이 되었다.왕상 9:23 그런데 안타깝게도 이런 상황은 모세의 신명기 계명에 정면으로 반박하는 일이 되고 말았다. 신명기서는 이스라엘 백성에게 이렇게 가르쳤다. "너희는 나그네를 사랑하라 전에 너희도 애굽 땅에서 나그네 되었음이니라."신 10:19 하나님께서는 이스라

솔로몬: 솔로몬은 어느 시대 누구에게나 비견될 만한 훌륭한 왕으로 기록되어 있다. 그는 가장 강력한 왕이었고 가장 지혜로운 왕으로 군림했으며 그가 다스리는 이스라엘의 번영을 가져온 왕이었다. 그러나 그는 결국 자기 교만과 우상숭배에 빠져들고 말았다. 그림은 스바 여왕의 방문을 받는 솔로몬 왕의 그림이다. 에드워드 존 포인터 경 Edward John Poynter의 그림이다.

백성이 애굽 땅에서 나그네로 종살이하던 때를 기억할 것과 그들이 주인되어 살아가는 땅에서 나그네로 사는 이들을 존중하고 대접할 것을 가르치셨다. 그런데 지금 솔로몬은 그와 반대의 길을 가고 있는 것이다. 솔로몬과 이스라엘은 이제 세상의 종살이 하던 사람들에서 세상을 종으로 부리는 나라가 되어가고 있다.

　무엇보다 솔로몬의 통치에서 어두운 면은 그가 이방 여인들과 통혼을 하는 가운데 그들의 이방 종교 풍습이 예루살렘과 이스라엘에 스며들어오게 되었다는 것이다. 솔로몬은 통치 기간 내내 이방 나라와 민족들 사이에 정략 결혼을 지속했다. 덕분에 그의 왕궁 예루살렘에는 애굽을 비롯해 모압, 암몬, 에돔, 시돈 그리고 헷 출신 부인들이 많이 있었다. 솔로몬은 그렇게 주로 이방 여인들로 구성된 후궁 칠백 명과 첩 삼백 명을 두었다.왕상 11:1-3 문제는 이 여인들이 각자 자기 나라의 종교적인 풍습들을 가지고 이스라엘과 예루살렘에 들어왔다는 것이다. 비록 솔로몬이 그 여인들이 살 집을 예루살렘 성 내가 아니라 예루살렘 동남편 산에 두었으나 여인들은 각자 자기 궁에서 자기 나라 신들을 섬겼다. 그들은 솔로몬이 젊고 강했을 때는 아무것도 하지 못하다가 솔로몬이 나이 들어 기력이 쇠하여 가자, 그의 마음을 돌려세워 그로 하여금 이방신들을 섬기도록 만들어 버렸다.왕상 11:4-8

솔로몬의 시대 끝자락에 이 두 문제는 재앙으로 이어졌다. 당장 하나님께서는 솔로몬의 배교와 불순종을 문제 삼으셨다. 그리고 솔로몬과 이스라엘에게 벌을 내리셨다. 나라를 두 개로 나누시겠다는 심판이었다.왕상 11:11-13 하나님 심판의 기운은 실제로 솔로몬의 시대로부터 일어나기 시작했다. 이스라엘과 그 땅에 거류하는 이민족 백성들은 솔로몬의 노역을 어려워하기 시작했고 고통스러워했다. 그들은 솔로몬의 억압적인 통치로부터 벗어나고자 했다 심지어 반기를 드는 이들도 나타나게 되었다. 르손과 여로보암이 대표적이다.왕상 11:23-26 그들은 솔로몬 시대 내내 솔로몬에게 반역했고 그들의 반역은 결국 이스라엘이 두 나라로 갈라서게 되는 단초가 되었다.

솔로몬 시대의 의미

솔로몬이 왕이 되었다는 것은 사사시대의 잔재가 사라지고 이제 본격적인 군주가 다스리는 시대가 도래했음을 의미한다. 이미 다윗에게서도 보았듯이 왕은 사사와 다른 무엇이다. 사사는 단기적이고 임기응변적인 지도력으로 이스라엘을 죄와 벌로부터 구원하는 일이 주 임무였다면, 왕은 낮이나 밤이나 백성을 다스리고 국가를 운영하며 영토를 지켜야 하는 책임을 다하는 자리를 의미한다. 사사들 가운데 그들의 자리를 왕의 자리와 구별하지 못한 사람들이 있기는 하지만, 대체로 그들은 자신의 책임을 왕의 그것과 구분했다. 결국 이스라엘에 처음 왕이 섰을 때 백성들이나 왕들은 한결같이 그 자리가 주는 사명과 책임에 집중했다. 사사들과 달리 왕들은 그 자리에 대한 자기주장을 분명하게 했다. 그렇게 하는 것이 자신과 백성, 나라와 이웃 국가들에게 옳았다. 다윗이 그랬다. 다윗은 자신이 왕이라는 사실을 분명하게 인지했고 그에 비추어 생각하고 행동했다. 사람들 사이에, 그리고 하나님 앞에서 자신이 왕이라는 사실을 분명하게 인식하고 그 인식대로 행동하는 것은 다윗의 시대에 무엇보다 중요했다. 그런데 솔로몬의 시대에 이르러 이야기는 달라졌다. 사람들은 솔로몬을 왕으로 인식했다. 그가 정적들을 제거하는 모습을 보면서 사람들은 그가 왕이라는 사실 앞에 떨어야 했다. 솔로몬 역시 마찬가지였다. 그는 자신이 왕으로서 백성과 나라와 하나님, 그리고 이웃 민족과 나라들 앞에서 해야 할 일들을 분명히 해야 했다. 그러자면 그에게는 분별과 지혜가 요구되었다. 지혜를 구하고 분별의 능력을 찾는 것,

그것이야말로 솔로몬의 시대 리더십의 색다른 모습이었다.

실제로 왕이 된 후 솔로몬은 하나님께 지혜를 구했다. 솔로몬은 과연 제왕의 면모를 가진 사람이었다. 그는 왕이 구해야 할 것은 남다른 출중함이나 재물이나 권력이 아니라는 것을 알았다. 왕으로서 솔로몬에게 요구되는 것은 통치자의 지혜였다. 솔로몬은 그 지혜를 하나님께 구했다. "누가 주의 이 많은 백성을 재판할 수 있사오리이까 듣는 마음을 종에게 주사 주의 백성을 재판하여 선악을 분별하게 하옵소서."왕상 3:9 솔로몬 왕은 지혜로운 분별이야말로 그의 통치가 안정적으로 되는 길이고 나라가 번성하게 되는 지름길이라는 사실에 집중했다. 문제는 수많은 백성의 각양 다른 모습을 잘 분별하여 그들을 지혜로 이끄는 일이었다. 이제 왕이 되어 안정적인 통치 기반을 마련한 솔로몬은 하나님께 이 문제를 간구했다. 하나님께서는 그런 솔로몬에게 이렇게 말씀하셨다. "네게 지혜롭고 총명한 마음을 주노니 네 앞에도 너와 같은 자가 없었거니와 네 뒤에도 너와 같은 자가 일어남이 없으리라."왕상 3:12 실제로 솔로몬의 지혜는 대단했다. 하나님께서는 솔로몬의 지혜를 풍성하게 하셨다. 성경은 그런 솔로몬의 모습을 이렇게 정리한다. "솔로몬의 지혜가 동쪽 모든 사람의 지혜와 애굽의 모든 지혜보다 뛰어난지라."왕상 4:30 그의 지혜는 놀랍고 대단해서 예스라 사람 에단과 마홀의 아들 헤만과 갈골과 다르다보다 나았고 그의 이름은 사방 모든 곳에 들리게 되었다.왕상 4:31 사람들은 그래서 솔로몬의 지혜를 들으러 오기도 했다.왕상 4:34 그의 소문은 심지어 아프리카 스바에까지 이르게 되어 그 나라의 여왕이 그를 시험하기 위해 예루살렘을 방문하기도 했다.왕상 10:1-3

결국 솔로몬의 남다른 지혜는 그의 나라 이스라엘을 번영으로 이끌었다. 그는 이전 다윗 시대까지 존재하던 왕과 선지자 그리고 왕들 사이 긴장 관계를 깨버리고 왕이 중심이 되는 세상을 열었다. 그는 무엇보다 열두 지파 독립 체제를 유지하던 이스라엘의 오랜 관습에서 벗어나 왕 자신이 중심이 되는 나라를 확립했다. 솔로몬은 그에게 충성하는 사람들로 왕궁 조정朝廷을 구성했다. 그리고 그들 가운데 사람들을 선발해 지파 체제를 대신하는 지방행정 조직의 수장들이 되게 했다. 이스라엘은 이제 온전히 솔로몬 왕을 중심으로 세워졌다. 모든 것은 왕으로부터 흘러나와 왕에게로 흘러 들어갔다. 이스라엘의 모든 것은 솔로몬 왕을 위한 것이었다. 그렇게 하는 것이 옳았다. 그렇게 솔로몬의 치세를 여는 것이야말로 이스라엘이 평안하게 되는 길이었다. 이스라엘 백성이 왕을 원한 이상 이제 이스라엘은 하나님의 뜻 가운데 세움 받은 왕을 중심으로 움직여야 했다. 왕은 자기를 의지하는 모든 백성에게 지혜의 선정을 베풀어야 한다. 자기 백성이라고 여기는 누구 하나라도 그의 지혜로운 분별력 수혜의 대상이 아닐 수 없었다. 왕은 자기를 의지하는 모든 백성에게 바른 판단으로 길을 열어주는 존재였다. 앞서 언급한 대로 이스라엘은 솔로몬의 선한 지혜와 분별 가운데 크게 번영했다. 백성들은 왕으로서 그의 다스림을 옳다고 여겼다. 모두가 한결같이 그의 다스림과 통치를 당연하게 받아들이고 그의 통치 아래 머물기를 바랐다. 열왕기상는 솔로몬의 번영의 리더십 시대를 이렇게 정리한다. "솔로몬이 사는 동안에 유다와 이스라엘이 단에서부터 브엘세바에 이르기까지 각기 포도나무 아래와 무화과나무 아래에서 평안히 살았더라." 왕상 4:25

그러나 안타깝게도 솔로몬의 시대는 어두운 그림자가 드리우는 시대이기도 했다. 왕으로서 솔로몬의 리더십은 강력한 힘으로 작용해 그의 백성과 나라가 번영 가운데로 나아가도록 하는 데 부족함이 없었다. 그러나 그 어떤 강력한 힘이 그런 것처럼 강한 빛에는 그림자가 드리우게 마련이다. 솔로몬의 시대가 그랬다. 솔로몬은 그만의 지혜와 리더십으로 백성과 나라를 번성하게 했다. 그러나 그의 강력한 리더십의 빛은 그림자가 짙게 드리워졌다. 그의 과도한 정략 결혼은 그와 그의 나라의 하나님 신앙을 혼탁하게 만들고 말았다. 그의 강력한 통치는 반대자들을 만들어냈고 결국 그들의 반역은 그의 나라가 두 나라로 쪼개지는 결과로 이어졌다. 솔로몬의 번영의 리더십은 결국 비참함을 자아냈다. 그의 번영은 파스칼 부뤼크네르Pascal Bruckner가 그의 책 『번영의 비참』Misere de la prosperite, 동문선, 2003에서 말하는 것처럼 "균형을 잃고 사람들을 소외시키고, 그리고 결국에 사람들을 비참하게 만들고" 말았다. 솔로몬의 리더십이 잘못되었다고 말하려는 것이 아니다. 솔로몬이 추구한 번영의 리더십이 갖는 한계를 말하려는 것이다. 솔로몬은 무한으로 지속 가능한 리더십 위에 선 사람이 아니었다. 그는 자기 시대에 그만의 리더십으로 선 사람이었다. 그리고 그 리더십은 그의 시대를 넘어서 다음 세대에는 그림자가 되고 결국 비참함이 되고 말았다.

솔로몬의 리더십

존 맥스웰John Maxwell은 솔로몬의 리더십이 "자기 백성을 위한 제왕의 실용적 리더십"이라고 정리했다. 피터 드러커Peter Drucker 역시 솔로몬의 리더십이 "국가적 실용성을 앞세운 것"이었다고 평가한다. 솔로몬은 아버지 다윗의 대를 이어 이스라엘의 세 번째 왕이 된 뒤 그가 어떤 역할을 해야 하는지에 대해 잘 간파하고 있었다. 그는 이스라엘을 부강한 나라가 되도록 하는데 책임이 있었다. 이스라엘 백성이 그의 통치 아래 모두 평안한 삶을 살게 되도록 하는 것이야말로 그의 왕으로서 분명한 비전이었다. 솔로몬은 결국 이 비전과 책임을 이루고자 했다. 우리는 솔로몬에게서 이 또렷한 모습을 보아야 한다.

이제 우리는 왕으로서 솔로몬의 리더십에 대해 평가하고자 한다. 아버지 다윗이 하나님, 자기 백성, 자기 자신, 자기 책무, 그리고 외적(외교적) 요인들과의 관계에서 이스라엘의 왕으로서 각각의 길을 개척한 리더였다면, 솔로몬은 아버지가 닦은 국가 리더로서의 길을 기반으로 그의 나라를 부강하게 하고 백성을 번영의 길로 인도하는 실용적인 리더였다. 이 정리를 기반으로 우리는 이제 솔로몬의 리더십을 다음의 세 가지로 평가할 수 있다.

첫째, 솔로몬은 그의 나라와 백성 그리고 스스로와의 관계에서 어떤 역할을 감당해야 하는지를 분명하게 알고 그것에 관한 지혜 사용과 분별에 최선을 다했다. 그는 왕이 되자 가장 먼저 정적들을 제거하는 일을 수행했다. 앞으로의 치세를 위해서 정적을 그대로 둘 수 없다는 것이 그와 그의 아버지 다윗의 생각이었다. 그는 결국 모두를 품는 리더십 대신 그의 치세를 위해 잠정적인 대적들을 제거하는 방식으로 그의 시대를 열었다. 이후 솔로몬은 왕으로서 지혜와 분별력을 가지고 그의 나라를 강하게 만들고 그의 백성이 번영 가운데 평안하도록 이끌었다. 당장 예루살렘을 든든하게 하고 그곳에 하나님의 성전을 지어 백성들이 안정적인 종교 생활을 영위하도록 이끌었다. 성전을 짓는 일은 그의 왕권이 더욱 굳건하게 되는 길이 되어 주었다. 이어서 그는 그에게 충성하는 사람들을 중심으로 왕궁의 조정을 꾸렸으며 전에는 지파별 독립체로 운영되던 각 지방 체제를 그가 직접 파견한 관리들이 운영하는 것으로 재편했다. 나라의 체제가 안정적으로 되자 그는 곧 그의 나라와 주변에 군사적인 안정을 도모하는 일들을 벌였다. 그가 다스리는 이스라엘 국가 내에 요새들을 건설하고 나아가 지중해변 레바논 일대와 홍해변 에시온게벨로 이어지는 무역로 각 곳에 그의 군사 분견대를 파견한 것이다. 그는 결국 이스라엘 주변 무역의 독점권을 확보했다. 그의 이스라엘 주변 나라들과 상인들은 이제 그의 허락 없이는 어떤 무역도 할 수 없게 되었다. 이렇게 되자 그의 나라는 부강하게 되었고 많은 재화가 이스라엘로 쏟아져 들어와 백성들은 평안한 삶을 살게 되었다. 이 모든 것은 솔로몬의 지혜와 분별의 리더십, 국가 실용을 추구하는 리더십 덕분이었다.

둘째, 솔로몬의 실용적인 리더십은 여러 가지 문제를 일으키는 단초가 되었다. 흥미롭게도 이스라엘 백성들은 솔로몬의 리더십을 즐겁게 받아들였다. 그가 백성의 삶에 번영을 가져왔기 때문이다. 이스라엘 백성은 결국 솔로몬이 하는 일이라면 무엇이든 반대하지 않고 그를 신뢰

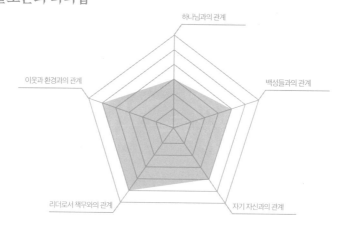

이스라엘 왕들의 레이더 차트
솔로몬의 리더십

하나님과의 관계

백성들과의 관계

이웃과 환경과의 관계

리더로서 책무와의 관계

자기 자신과의 관계

하며 그를 따르게 되었다. 그러나 솔로몬도 결국 한 명의 인간에 불과했다. 솔로몬은 그가 왕으로서 벌이는 일의 많은 부분에서 독단적인 태도를 보이기 시작했다. 그는 시온 산에 둔 하나님의 성막을 무시하고 기브온의 산당에 가서 제사를 지내기도 했고, 새로 지은 성전에서 대제사장보다 앞서서 자신이 직접 하나님께 제사를 지내는 일을 보이기도 했다. 무엇보다 솔로몬은 나라가 부강하게 되는 일과 백성이 번영을 누리게 되는 일에는 '흰 고양이든 까만 고양이든' 가리지 않고 받아들이는 우를 범하게 된다. 그는 하나님의 전 건설하는 일에 두로 왕의 도움을 받으면서 하나님의 거룩한 전 건설하는 일에 이방의 부정한 것들을 사용하는 문제를 가져왔다. 무엇보다 솔로몬은 국가의 부강을 위한다는 명목으로 수많은 이방 여인들을 부인으로 맞아들여 그들이 더러운 우상들을 가져오도록 만드는 문제를 일으키기도 했다. 실용적인 리더십은 무엇이든 이득이 되는 일이라면 가리지 않고 받아들인다는 유연함을 보이는 것에서 긍정적인 면도 있지만, 결국에는 분별과 지혜를 상실하고 원칙과 정의의 감각을 상실하게 되는 문제를 낳게 되곤 한다. 솔로몬의 경우가 그렇다. 그는 국가 번영의 목표를 위해 주변 나라들과 가리지 않고 외교 관계를 수립하고 교역을 벌였다. 그는 무엇보다 자기 백성을 위한다는 명분 아래 가나안 족속들을 노예화하는 문제를 만들기도 했다. 이 모든 것은 결국 그의 치세 이후 세대에 심각하고 부정적인 결과들로 부메랑이 되어 되돌아오게 된다. 다윗과 솔로몬 시대 번영의 결과는 참담함으로 이어졌다.

마지막으로 솔로몬은 왕으로서 자기 역할을 지나치게 앞세운 결과로 하나님과 멀어지는 왕이 되고 만다. 비록 전도서가 그의 노년의 회개 기록이라고 하지만, 솔로몬은 돌이킬 수 없는 실수들 가운데 점점 몰락하게 된다. 그의 가장 큰 몰락은 하나님과의 관계 파괴이다. 하나님께서는 솔로몬이 점차 눈이 어두워져 독단에 빠져들고 이방신들을 가까이하는 가운데 하나님을 멀리하는 모습을 안타까워하셨다. 하나님께서는 다윗의 아들 솔로몬을 아끼셨다. 그래서 두 번이나 그에게 나타나셔서 그와 그의 나라를 축복하시고 그에게 위대한 왕의 길을 걷게 될 것을 약속하셨다. 하나님께서는 "네 평생에 왕들 중에 너와 같은 자가 없을 것"이라 선언하셨다.왕상 3:12-13 솔로몬은 그렇게 하나님의 축복을 누려 세상 누구도 누리지 못한 축복과 번영을 누렸다. 그러나 그는 결국 하나님으로부터 돌이켜 이방신을 섬기는 배교자가 되었고 자기 백성을 바르게 인도하는 일, 평안으로 인도하는 일보다 왕으로서 자기 권위를 앞세우는 왕이 되어버렸다. 그는 한때 듣는 귀가 열린 왕이 되기를 원했으나 이제 누구의 이야기도 듣지 않는 독선적인 왕이 되어버렸다. 그와 그의 나라의 번영이 그의 귀를 가려버린 것이다. 하나님께서는 그런 솔로몬에게 심판을 내리신다. 그는 치세의 후반에 그를 반역한 무리들에게 위협받았으며, 그의 후궁들의 시끄러운 이방 제사를 잠재우지 못한 것으로 백성에게 지탄받았다. 무엇보다 그의 강성했던 이스라엘이 그의 사후에 둘로 쪼개지는 현실을 받아들여야 했다. 결국 인생 후반부, 그 모든 일을 다 겪고 난 솔로몬은 이렇게 노래한다. "나 전도자는 예루살렘에서 이스라엘 왕이 되어 마음을 다하며 지혜를 써서 하늘 아래에서 행하는 모든 일을 연구하며 살핀즉 이는 괴로운 것이니 하나님이 인생에게 주사 수고하게 하신 것이라 내가 해 아래에서 행하는 모든 일을 보았노라 보라 모두 다 헛되어 바람을 잡으려는 것이로다."전 1:12-14 누구보다 하나님과 동행했던 솔로몬의 리더십은 누구보다 하나님과 멀어지는 변곡을 경험한다. 그는 한 나라의 리더로서 왕이 하나님과의 관계를 바르게 하고 그 겸손과 겸허 가운데 나라를 다스리는 일이 얼마나 중요한지를 일깨우는 왕으로 우리에게 남았다.

제**3**장

여로보암

Jeroboam

분열의 리더십

분열

1054년, 로마 교회와 콘스탄티노플 교회가 서로 갈라섰다. 두 교회는 오랫동안 갈등과 대립을 반복해 왔다. '성상'icon을 숭배하는 일에 관해서도 그랬고, 니케아 신경Nicene Creed에 "그리고 성자에게서"라는 문구를 삽입하는 문제, 즉 성령의 지위에 관한 '필리오케'filique 논쟁에서도 그랬다. 로마의 교황과 콘스탄티노플의 대주교는 줄곧 서로 다른 태도를 보여왔다. 입장 다른 일이 잦다 보니 서로의 권위와 지위에 대한 도전도 자주 발생하게 되었다. 로마 교황의 지위에 대한 콘스탄티노플 측의 무시가 이어지고 심지어 교황의 지위를 위협하게 되기까지 이르자, 로마 교회는 자기들의 정치적인 지지기반을 동로마제국이 아닌 신흥 프랑크 왕국으로 돌리게 된다. 그렇게 카롤루스 대제Carolus Magnus는 교황의 자리와 교황령을 보장해 주고 자신은 로마제국의 황제 지위를 얻게 된다. 이렇게 해서 로마 교회와 교황은 동방의 콘스탄티노플을 비롯한 교구들과는 별개의 독보적인 지위를 획득, 발전하게 된다. 콘스탄티노플의 대주교와 동방의 교회가 이것을 반겼을 리 만무했다. 반대의 경우도 발생했다. 동로마의 황제가 포티우스Photius라는 의외의 인물을 콘스탄티노플의 대주교로 임명하자 로마 교회는 그것을 인정하지 않았고 오히려 포티우스를 파문해 버렸다. 물론 콘스탄티노플이 로마 교회의 파문을 받아들이지는 않았다. 두 교회 사이에 갈등과 대립의 골만 깊어졌을 뿐이었다.

결정적인 사건은 1054년에 벌어졌다. 포문은 콘스탄티노플 대주교인 케룰라이오스Michael Kerularios가 먼저 열었다. 그는 동방교회의 영역에 들어와 있는 서방교회들이 예배에서 라틴어 대신 헬라어를 사용하도록 강제했다. 이 문제는 그동안 쌓인 갈등을 표면화하기에 충분했다. 로마의 교황 레오 9세Leo IX는 강경한 추기경들을 파견해 이 문제에 항의했다. 그런데 콘스탄티노플 교회의 반응과 대접이 미적지근하다고 느낀 추기경들은 소피아 대성당 제단 위에 콘스탄티노플 대주교를 파문한다는 문서를 던져놓고 로마로 돌아가 버렸다. 당연히 대주교 케룰라이노스 역시 분노했다. 그와 동방교회는 맞대응으로 파견된 세 명의 추기경과 교황을 파문해 버렸다. 양쪽 교회는 완전히 자제력을 잃고 서로에 대한 비난을 이었다. 그리고 서로 완전히 등을 돌려 버렸다. 그렇게 해서 두 교회는 돌이킬 수 없는 분열의 강을 건너 버렸다.

이런 식의 분열은 교회 역사에서 여러 차례 발생했다. 11세기 동서교회의 대분열 후 서방교회는 다시 구교와 신교가 나뉘는 아픔을 겪는다. 신교인 프로테스탄트의 분리는 더욱 심각했다. 유럽대륙 전반에서 신교 정통파는 재세례파Anabaptists를 핍박하고 그들을 제거하려 들었다. 덕분에 제세례파는 알프스의 산지와 네덜란드 암스테르담 도시 골목과 지하에 숨어지내야 했다. 영국에서도 비슷한 일이 벌어졌다. 영국의 국가 종교가 되어버린 성공회는 새롭게 일어난 청교도Puritans를 박해했고 그 일로 전쟁까지 불사했다. 결국 청교도들은 전쟁과 박해를 피해 새로운 대륙으로 피난길을 떠나야 했고 그들은 그렇게 신대륙에 정착해 새로운 나라 미국의 주류가 되었다. 교회이니 분열과 분리가 일어나서는 안 된다고 말하려는 것이 아니다. 분열이나 분리는 인간사 어느 곳에서나 있을 수 있는 일이다. 교회라고 다르지 않다. 교회는 하나님의 부르심으로 모인 공동체이지만 동시에 세상 속 여느 인간들의 조직과 다르지 않다. 안타까운 일이지만 그곳에도 분열과 분리는 존재한다.

중요한 것은 이것이다. 분열과 분리에도 긍정적인 부분과 부정적인 부분이 있다는 것이다. 우선 분열은 공동체와 조직을 다원화하여 발전의 기회가 된다. 공동체나 조직이 한 가지 방식 아래 하나 된 모습으로만 오래 존속하다 보면 점점 굳어져 가고 결국에 부패와 와해를 피할 수 없다. 이럴 때 분열split은 조직과 공동체의 새로운 발전의 기회가 된다. 분열을 통해 분리되어 나온 조직과 공동체는 새로운 가치와 새로운 방식을 추구하게 되고 오래된 것은 솎아내고 버려지게 된다. 그것으로 조직과 공동체는 발전과 성장의 기회를 얻게 되는 것이다. 우리가 아는 혁신과 개혁은 대체로 이런 방식으로 진행된다. 오래된 관습과 병폐에 찌든 공동체와 조직에는 새로운 시대, 새로운 방식, 새로운 가치를 바라는 이들이 발생하게 된다. 그들은 곧 그들의 오래된 조직과 공동체로부터 스스로를 분리해 새로운 조직과 공동체를 만들게 되고 그 새로운 출발은 오래되지 않아 오래된 조직과 공동체 일부까지 수용하면서 전혀 새로운 조직과 공동체를 이루게 된다. 이것이 바로 혁명과 변혁이다.

물론 분열과 분리에는 부정적인 부분도 존재한다. 분열은 결국 서로에 대한 반목과 대립, 갈등, 그리고 폭력을 유발한다. 많은 공동체와 조직이 분열의 상황에서 새로운 발전으로 나아가는 과정에 이런 부정적인 일들을 경험하곤 한다. 공동체의 발전을 바라는 이들이 벌이는 분열의 조짐은 기존 공동체 구성원들 특히 기존 공동체 기득권자들에게 큰 위협이 된다. 결국 그들은 새로운 조직과 공동체로 분열하려는 이들을 반역자로 취급하고 그들과 대립하여 갈등하는 가운데 서로에게 폭력을 행사하는 상황으로 발전할 수 있다. 물론 반대의 경우도 나타날 수 있다. 발전을 바라며 분열을 원하는 이들이 기존의 조직과 기득권자들에게 저항하며 갈등을 유발하고 폭력적인 상황으로 나아가는 것이다. 결국 분열과 분리의 상황은 공동체와 조직의 단결력을 약화하게 된다. 그리고 이것은 외부세력들에게 빌미가 되어 공동체 전체와 조직이 와해 되거나, 외부세력에게 흡수되는 일로까지 이어지도록 만들게 된다. 발전을 위해 벌이는 분열과 분리는 결국 발전과 성장에까지 이르기도 전에 외부세력에 의해 궤멸될 수 있다. 그만큼 분열은 무서운 것이고 위험한 것이다.

아우구스티누스Augustinus of Hippo는 이렇게 말했다. "분열은 그리스도의 몸인 교회로서는 큰 상처가 아닐 수 없다." 확실히 분열과 분리는 공동체에게는 큰 아픔이다. 그런데도 우리는 분열의 효과에 집중해야 한다. 공동체와 조직의 발전은 결국 분열이 가져오는 온갖 종류의 위험하고 부정적인 여파에도 불구하고, 그리고 분리의 상황에서 벌어지는 여러 가지 감정적인 소모와 아픔에도 불구하고 분열과 분리의 노력 가운데 미래를 개척하고 성장하는 길이 되기 때문이다. 앞서 이야기한 대로 분열은 긍정적인 변화와 발전으로 나아갈 수도 있다. 그러니 분열이 긍정적인 변화의 물결이게 만드는 리더십은 무엇보다 중요한 과제라고 할 수 있다. 공동체와 조직은 어찌할 수 없는 분열의 아픈 과정을 거치면서 발전과 성장을 모색해야 한다. 지도자는 그 일의 중심에 서야 한다.

초대교회 지도자들이 그랬다. 예루살렘 교회 지도자들은 그 모든 외세의 압력과 분열의 현실 가운데에도 교회의 성장과 부흥에 집중했던 것 같다. 그들은 스데반 순교 이후 벌어진 말도 안되는 핍박의 현실을 딛고 일어서면서 세상 가운데 흩어져 나갔다. 그렇게 이방인들이 중심이 되는 안디옥 교회가 세워지자 당장 교회는 분열의 조짐을 보였다. 유대파 그리스도인들과 헬라파 그리스도인들 사이에 이견이 발생한 것이다. 유대파 그리스도인들은 교회가 유대교 전통에서 벗어나는 일을 용납할 수 없었다. 교회는 어디까지나 유대교와 구약 성경이 지향하는 공동체 일부여야 했다. 그런데 이방인을 향해 나아갔던 사도들과 특히 헬라파 그리스도인들은 생각이 달랐다. 그들은 이방인들이 받아들일 만한 기독교를 원했다. 양측은 결국 첨예하게 대립했다. 성경이 전부 다루지는 않지만 이런 대립과 갈등은 초대교회 곳곳에서 벌어진 것 같다. 그러나 이런 갈등과 대립은 세상 땅끝까지 예수 그리스도를 증거해야 한다는 교회의 사명에 집중하는 사도들의 지도력을 더욱 강화했다. 그들은 모여 회의했다. 그리고 이방인에게 복음을 전하는 일이 타당하다는 결론에 도달했다. 새로운 도약의 순간이었다. 이렇게 해서 분열과 분리는 새로운 발전과 성장의 기회로 전환되었다.

이 장에서 우리는 이스라엘의 분리를 다루고자 한다. 이스라엘 분열의 시작에는 솔로몬이 있었다. 그는 이스라엘이 분열되는 일에 중요한 원인 제공자였다. 그런데 이 모든 일을 이루시는 분은 하나님이셨다. 하나님께서는 다윗의 나라를 두 개로 쪼개기로 하시고 그것을 실행하셨다. 중요한 것은 이런 분열의 상황을 직면하여 선 이스라엘의 지도자들이다. 이스라엘의 지도자들 특히 이스라엘의 왕들은 이 분열의 상황이 오히려 발전과 성장의 기회가 될 수 있다는 사실에 주목해야 했다. 특히 이 부분에 대해서는 솔로몬의 아들 르호보암의 생각이 중요했다. 혹여 분열과 분리가 가속화하여 현실이 되었다고 하더라도, 그래서 두 나라가 세워지게 되었다 해도 남유다의 르호보암과 북이스라엘의 여로보암은 그들이 벌인 분열이 하나님 백성의 나라 이스라엘의 성장과 발전의 에너지가 되도록 변환하는 일에 주목해야 했다. 물론 르호보암이나 여로보암은 분열을 성장의 기회로 전환하지 못했다. 그들은 결국 이스라엘과 유다의 분열된 양상을 고착하는 일에 더 주목했다. 우리는 분열을 성장과 부흥의 기회로 이끌지 못한 두 지도자에게 주목해야 한다. 그들의 리더십은 과연 무엇이었고 어땠는지를 살펴야 한다. 특히 우리는 북이스라엘의 여로보암에게 주목해야 한다. 그가 국가 분열의 상황에서 벌인 생각과 행동은 무엇이었는지를 살펴야 한다. 그래서 그가 보인 리더십의 정체를 밝히고 그것이 우리 것이 되지 않도록 해야 한다.

반쪽의 왕

여로보암은 솔로몬이 죽은 뒤 이스라엘 백성의 열두 지파 가운데 북쪽 열 지파를 모아 새로운 북이스라엘을 세웠다. 여로보암은 느밧의 아들로서 다윗의 계보가 아닌 에브라임 지파에서 왕 위에 오른 사람이다. 그러나 그는 이스라엘의 역사에서 악을 행한 왕의 전형이 되어버렸다. 물론 그가 처음부터 그런 것은 아니었다. 하나님께서는 여로보암을 이스라엘을 다스릴 리더의 자리로 부르셨다. 하나님께서는 여로보암에게 이렇게 말씀하셨다. "내가 너를 취하리니 너는 네 마음에 원하는 대로 다스려 이스라엘 위에 왕이 되되 네가 만일 내가 명령한 모든 일에 순종하고 내 길로 행하며 내 눈에 합당한 일을 하며 내 종 다윗이 행함 같이 내 율례와 명령을 지키면 내가 너와 함께 있어 내가 다윗을 위하여 세운 것 같이 너를 위하여 견고한 집을 세우고 이스라엘을 네게 주리라"_{왕상} 11:37~38 하나님께서는 다윗의 계보를 영원히 버리지는 않으셨더라도 북이스라엘을 차지한 여로보암에게도 좋은 리더가 될 기회를 주셨다. 여로보암이 다윗 왕처럼 하나님께 순종하고 백성들을 잘 돌보며 그의 이스라엘을 하나님의 백성의 나라로 합당하게 이끈다면, 그의 왕위와 그의 시대는 하나님의 은혜 가운데 평탄하리라 말씀하신 것이다. 그런데 여로보암은 그 길을 가지 않았다. 그는 분열의 시대에 바른 리더로서 역할을 구하지 않았으며, 오히려 그에 반하는 옹졸한 리더의 길을 가고 말았다. 결국 여로보암은 반쪽의 왕이나마 잘 유지하지도 못한 채 이스라엘 왕들의 계보에서 불의하고 악한 리더십의 모델이 되고 말았다.

여로보암Jeroboam은 '그 백성이 늘다'the people increase라는 뜻을 갖고 있다. 그는 요셉 가문 에브라임 지파에서 아버지 느밧의 시절부터 솔로몬에게 중용되어 중앙 정치에 참여한 사람이었다. 사실 그가 에브라임 지파라는 것은 몇 가지 의미를 가진다. 에브라임 지파는 레위 지파가 출애굽 이후 광야 행진 대열에서 빠지고 성막을 나르는 진영의 중심에 배치되자 요셉의 두 아들들, 므낫세와 에브라임을 새롭게 지파로 만들어 열두 지파 대열에 세운 것이 시작이었다.민 2:20-24 그들은 이후 여호수아 시절에 정식 지파로서 가나안의 중심부, 회막the tent of meeting이 있는 실로Shiloh가 위치한 에브라임 산지 땅을 기업으로 얻었다.수 16:5 에브라임이 중심 요지를 얻은 것은 아무래도 여호수아가 에브라임 지파 출신이었기 때문이었을 것이다. 이후 에브라임은 남쪽의 유다 지파와 더불어 이스라엘 백성을 이끄는 실질적인 지파 리더로서 역할을 종종 수행한다. 그들은 사사 기드온 시절 기드온의 리더십에 도전하기도 하고,삿 8:1 사사 입다가 길르앗 사람들을 모아 암몬과 싸울 때도 에브라임은 그 전투에 참가하지 못한 것을 빌미로 입다를 비롯한 동쪽 지파 군대와 싸웠다가 크게 패하기도 했다.삿 12:1-6 이외에도 에브라임 지파에서는 계속해서 불미스러운 일들이 발생했다. 그들 가운데 살던 미가라는 청년이 자기 집에 자기들만의 제단을 차리고서 모세의 증손자 레위인 요나단을 데려다 자기 집만을 위한 제사장을 삼은 것이다.삿 17:1-13 이런 식의 불미스러운 일은 사사기 19장에서도 등장한다. 에브라임 구석 산지에 사는 한 레위 사람이 자기 첩이 기브아에 사는 베냐민 사람들에게 희롱당하다 죽자 죽은 자기 첩의 시신을 열두 조각내 이스라엘 다른 지파들에게 보낸 뒤 지파들 사이 전쟁을 도모하도록 부추긴 것이다.삿 19:1-20:25 이 일로 베냐민 지파 남자들은 거의 도륙을 당하고 말았다.

이후에도 에브라임의 돌발적이고 반역적인 행동은 계속된다. 다윗 시절 그들 가운데 한 사람 세바는 다윗과 예루살렘이 압살롬 사건을 수습하느라 정신없을 때 "자기 손을 들어 왕 다윗을 대적"했다.삼하 20:21 비록 그의 반역 사건은 요압을 비롯한 충성스러운 다윗의 신하들에 의해 진압되었으나 이 사건은 옛날 사울을 따르던 북쪽 지파들이 언제든지 다윗을 대적해 반역의 칼을 높일 수 있음을 보여준 대표적인 사례였다. 우리가 다 아는 것처럼 다윗은 유다 지파 소속으로 유다 지파를 중심으로 자기 왕권을 강화했다. 유다 지파는 다윗 시절 내내 이스라엘 전체에 대해 막강한 힘을 발휘했다. 다윗이 자신의 휘하 군대를 계수했을 때 이런 상황은 분명하게 드러났다. 이스라엘 전체에서 80만 대군이 전투에 나갈 준비가 되어 있었는데 그 가운데 유다 지파만 50만 명이나 된 것이다.삼하 24:9 이런 상황은 한편으로 다윗의 왕권이 유다 지파를 중심으로 강력했음을 보여주는 것이기도 하려니와 다른 한편으로 유다지파를 제외한 나머지 지파들은 상대적으로 열등한 위치에 있었음을 방증하는 것이다. 이스라엘의 각 지파들 특히 유다 지파 북쪽의 지파들은 다윗의 예루살렘과 유다 지파 통치에 대해 의구심을 품었으며 그들의 지파가 상대적으로 약화하는 상황을 우려하고 있었다. 그래서 세바와 같은 사람이 에브라임 지파에서 일어나 다윗에게 저항했을 때 나머지 지파들은 적극적으로 동조하지는 않았을지라도 세바의 반역에 대해 어느 정도 동조하는 마음을 품고 있었던 것이 확실하다.

이스라엘 각지파들의 예루살렘 다윗 왕실에 대한 저항의 마음은 결국 솔로몬 시절에 이르러 현실화한다. 여로보암을 통해서이다. 여로보암은 말도 많고 탈도 많은 에브라임 지파 출신으로왕상 12:25 솔로몬 통치 시기에 요셉 족속, 즉 에브라임과 므낫세 지파의 일들을 담당하는 감독관이었다. 그는 아마도 솔로몬의 국가 건설 사업이 많은 폐단을 낳고 있다는 사실을 잘 알고 있었던 것 같다. 그는 솔로몬의 통치가 계속되면서 국가의 부가 중앙 예루살렘으로만 집중되고 각 지방, 즉 각 지파는 아무것도 누리는 것 없이 소모적인 일들에만 동원되고 있는 현실을 보았을 것이다. 국가 시책으로서 건설 사업을 담당하는 자리에 앉은 사람으로서 그는 누구보다 이런 현실을 직시할 수 있었다. 그는 왕의 노역이 가중되는 현실에 그 체제를 유지하고 관리해야 하는 책임에 있는 사람이었다. 그것은 에브라임 지파 출신으로서 지극히 불편한 현실이었다.

성경의 기록에 의하면, 그 시절 여로보암에게 실로에서 온 선지자 아히야가 나타났다. 아히야는 여로보암과 단둘만 있는 것을 확인하고서 그 앞에서 자기가 입은 새 옷을 열두 조각으로 찢었다. 그리고 그 가운데 열 조각을 여로보암에게 넘겨주었다. 아히야는 여로보암에게 이렇게 말했다. "너는 열 조각을 가지라 이스라엘의 하나님 여호와의 말씀이 내가 이 나라를 솔로몬의 손에서 찢어 빼앗아 열 지파를 네게 주고 오직 내 종 다윗을 위하고 이스라엘 모든 지파 중에서 택한 성읍 예루살렘을 위하여 한 지파를 솔로몬에게 주리니 이는 그들이 나를 버리고 시돈 사람의 여신 아스다롯과 모압의 신 그모스와 암몬 자손의 신 밀곰을 경배하며 그의 아버지 다윗이 행함 같지 아니하여 내 길로 행하지 아니하며 나 보기에 정직한 일과 내 법도와 내 율례를 행하지 아니함이니라.”왕상 11:31-33 놀라운 이야기였다. 여로보암에게 이스라엘의 열 지파가 주어지고 그들과 함께 새로운 나라가 세워져야 하리라는 예언이니 말이다. 그러나 아히야는 에브라임 지파 땅의 실로에서 온 선지자였다. 여로보암으로서는 그가 진정 하나님의 말씀을 대언하는 지에 관해서 신중해야 했다. 그런데 상황은 이상하게 흘러갔다. 아히야와 여로보암 사이 둘만의 이야기가 그만 여러 곳에 퍼져나간 것이다. 솔로몬도 곧 그것을 알게 되었다. 솔로몬은 여로보암을 죽이려 했다. 여로보암은 황급히 솔로몬의 영향에서 벗어나야 했다.왕상 11:40 여로보암이 선택한 망명지는 애굽이었다. 여로보암은 거기 시삭 왕에게 가서 몸을 의탁했다. 그는 솔로몬이 죽기까지 애굽에 머물렀다.

솔로몬이 죽자 이스라엘의 정세는 급변했다. 우선 이스라엘의 왕위는 솔로몬의 아들 르호보암에게 돌아갔다. 그런데 젊은 새 왕 르호보암이 왕에 오르는 문제는 예루살렘 왕실에서 결정하는 것으로 끝날 문제가 아니었다. 다윗과 솔로몬 시절 아무리 각 지파의 권한이 축소되었더라도 각 지파 장로 및 지도자들의 권세는 여전했다. 각 지파는 새 왕을 세우는 문제를 예루살렘이 아닌 세겜에서 결정하자고 주장했다. 르호보암은 그에게 주어진 현실을 경계하며 받아들여야 했다. 그래서 르호보암은 일단 세겜으로 가서 각 지파들이 원하는 대로 자신의 즉위 문제를 결정하는 일을 마무리하기로 했다._{왕상 12:1} 그런데 세겜에서 르호보암은 전혀 뜻밖의 상황을 접하게 되었다. 자신의 왕권을 인정받고 그의 즉위를 확고히 하는 자리에 여로보암이 있었던 것이다. 여로보암과 이스라엘 각 지파 지도자들은 르호보암 앞에 당당하게 섰다. 여차하면 그의 왕권을 인정하지 않을 태도였다. 르호보암으로서는 자기 의도와 전혀 다르게 펼쳐지는 상황을 받아들일 수밖에 없었다. 르호보암 앞에 당당하게 선 여로보암과 열두 지파 지도자들은 르호보암에게 이렇게 말했다. "왕의 아버지가 우리의 멍에를 무겁게 하였으나 왕은 이제 왕의 아버지가 우리에게 시킨 고역과 메운 무거운 멍에를 가볍게 하소서 그리하시면 우리가 왕을 섬기겠나이다."_{왕상 12:4} 여로보암과 열두 지파 지도자들은 새 왕 르호보암과 흥정을 시작했다. 그들은 각 지파와 이스라엘 백성에게 주어진 무거운 책임들을 완화할 것을 요구했다. 그들은 예루살렘에 집중된 왕권을 분산하여 그들이 나누어 갖기를 바랐다. 이 모든 것은 여로보암의 계획인 것이 분명했다. 지방의 노역 감독관이었던 여로보암은 이스라엘 백성에게 부과된 노역을 경감하는 것은 유다지파와 예루살렘의 왕권을 약하게 만드는 것임을 잘 알았다.

이야기를 들은 르호보암은 당황했다. 그는 며칠의 말미를 달라고 하고서 예루살렘으로 돌아왔다. 르호보암은 우선 그의 아버지를 섬기던 신하들에게 상황을 알리고 대책을 요구했다. 연로한 신하들은 르호보암에게 우선 이스라엘 각 지파와 백성들의 요구를 들어주어야 한다고 말했다. "왕이 만일 오늘 이 백성을 섬기는 자가 되어 그들을 섬기고 좋은 말로 대답하여 이르시면 그들이 영원히 왕의 종이 되리이다."왕상 12:7 연로한 신하들은 지혜로웠다. 그들은 이스라엘을 르호보암의 통치 아래 하나로 묶는 방법은 우선 그들의 이야기를 들어주고 그들의 필요를 채워주는 것임을 잘 알았다. 그들은 그렇게 하는 것이 새롭게 떠오르는 여로보암의 기세를 꺾는 대처라는 것도 잘 알았다. 그런데 문제는 르호보암이었다. 르호보암은 아버지의 늙은 신하들이 말하는 것을 새겨들을 귀가 없었다. 그는 더 이상 원로들과 사안을 의논하지 않았다. 그는 대신에 자기와 더불어 왕궁에서 자란 자기 또래의 경험 부족한 젊은 신하들과 논의를 시작했다. 과연 그들은 젊은 르호보암을 자극하기에 충분한 조언을 늘어놓았다. "왕은 대답하기를 내 새끼 손가락이 내 아버지의 허리보다 굵으니 내 아버지께서 너희에게 무거운 멍에를 메게 하였으나 이제 나는 너희의 멍에를 더욱 무겁게 할지라 내 아버지는 채찍으로 너희를 징계하였으나 나는 전갈 채찍으로 너희를 징계하리라 하소서."왕상 12:10-11 르호보암은 그들의 이야기를 즐거워했다. 그는 경험이라고는 일천한 젊은 관료들의 이야기를 듣고 그것을 가슴에 담아 세겜으로 돌아갔다. 르호보암은 세겜에서 그를 둘러싼 열두 지파 지도자들과 여로보암에게 이렇게 말했다. "내 아버지는 너희의 멍에를 무겁게 하였으나 나는 너희의 멍에를 더욱 무겁게 할지라 내 아버지는 채찍으로 너희를 징계하였으나 나는 전갈 채찍으로 너희를 징치하리라."왕상 12:14 여로보암과 각 지파 지도자들은 왕의 말을 듣고 이렇게 반응했다. "우리가 다윗과 무슨 관계가 있느냐 이새의 아들에게서 받을 유산이 없도다 이스라엘아 너희의 장막으로 돌아가라 다윗이여 이제 너는 네 집이나 돌아보

라"^{왕상 12:16}

결국 이스라엘은 이렇게 해서 두 나라로 갈라서게 되었다. 이스라엘은 선지자 아히야가 말한 대로 그리고 하나님께서 솔로몬에게 말씀하신 대로 두 나라가 되었다. 열 개 지파는 여로보암에게, 나머지 두 개 지파, 즉 유다와 베냐민 지파는 르호보암에게 서게 되었다. 사실 이 시절까지만 하더라도 여로보암의 열 개 지파 이스라엘은 르호보암의 두 개 지파뿐인 유다에 비해 열세였다. 다윗과 솔로몬 통치 80년을 지나면서 국부는 대부분 예루살렘에 쏠려 있었다. 국가의 막강한 힘은 예루살렘의 르호보암의 차지가 된 것이다. 여로보암으로서는 지파의 수와 백성들 숫자 그리고 통치 영역에서 남쪽 나라를 압도했지만, 그 모든 힘들 국력으로 결집하기에는 아직 역부족인 상황이었다. 무엇보다 열 개 지파에 의해 왕으로 옹립되었다고는 하지만 여로보암은 아직 지파들의 지지를 완전히 얻은 것은 아니었다. 열 개 지파 사람들이 선왕 솔로몬의 폭정을 어려워하고 그것을 그대로 잇겠다는 르호보암에 반대하여 나라를 분립하는 과정을 거쳤다고는 하지만, 그것이 곧 여로보암에 대한 충성을 의미하는 것은 아니었기 때문이다. 여로보암은 어디까지나 나라를 분리하는 일에 중요한 역할을 감당하는 사람이었을 뿐이었다. 그는 이런 상황에서 나라를 열었고, 세겜과 부느엘에 자신의 왕궁을 건설했다.^{왕상 12:25}

여로보암은 당장 자기 리더십을 굳건하게 하는 일에 몰입했다. 그는 자기 휘하로 들어온 열 개 지파를 하나로 묶는 일이 무엇보다 시급한 과제라는 것을 알고 있었다. 열 개 지파가 자기 통치 영역 안에 안정적으로 머무르게 되는 일이야말로 그에게 있어서는 중요한 과제였다. 그는 이 문제를 종교적으로 해결해 보기로 했다. 그는 이스라엘 사람들이 다윗과 솔로몬 시대를 거치면서 실로가 아닌 예루살렘의 회막과 성전으로 가서 거기서 하나님을 예배하고 절기를 지킨다는 것에 주목했다. 그는 북쪽 지파 사람들이 절기 등을 이유로 정기적으로 예루살렘을 방문하고 성전으로 가서 예배하다보면 북쪽 나라에 대한 소속감을 점차 잊으리라 생각했다. 그는 결국 남쪽 예루살렘의 성전을 중심으로 하는 종교적 삶을 단절하기로 했다. 그는 사람들이 자기가 통치하는 영토를 벗어나지 않는 정도에서 종교적인 삶을 이어갈 방법을 모색했다. 그렇게 해서 여로보암은 남쪽 경계 끝의 벧엘Bethel에, 그리고 북쪽 경계 끝의 단Dan에 사람들이 방문하고 예배할 별도의 성소sanctuary를 마련했다.왕상 12:30 여로보암의 성소는 흥미로웠다. 그는 일단 벧엘과 단의 성소를 이스라엘 여기저기 산재해 있던 가나안 스타일 산당high place으로 만들었다. 산당은 원래 가나안의 신들을 섬기던 장소였는데 이스라엘 백성이 가나안에 들어와 살면서 자기들이 사는 곳 인근 높은 곳에 있던 산당들에 하나님을 예배하는 자리를 마련하기 시작한 것에서 유래했다. 산당은 말하자면 실로나 예루살렘 그 먼 곳까지 가서 예배하고 절기를 지키는 일을 어려워한 결과물이었다. 사실인즉 르호보암과 여로보암 당시 이스라엘 백성들은 예루살렘의 성전보다 각자 자기들 삶의 자리 주변에 있던 산당을 더 편하게 여겼다.

여로보암은 그 사실에 주목했다. 그는 이스라엘 백성들이 멀리 있는 예루살렘에 가서 예배드리는 일에 대해 마음의 자유를 주었다. 그는 예루살렘 대신 벧엘과 단에 가서 예배해도 된다고 백성들을 설득했다. 그

여로보암: 여로보암은 하나님께서 자신에게 주신 소명의 의미를 온전히 깨닫지 못하고 결국 자기에게 주어진 북이스라엘을 온갖 가증한 것이 가득한 나라가 되게 했다. 그는 이후 불의한 길을 갔던 왕의 표상이 되었다. 그림은 여로보암이 자기가 만든 벧엘의 제단에서 제사를 드리다가 유다에서 온 하나님의 사람이 비판하는 소리를 듣는 장면이다. 네덜란드 작가 게르브란트 반 덴 에크하우트Gerbrand van den Eeckhout의 작품이다.

의 통치를 받던 열 개 지파 사람들은 그의 조치를 흥미롭게 받아들였다. 여로보암은 여기에 더해 이스라엘 백성들에게 눈에 보이는 신을 만들어 주기도 했다. 바로 송아지 상이었다. 여로보암은 '이것이 하나님'이라고 할 만한 금송아지 상을 두 개 만들어 하나는 벧엘의 산당에, 다른 하나는 단의 산당에 두었다.왕상 12:28 그는 오래전 아론이 그랬던 것처럼 눈에 보이는 송아지를 신으로 만들어 백성들에게 그것에 경배하게 했다. 그는 백성들을 그의 통치 영역 안에 머물게 하고자 하는 의도에서 여호와 하나님에 관한 형상을 만들어 경배하는 것을 금기시하는 모세의 율법을 무시하고 그의 백성에게 '우상'idol을 만들어 주었다. 그런데 여로보암이 자기 통치를 강화하기 위해 벌인 일은 그것뿐이 아니었다. 그는 벧엘과 단의 산당 체제를 더욱 굳건하게 하고자 관련된 종교적인 규례들을 새롭게 했다. 여로보암은 먼저 벧엘과 단에서 봉사할 제사장들을 세웠다. 그런데 그는 그 제사장을 기존 레위 지파의 제사장 계보나 레위인에게서 뽑지 않았다. 그는 제사장들을 보통 백성 사이에서 뽑아 세웠다.왕상 12:31 그리고 그들이 기존의 절기와 전혀 다른 날에 새로이 제정된 절기를 중심으로 산당을 운영하도록 했다. 성경은 이 일들을 이렇게 기록하고 있다. "그가 자기 마음대로 정한 달 곧 여덟째 달 열다섯째 날로 이스라엘 자손을 위하여 절기로 정하고 벧엘에 쌓은 제단에 올라가서 분향하였더라."왕상 12:33 놀라운 일이었다. 그의 종교적인 분립은 결국 국가적 분립을 더욱 견고하게 하는 일에 주효했다. 나랏님이 제정해 둔 종교적인 규례는 즉시 효과를 발휘했다. 북쪽 지파들은 서서히 예루살렘과 성전으로부터 멀어지기 시작했다. 여로보암의 계획이 성공한 것이다.

주지할 사실은 여로보암의 계획이 선한 것이 아니었다는 것이다. 당장 남유다에서 "하나님의 사람"이 벧엘에 올라왔다. 그는 벧엘의 제단을 향해서 이렇게 외쳤다. "제단아 제단아 여호와께서 이와 같이 말씀하시기를 다윗의 집에 요시야라 이름하는 아들을 낳으리니 그가 네 위에 분향하는 산당 제사장을 네 위에서 제물로 바칠 것이요 또 사람의 뼈를 네 위에서 사르리라 하셨느니라."왕상 13:2 이것은 훗날 요시야 왕의 개혁 때 북쪽 지파 땅의 산당들을 철저하게 무너지게 될 것을 예언한 것이었다. 하나님의 사람은 자신의 말이 확실하다는 것을 알리기 위해 벧엘의 제단이 무너지고 쏟아져 내릴 것을 선포했다. 그러자 벧엘의 제단은 그의 말대로 무너지고 말았다.왕상 13:5 여로보암은 자신이 벌인 일의 문제를 잘 알았다. 그는 자신이 벌인 일들이 가져올 재앙들 역시 어려워했다. 그러나 그는 생전에 그가 세운 산당들을 제거하지는 않았다. 그가 벌인 모든 일은 결국 그가 세운 북이스라엘에서 하나의 전통이 되고 끝내 사라지지 않는 문제가 되었다. 그를 북이스라엘의 새로운 왕으로 예언한 선지자 아히야는 모든 일의 시작을 알린 사람으로서 그 일의 결과에 대해서도 예언했다. 그는 여로보암이 벌인 모든 악한 행위들로 말미암아 그의 아들을 제외하고 그의 집안의 모든 사내가 잔인한 죽임을 당할 것이라고 예언했다.왕상 14:7-18 여로보암은 그의 치세 내내 남쪽의 르호보암과 경쟁하고 전쟁하는 일로 모든 국력을 소모했다. 그는 남쪽을 향한 불안함과 경계심, 경쟁심 외에 그 어떤 것도 그의 나라와 백성에게 보인 것이 없었다. 여로보암의 왕조는 결국 그의 아들 나답Nadab의 대에 이르러 그렇게 끝나게 된다. 나답은 아버지의 길에서 한 치도 벗어나지 않은 채 온갖 악한 일들로 그의 국정을 채웠다. 결국 잇사갈 족속 아히야의 아들 바아사는 온갖 악생을 저지르며 불안한 리더십만 보이던 나답을 몰아내고 이스라엘의 새 왕이 된 것이다.왕상 15:27

여로보암 탐구

여로보암은 분열과 분리의 시대에 스스로 리더가 된 사람이다. 그는 솔로몬 후기 여러 불의와 악행이 가져온 결과물들을 고스란히 떠안았다. 그는 솔로몬 사후 르호보암과 더불어 이스라엘 백성의 리더로 떠올랐다. 그런데 두 사람의 리더십은 백성들 사이 갈라진 틈을 메우기에 역부족이었다. 어느 한쪽은 다른 한쪽을 품을 수 없는 형국이었다. 그렇게 이스라엘이 두 나라로 갈라서게 되었을 때, 두 사람은 각각 자기 영역의 백성과 영토를 책임지게 되었다. 그런데 두 사람은 새로운 시대에 서로를 경계하며 경쟁만 일삼았다. 두 사람은 이스라엘의 벌어진 틈을 메우고 새로이 통합된 시대를 여는 일에는 실패했다. 결국 두 사람은 분열의 시대 리더십이라는 것이 무엇이며, 어떠해야 하는지에 대해 귀한 교훈을 남겼다. 여기서는 물론 르호보암보다는 여로보암에게 초점을 맞추어 그의 리더십을 살피고 있지만, 결국 여로보암의 리더십은 르호보암을 제하여 살필 수 없으며, 르호보암의 리더십은 여로보암의 처세와 통치를 살피지 않고서는 이해할 수 없는 부분이 있다. 두 사람은 그렇게 갈라진 나라와 백성을 영원히 서로 대립하여 상처 주는 관계로 나아가게 했다. 이들의 시대에 이스라엘의 분열은 고착되었고 영속화되었다.

여로보암은 사실 솔로몬 시대가 갖는 한계와 문제점의 대안으로 세움 받았다. 하나님께서는 솔로몬 당대의 문제를 보시고서 당신의 선지자 아히야를 통해 이스라엘이 열 개 지파와 두 개 지파로 나뉠 것을 선언하셨다. 그리고 열 개 지파의 분깃은 여로보암에게 넘기시기로 했다. 여로보암은 확실히 하나님의 이스라엘 백성을 향한 뜻 가운데 세움 받은 사람이었다. 그런데 그의 시대는 당장 열리지 않았다. 그가 그런 '신탁'을 받았다는 소식은 빠르게 퍼졌고 솔로몬의 궁정에서도 그 이야기를 듣게 되었다. 솔로몬은 크게 노했다. 솔로몬으로서는 용납할 수 없는 일이 일어난 것이다. 솔로몬은 당장 여로보암을 잡으라고 명령했다. 그는 한때 충실한 부하였으나 이제 정적이 된 여로보암을 살려 둘 수 없었다. 여로보암은 그렇게 망명길을 떠나게 되었다. 그런데 그가 선택한 망명지가 문제가 있었다. '애굽'은 사백 년도 더 전에 이스라엘 백성의 선조들이 종노릇 하던 곳이었다. 그들은 거기서 애굽 왕 바로에게 학대당했다. 아들들이 모두 죽는 꼴을 보았고 수시로 한계를 넘나드는 노동에 착취당했다. 그들은 거기서 '왕'에 대한 염증을 경험했다. 하나님의 백성 이스라엘은 애굽과 그 나라 왕 바로를 지극히 싫어했다. 그런데 여로보암은 그 증오의 대상 애굽으로 도망쳤다. 그리고 거기서 애굽왕 바로의 빈객賓客이 되었다. 이것은 하나님의 부르심을 받은 여로보암에게 첫 번째 실수로 보인다. 그는 거기서 왕이 된다는 것, 왕으로서 누리는 것, 왕으로서 휘두를 수 있는 최고의 것들을 보았고 그것들을 눈과 몸에 익혔다. 한 마디로 잘못된 리더십 학교에 입교한 셈이다. 여로보암의 길은 애초에 잘못된 방향으로 흘러갔다.

그는 애굽에서 솔로몬이 죽기까지 머물렀다. 아마도 그는 거기서 많은 동료를 얻었을 것이다. 애굽에게도 여로보암은 나쁘지 않은 카드였다. 주변 나라들에 대한 강력한 리더십을 앞세우던 다윗 가문의 행보에 적잖은 위협을 느꼈던 애굽으로서는 여로보암을 잘 키우고 앞세워 이스라엘을 분열하게 하고 약하게 만드는 도구로 사용하는 것이 국익에 유익하게 보였다. 실제로 여로보암은 애굽의 계산대로 움직였다. 솔로몬이 죽자 당장 이스라엘 지파 지도자들은 여로보암에게 연락을 취했다.

여로보암은 예루살렘이 아닌 각 지파 지도자들의 호출이 자기에게 호재가 되리라는 것을 확신하고 애굽의 힘을 등에 업고 세겜으로 갔다. 그리고 거기서 이스라엘 각 지파 지도자들을 설득해 이스라엘이라는 나라가 분열과 분리의 길을 가도록 했다. 사실 이 즈음에서 여로보암은 하나님의 부르심을 받은 사람으로서, 이스라엘을 새로운 시대로 이끄는 사명을 가진 리더로서 르호보암과 사이에 적절한 타협점을 찾아야 했다. 르호보암의 왕권을 한동안 약하게 하는 한이 있더라도 자신의 리더십을 발휘해 솔로몬 이후 이스라엘이 흐트러지지 않고 바른길로 나아가도록 인도했어야 했다. 백 번 양보해서, 북쪽의 열 개 지파와 남쪽의 두 개 지파가 서로 갈라서는 일이 벌어지게 되었더라도 그를 지지하는 지파들을 잘 엮어서 새로운 이스라엘로 나아가도록 하는 길을 열었어야 했다. 그런데 여로보암은 그렇게 하지 않았다. 그는 결국 그에게 동조하는 열 개 지파를 묶어서 자기만의 나라를 만들어 이스라엘이 영원이 분열하도록 만들었다.

이후 여로보암은 반역자라는 낙인을 주홍글씨처럼 새기게 되었다. 열 지파 사람들은 여로보암을 자기들의 리더와 왕으로 세운 이후에도 여로보암에게 새긴 주홍글씨를 지워내지 않았다. 북이스라엘 사람들은 여로보암이 자기들의 왕이기는 하지만 다윗이나 솔로몬과 같은 권위로 그들 위에 군림하는 것이라 여기지는 않았다. 여로보암은 그렇게 반쪽 이스라엘의 불안한 리더가 되었다. 사실 그는 거기서 자기에게 충성하는 나라를 만들기 위해 골몰했다. 그는 도읍을 세겜에 두었다가, 얼마 지나지 않아 그 옆 부느엘Penuel로 옮겼다. 도읍을 두 번이나 옮겼다는 것은 그만큼 새 나라의 기초를 닦는 일이 쉽지 않았음을 의미한다. 고대 히타이트Hittite의 예에서도 그런 것처럼, 또 조선朝鮮 초기 도읍지가 한양과 개성을 오락가락했던 것처럼, 나라의 도읍을 옮기는 것은 결국 왕을 둘러싼 지도층을 일소하고 나라의 지도자들을 새롭게 구성하는 것을 의미하기도 했다. 여로보암이 '자기 나라' 세우기는 쉽지 않았다. 그는 여전히 불안함 가운데 하루하루를 보냈다. 성경은 그런 그의 마음을 이렇게 표현한다. "그의 마음에 스스로 이르기를 나라가 이제 다윗의 집으로 돌아가리로다."왕상 12:26 스스로 다윗 왕조를 반역해 나온 여로보암은 왕으로서 그리고 하나님의 부르심을 받은 사람으로서 분명한 자신감 가운데 서 있지 못했다.

결국 여로보암의 시대는 불안과 경쟁심으로 점철되고 말았다. 그는 자기 나라를 우상 숭배의 소굴로 만들어버렸다. 그의 백성들이 남쪽 예루살렘으로 내려가 거기 성전에서 예배하고 경배하는 사이 르호보암의 발 아래로 들어가게 되리라는 우려에서였다. 그는 자기 백성 한 사람이라도 자기 발 아래에서 벗어나는 것을 원하지 않았다. 그것을 두려워했다. 여로보암은 세익스피어William Shakespeare의 소설 『리처드 3세』King Richard III, 아침이슬의 주인공 리처드 왕이 겪었던 공포와 두려움, 즉 언제 자신의 왕위가 찬탈당할지 모른다는 두려움과 동질의 것을 공포스럽게 경험하고 있었다. 리더가 되고 그 자리를 다시 빼앗길지 모른다는 두려움에 빠져 사는 것은 차라리 식물인간으로 사는 것과 같은 것이다. 리처드 왕은 이렇게 외쳤다. "나는 왕이 되었지만, 내 왕좌는 불안하다. 사람들은 나를 싫어하고, 반란을 일으킬지도 모른다. 나는 내 왕위를 지키기 위

해 무엇이든 할 것이다." 여로보암이 지금 이런 형국인 것이다. 그뿐이
아니다. 여로보암은 치세 내내 다른 일보다 르호보암과의 시기심 어린
경쟁에만 집중했다. 그는 자신의 치세와 르호보암의 것을 자주 비교했
고, 경쟁심이 발동하면 언제고 남유다를 충동해 전쟁을 벌이는 일을 서
슴지 않았다. 필요하다면 주변 나라들을 동원해 남쪽 유다를 공격하게
하는 일도 벌였다. 그래서 성경은 그가 평생 르호보암과 전쟁을 벌였다
고 기록한다.왕상 15:6 사실 이것은 두 나라 모두에게 좋지 않은 일이었다.
서로에게 소모전 이상의 어떤 의미도 없었던 것이다. 누군가 누군가를
이겨 서로를 정복하는 일이 발생하지 않은 것은 당연한 처사였다. 양국
은 서로에게 상처만 낼뿐 서로를 정복하려 들지는 않았다. 이것은 말 그
대로 전형적이며 쓸모없는 소모전이었다.

여로보암은 하나님의 부르심을 받았으나 그 부르심을 자기 사명으로
바르게 해석하고 그 온전한 길을 모색하는 일에는 실패했다. 그는 솔로
몬 시대 이후 나라의 대전환기에 하나님과 백성들의 부름을 받아 리더
의 한 사람으로 중심에 서게 되었으나 그것을 그의 나라와 백성의 발전
및 성장으로 견인하지 못했다. 그는 그에게 주어진 왕으로서의 기회를
자기 패배감과 열등감, 불안감과 적대감으로 풀어낸 못난 사람이었다.
분열의 시대에도 하나님께서는 리더를 부르신다. 그때 부름받은 리더
는 자기 감정이나 자기 생각보다는 부르심의 의미와 목적을 간파할 줄
알아야 한다. 그리고 자기 사명과 책임을 분명하게 인식해야 한다. 분열
과 분리는 어쩔 수 없는 상황이라 할지라도 그것을 자기를 높이거나 자
기 자리를 굳건하게 하기 위한 도구로 전락시킨다면 그는 참된 리더로

인정받을 수 없게 된다. 분열의 시대, 리더로 부르심은 그 공동체를 더욱 굳건하게 세우고 발전적인 방향으로 성장하도록 이끌기 위함이다. 여로보암에게는, 그리고 르호보암에게는 그 지혜로운 리더십을 찾을 수 없었다.

여로보암의 리더십

리더십 전문가 마이클 맥코비Michael Maccoby는 조직과 공동체의 분리 및 분열의 과정에서 리더십의 중요성을 강조하면서 이렇게 말했다. "조직의 분열과 분리는 조직의 정체성과 목적에 대한 재정의를 요구하는 중요한 사건이다. 따라서 리더는 조직 구성원들의 불안과 혼란을 해소하고, 조직의 새로운 정체성과 목적을 설정하기 위한 리더십을 발휘해야 한다." 또 다른 리더십 전문가인 존 코터John Kotter 역시 분리와 분열의 전환기에 리더의 중요성을 강조하면서 이렇게 말하기도 했다. "조직의 분열과 분리는 조직의 구조와 프로세스를 근본적으로 변화시키는 과정이다. 따라서 리더는 조직 구성원들의 변화에 대한 적응을 돕고, 조직의 변화를 성공적으로 이끌어내기 위한 리더십을 발휘해야 한다." 중요한 것은 분열의 상황을 잘 인지하고 그것을 조직과 공동체의 발전을 위한 전환기로 삼을 줄 아는 리더의 등장이다. 여로보암은 이런 전환기에 등장한 리더로서 이스라엘이 두 개의 나라로 갈라서는 시점에 중요한 역할이 기대되던 사람이었다. 그러나 안타깝게도 여로보암은 백성의 요구와 시대적 요청, 특별히 하나님의 부르심에 부응하지 못한 채 자기만의 논리에 빠져든 지도자로 전락하고 말았다.

먼저, 여로보암은 백성들과의 관계와 자기 자신과의 관계, 왕으로서 자기 직무와의 관계 모두에서 적절하지 못한 태도를 보였다. 그는 나라와 백성과 시대를 바르게 이끌어야 할 중요한 책임의 자리에서 남쪽 유다의 백성과 북쪽 이스라엘 백성 모두를 고려한 통합의 리더십을 갖지 못했다. 그렇다고 그가 북쪽 이스라엘 백성들에 대해 합당한 리더십을 발휘한 것도 아니었다. 그는 양측 백성 모두를 바른길로 인도하지 못하고 그들을 큰 혼란 가운데로 빠뜨리는 장본인이 되고 말았다. 무엇보다 여로보암은 자기 자신과의 관계 및 자기 책무와의 관계에서도 왕으로서 온당하고 바른 태도를 갖지 못했다. 자기 불안한 감정에 휘둘리거나 쓸모없는 경쟁심에 휘둘려 국정을 문제 상황으로 몰고 가는 우를 범했다. 그는 늘 불안했고 늘 두려웠다. 그는 북이스라엘의 백성들이 자기를 떠나지 않을까 하는 염려에 늘 둘러싸여 있었다. 그는 왕으로 재임하던 시절 내내 그 불안감을 벗어나지 못했다. 그래서 그를 징계하러 남쪽으로부터 온 선지자에게마저 비굴한 자세로 일관하며 그가 그 예언의 말들을 늘어놓지 못하게 하려고 막아섰다가 손이 말라버리는 경험을 하기도 한다.왕상 13:4 대외적으로도 그랬다. 그는 자신에게 주어진 나라를 잘 다스리고 관리하는 일보다는 그의 왕권이 가진 힘으로 자기 나라의 모든 능력을 남쪽 나라와 경쟁하는 일에만 쏟아붓도록 만들어버렸다. 그는 백성과의 관계, 자기 자신과의 관계, 심지어 자기 역할 및 책무와의 관계 모두에서 아무것도 이루지 못한 무능한 왕이 되어버렸다.

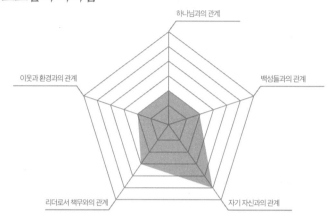

이스라엘 왕들의 레이더 차트
여로보암의 리더십

하나님과의 관계

백성들과의 관계

이웃과 환경과의 관계

자기 자신과의 관계

리더로서 책무와의 관계

여로보암은 젊은 시절 하나님의 부르심 가운데 위기 시대 바른 지도자로 설 기회가 있었다. 하나님께서는 그를 세워 분열의 시대에 이스라엘이 흐트러지거나 무너지지 않고 바른길로 나아가게 되기를 바라셨다. 그러나 여로보암은 그런 하나님의 기대를 저버리고 말았다. 그는 하나님보다는 애굽을 의지하고 하나님의 부르심보다는 자기 불안과 염려와 경쟁심을 더 앞세워 하나님과의 관계마저도 소원하게 되는 결과를 맞이하고 말았다. 결국 하나님께서는 여로보암을 징계하셨다. 그가 세운 우상을 위한 가증한 제단은 보기 좋게 무너졌고, 그의 아픈 아들은 죽고 말았으며 그의 집안은 모두 제대로 묘실에 들어서지도 못한 채 허망하게 끝장이 나고 말았다. 여로보암 왕조는 하나님의 징계와 심판 가운데 그의 아들 나답의 대를 넘기지 못하고 그의 휘하 장수 가운데 한 사람 바아사에게 무너지고 말았다. 여로보암 스스로 그렇게 두려워하던 반정의 기운을 끝내 꺾지 못한 것이다. 문제는 여로보암 스스로 왕으로서 리더로서 하나님과의 관계를 회복하고 다시 바른길로 나아가지 못했다는 것이다. 그는 그렇게 이스라엘 왕들의 기록에서 "여로보암의 악한 길"을 걷지 말아야 한다는 치욕스러운 교훈의 주인공이 되고 말았다.왕하 9:9

　여로보암은 변화의 시대, 전환의 시대, 분열과 분리의 시대에 바른 리더로서 길을 얻을 기회를 영영 놓친 안타까운 지도자였다. 여로보암은 성서학자 톰 라이트N.T.Wright의 언급과 같이 "이스라엘의 재통합을 두려워하고 무서워하여 끝내 그것을 막아서기 위해 모든 노력을 기울인 왕"으로 남는다. 그는 분열의 시대에 부르심의 의미를 끝내 깨닫지 못하고 자기에게 주어진 리더십의 모든 것을 자기 방어를 위해서만 온전히 사용한 불쌍한 지도자였다.

제**4**장

아합

Ahab

악의 리더십

악한 지도자들

영국의 정치학자인 브라이언 클라스Brian Klaas는 그의 책 『권력의 심리
학』Corruptible: Who Gets Power and How It Changes Us, 2022, 웅진지식하우스에서 "권력
이 사람을 선하게 만든다고 주장하는 연구나 사례는 거의 없다"고 말한
다. 사람은 누구나 권력을 잡으면 부패하게 된다. 그것은 마치 물 밖으로
나와 앉은 물고기와 같은 형국이다. 이야기는 간단하다. 물고기들 사이
에서 최고 정점에 올라서기 위해 분투한 한 물고기가 최고 정점에 올라
서려 많은 노력을 기울이더니, 결국 최고의 자리에 올라가게 되었다. 그
런데 그곳은 수면 위였고 그 녀석은 거기 물고기계의 권좌에 앉아 서서
히 말라가고 썩어갔다. 물론 현실이 이렇다고 해서 사람들이 최고의 자

리를 멀리하지 않는다. 사람들은 올라서면 죽을 것을 알면서도 그 자리에 올라서기를 바란다. 그것이 정치와 권력이 갖는 마성의 매력이다. 사람들은 그 자리가 한 인간으로서 자기를 말려버리고 파괴하고 결국 죽음에 이르게 하는 것임을 알면서도 그 자리를 탐한다. 그래서인지 윈스턴 처칠Winston Churchill은 이런 말을 남기기도 했다. "권력은 가장 위험한 게임을 즐기며 먹는 가장 위험한 마약이다." 힘 있는 자리를 탐하고 높은 자리를 갈망하는 것이야말로 죄 가득한 세상을 살아가는 인간 삶의 본질 가운데 본질일 것이다.

중요한 것은 권세 있는 자리가 사람을 악하게 만들 수 있다는 것이다. 조 바이든 미국 대통령의 백악관에서 과학기술 참모를 지낸 에릭 랜더Eric S. Lander의 경우가 그렇다. 그는 미국의 그 유명한 MIT에서 수학자이자 유전학자로 명성을 누리던 사람이었다. 바이든 정부는 그의 명성과 학문적인 성과를 높이 사 그를 장관급 인사로 격상해 백악관 참모진으로 영입했다. 그리고 그에게 코로나 팬데믹 이후 미국과 세상이 어떤 방향으로 나아가야할지에 관한 전문적인 조언과 정책 실행을 이끌 것을 주문했다. 바이든 대통령은 그에게 "이번 정부의 과학팀이 재생에너지부터 암 연구에 이르기까지 모든 분야에서 주도권을 갖게 되기를 바란다."고 말하며 그를 격려했다. 그는 대통령의 이런 지원과 격려에 힘입어 미국 내에서 과학 기술과 관련된 정치적인 판단과 정책 수립 및 입안, 실행에 관련된 거의 무소불위의 권력을 갖게 되었다. 그런데 그렇게 권력의 최고위직에 올라선 그가 얼마 지나지 않아 백악관 고문직을 사임하게 되었다는 소식이 전해졌다. 보도에 따르면 랜더 고문은 백악관 내에서 상습적으로 부하 직원들을 괴롭히고 거칠고 무례하게 다루었다고 한다. 백악관은 처음 그의 행태에 대해 조심스럽게 다루었다고 한다. 바이든 대통령의 신뢰가 워낙 깊었기 때문이다. 그러나 얼마 지나지 않아 그의 행태는 도저히 묵과할 수 없는 지경에까지 이르렀다. 그는 백악관 내에서 거의 사악한 존재가 되고 말았다. 그의 무례함과 폭력적인 태도는 백악관 내에서 거침이 없었다. 결국 백악관은 그의 사임을 결정하고 그에게 사표를 제출하도록 요청했다. 놀라운 것은 그때 랜더가 보인 태도였다. 그는 자신의 사임이 결정되었다는 소식을 듣자 곧 태도가 변했다. 그는 자신이 왜 백악관 참모직에서 사임하게 되었는지 이유를 듣게 되었을 때 이렇게 말했다. "내가 전현직 동료들에게 말하는 방식이 그들에게 상처가 되었다는 점에 충격을 받았다." 에릭 랜더는 자신도 모르는 사이에 권력에 취해 사악해진 것이다.

브라이언 클라스는 앞서 언급한 책에서 사악해진 권력에 대해 이렇게 말한다. "권력은 결국 부패하게 마련이다." 브라이언 클라스는 정직한 사람에게 권력이 주어지든 부패한 사람에게 권력이 주어지든 결론은 동일하다고 말한다. 그렇다. 시간의 차이가 있을 뿐일 것이다. 깊이 생각해야 하는 것은 권력이 우리를 부패하도록 두지 않는 방법을 고민하는 것이다. 만일 우리가 어느 조직과 공동체의 최고 정점의 위치에 서게 된다면 우리는 스스로에 대해 끊임없이 질문해야 한다. '나는 지금 혹시 권력에 취해 내가 가진 권력을 마음대로 휘두르며 내가 다스리는 사람들에게 폐해가 되고 있지는 않은가?'라고 말이다. 그래서 우리의 정치 스승 맹자孟子는 이렇게 말했다. "何必曰利!"하필왈이 즉, "하필 이익을 얻을 것에 대해서만 말씀하십니까?"라는 말이다. 맹자는 오랫동안 여기저기를 다니며 자기를 정치 스승으로 삼을 제왕을 찾았다. 그러다가 양나라의 양혜왕을 만나게 되었는데 그 때 양혜왕은 맹자에게 이렇게 인사를 전했다. "선생님께서 먼 거리를 마다하지 않고 이렇게 찾아오셨으니 장차 내 나라에 어떤 이익이 있겠습니까?" 그러자 맹자는 양혜왕에게 이렇게 대답했다. "제왕이 할 말이 여럿이 있을 터인데 어째서 이익에 대해 먼저 말씀하십니까? 중요한 것은 인仁과 의義입니다." 맹자에 따르면 왕의 리더십에는 이익을 앞세우지 말아야 할 이유가 분명하다. 그것은 결국 나라와 백성의 이익으로 귀결되지 않고 자기와 자기 가솔들의 이익으로만 귀결될 것이기 때문이다. 그러니 왕은 그 자리에서 항상 자기를 살피면서 이익을 얻을 것에 대해서 궁리하지 말고 옳은 것과 너그러운 것을 고민해야 한다. 이것이야 말로 왕의 권력적 리더십이 사악한 곳으로 흐르지 않고 바르고 선한 곳으로 흐르는 지름길이다.

우리는 이제 북이스라엘의 한 왕, 아합Ahab에 관해 다루고자 한다. 아합은 이스라엘 전체 역사에서 강한 왕으로 명성이 드높다. 그는 이스라엘의 왕으로서 많은 일을 벌이고 업적을 쌓은 것으로 보인다. 그는 당장 이스라엘이라는 나라를 당대 주변 국가들 사이에서 맹주라고 자처해도 될 만 하도록 만들었다. 그렇게 해서 그의 시대에 아람과 암몬, 모압과 에돔은 잠잠했다. 그의 시대에 이스라엘은 주변국의 힘을 모아 거대한 나라 앗수르를 상대하기도 했다. 그는 이스라엘이 갖추고 있던 약 일천 승의 전차대를 앗수르를 압박하는 전쟁에 투입했다. 앗수르는 주춤했다. 결국 앗수르의 세력 확장은 잠시 멈추게 되었다. 아합은 이 일로 레반트,

즉 가나안을 포함한 시리아 일대에서 가장 강한 나라로 부상하게 된다. 그뿐이 아니었다. 그의 시대에 이스라엘은 남유다와도 안정적인 관계를 유지했다. 그는 먼저 자신과 왕비 이세벨 사이에 낳은 딸 아달랴Athaliah를 남유다 왕 여호사밧의 며느리 곧 여호람Jehoram 왕의 왕비가 되도록 했다. 그래서 두 나라 사이에 더는 경쟁적인 소모전이 발생하지 않도록 조처했다. 그뿐이 아니었다. 정략적인 결혼은 두 나라 사이 우호관계를 돈독하게 해서 그와 여호사밧은 요단 동편 고토를 회복하는 일에 함께 참여했다.

적어도 아합의 표면적인 치세는 그를 유능하게 보이도록 한다. 그러나 그것은 그가 왕으로서 얻은 이름의 절반의 절반도 안 된다. 그의 진정한 모습은 그의 권력적 탐심과 불의함에서 온전히 드러난다. 그는 외형적인 발전과 성장의 이면에 그의 탐욕스러움과 무능함을 갖추고 있던 왕이었다. 그는 자신의 권좌를 유지하고 번성하게 하는 일에 온전히 몰입하고 있었던 왕이었다. 그래서 그가 이룬 모든 일들은 그의 나라와 백성을 부강하게 만들려는 것에 있기보다 자기와 자기 가솔들의 번영에 초점이 맞추어져 있었다. 그는 이스라엘의 막강한 군사력을 자기 안위를 위해서 사용했고, 그렇게 얻게 된 이스라엘이라는 나라의 부강함을 자기와 자기 아내 이세벨의 권력을 강화하는 일에만 사용되도록 했다. 그의 이런 식의 태도는 결국 그와 그 가족이 몰살하고 그의 아버지 오므리가 세운 왕조가 예후의 반정으로 몰락하게 되는 결과로 이어지게 된다. 남유다와의 관계 개선 역시 마찬가지였다. 그는 자신의 딸과 유다 여호람 왕자 사이 결혼, 그리고 유다와의 동맹관계가 두 나라의 상호 협력적 발전이 되도록 해야 한다는 사실에 대해서는 일말의 관심도 없었다. 그는 그저 자기 핏줄이 이스라엘을 넘어 남유다에서도 혈통을 이어가고 자기와 자기 가문의 권세가 세세토록 이어지게 하는 일에만 관심을 기울였다. 아합의 이런 식의 생각의 결과가 바로 그의 딸 아달랴였다. 그녀는 후일 스스로 남유다의 여왕으로 올라서고 다윗의 씨를 모두 말리려 했으며 결국에 나라 전체를 파국으로 몰고 갔다. 결국 이 모든 것은 아합 왕의 리더십 부재의 결실로 보아야 한다.

중요한 것은 아합의 유능해 보이는 겉모습이 아니다. 중요한 것은 아합의 무능한 리더십 바로 그것이다. 그는 북이스라엘이 가지고 있던 강력함을 기반으로 그것을 소모하면서 아무 것도 하지 않은 왕이었다. 무엇을 하더라도 그것이 아무 것도 아닌 것이 되도록 만드는 재주를 가진 것이 바로 아합이었다. 이제 우리는 아합의 이야기를 살피면서 그가 보여준 '악의 리더십' 그것의 정체를 밝혀 보고자 한다.

악한 왕이 되다

아합은 북이스라엘 오므리Omri 왕의 아들이다. 오므리는 북이스라엘의 여섯 번째 왕이었다. 오므리가 왕위에 오르게 된 경위는 꽤나 복잡하다. 여로보암의 아들 나답을 제거하고 북이스라엘의 세 번째 왕이 된 바아사Baasha는 자기 왕궁인 디르사에서 이십사 년 동안 이스라엘을 다스렸다. 그는 반정으로 왕위를 찬탈한 사람답게 여로보암의 모든 가족들을 멸족하고 그를 따르던 사람들마저 모두 제거하고 디르사에서 이스라엘의 왕이 되었다.왕상 15:28-30 바아사는 선대왕 여로보암이 남유다의 르호보암과 그랬던 것처럼 남유다의 아사 왕과 사이에 끝없는 전쟁을 치렀다. 그런 가운데 북이스라엘을 여로보암의 모양새로 다스리면서 하나님 앞에 그리고 백성들 앞에 온갖 불의와 악을 저질렀다. 그의 왕위는 아들 엘라Elah에게 넘어갔다.왕상 16:6 그런데 엘라는 아버지 바아사보다 더 악한 왕이었다. 그 역시 그의 나라를 여로보암의 길로 인도하는 불의를 저질렀다. 결국 하나님께서는 바아사의 집안에 진노하시고 그들을 여로보암의 집안과 같이 되도록 만드셨다.왕상 16:2~4,16:8 엘라는 결국 왕궁의 시종장 아르사의 집에서 먹고 마시며 놀다가 반기를 들고 일어선 시므리에게 제거 당하고 바아사의 왕조 역시 짧은 역사로 끝이 나게 된다. 시므리Zimri는 바아사와 엘라의 측근이었던 것으로 보인다. 그는 엘라를 몰아내고 스스로 이스라엘의 다섯 번째 왕이 되었다.왕상 16:10 그런데 시므리의 통치는 채 일곱 날이 이어지지 못했다. 그는 이스라엘 백성의 동의를 온전히 끌어내는 일에 실패했던 것 같다. 이스라엘 백성과 군대는 바아사와 엘라 시절 군대장관이었던 오므리Omri에게 몰려갔다. 그리고 그에게 이스라엘의 왕이 되어줄 것을 요청했다. 결국 오므리는 백성들의 요청을 못이기는 척 군대를 이끌고 디르사로 가서 도시를 점령했다. 전투는 시므리의 자결로 쉽게 끝났다.왕상 16:18 문제는 오므리의 반정에 동참한 디브니Tibni였다. 백성들 가운데 한편은 오므리를 지지했고 다른 한편은 디브니를 지지했다. 양쪽은 팽팽하게 대결했다. 그리고 결국 디브니는 오므리에게 패배하고 말았다. 그렇게 해서 오므리는 자기 이름으

로 나라를 평정하고 스스로 북이스라엘의 여섯 번째 왕이 되었다.왕상
16:22

오므리는 북이스라엘의 왕이 되어 바아사의 디르사에서 십이 년 동안
나라를 다스렸다. 그는 통치에 수완이 있는 사람이었다. 그는 자기 통치
기간 북이스라엘을 안정화하는 일에 최선을 다했다. 그리고 국고를 채
우는 일에 많은 노력을 기울였다. 무엇보다 그는 정적이 많은 디르사를
버리고 새로운 곳 사마리아로 수도를 옮기는 과감한 정책을 수행했다.왕
상 16:23-24 그의 천도는 성공적이었다. 사마리아는 세겜 인근보다 훨씬 더
전략적인 수도로서 역할을 잘 맡아주었다. 요르단 동편에서 이스르엘
골짜기를 따라 므깃도로 빠져나가는 길목과 므깃도 평원으로부터 유다
산지로 이어지는 산지길의 주요 요충지 가운데 있었던 사마리아는 오므
리에게 군사적으로나 정치적으로나 혹은 경제적으로 많은 이득을 가져
다주었다. 확실히 오므리가 왕으로 다스리던 시절 북이스라엘은 다윗의
길을 열지는 않았더라도, 그래서 여로보암의 악한 길을 계속 따랐더라
도 국가적인 번영의 물꼬를 텄다. 아합은 그렇게 아버지가 몰고 온 부요
함과 강성함이 국고를 채워갈 즈음 북이스라엘의 일곱 번째 왕이 되었
다.왕상 16:29

아합은 왕이 되면서 한 가지 큰일을 치르게 된다. 이웃하는 베니게
Phoenicia의 도시 국가 시돈의 엣바알의 딸 이세벨Jezebel과 결혼한 것이
다.왕상 16:31 엣바알Ethbaal은 본래 시돈의 바알 신전 제사장이었다. 이후
시돈의 왕이었던 펠레스Pelez를 죽이고 스스로 왕이 되었다. 아합은 당
대 세계가 어떻게 움직이는지 면밀히 살폈다. 그리고 자신에게 이득이

되는 방향으로 나라를 이끌었다. 그리고 엣바알에게 자신과 딸 이세벨의 결혼을 청했다. 당대 거대한 무역국가 베니게의 새로운 실권자를 장인으로 두게 된 셈인 것이다. 이세벨과의 결혼은 베니게로부터 흘러들어오는 상품들이 북이스라엘을 통과해 다메섹으로 그리고 요단동편 왕의 대로를 통해 아라비아 및 에시온게벨로 흘러들어가게 되는 결정적인 계기가 되었다. 사마리아가 많은 이득을 본 것은 당연한 결과였다. 아합의 입장에서는 그런 부를 가지고 온 아내 이세벨이 너무나도 예뻐 보였을 것이다. 결국 아합은 아내와 장인의 종교인 바알Baal 숭배를 이스라엘로 가지고 들어오게 된다. 처음 아합은 사마리아 자기 왕궁 집에서만 바알을 숭배했다.왕상 16:31 얼마 지나지 않아 그는 북이스라엘의 수도인 사마리아에 바알 신전을 짓고 거기에 바알을 위한 제단을 쌓았다.왕상 16:32 이런 아합의 행동은 여로보암을 넘어서는 것이었다. 여로보암은 예루살렘의 경쟁 구도에서 벧엘과 단에 산당을 짓고 거기에 '여호와 하나님'이라고 불릴만한 대상으로서 황금 송아지 우상을 만들어 두었다. 이렇게 보면 여로보암은 이스라엘의 하나님을 숭배하는 일 자체를 벗어나지는 않았다. 그는 아론이 시내광야에서 그랬던 것과 같은 방식으로 하나님을 지칭할 우상偶像을 만들고 예루살렘 성전이 아닌 자기의 산당을 중심으로 북이스라엘 종교를 재편한 것뿐이었다. 그러나 아합은 달랐다. 아합은 이스라엘이 목숨처럼 여기며 섬겨온 시내산과 예루살렘 성전산의 여호와 하나님이 아닌 전혀 다른 신을 북이스라엘의 국가 신이 되도록 했다. 그는 장인과 아내의 나라 베니게의 신 바알과 그 아내 신 아세라Asherah를 자기 나라 북이스라엘로 데려왔다.

바알과 아세라는 가나안의 오래된 신들이었다. 그들은 가나안 일대의 우두머리 신으로 그리고 풍요의 신으로 오랫동안 존재해 왔다. 그들은 한때 남매였으나 부부가 된 신들이다. 가나안 사람들의 전설에 의하면 바알은 물의 신 얌나할Yam-Nahal 그리고 죽음의 신 모트Mott와 싸웠다. 그때 그를 도운 것이 아세라(혹은 아스다롯)였다. 둘은 죽을힘을 다해 혼돈을 몰고 오는 물의 신과 절망을 가져다주기만 하는 죽음의 신을 그들의 영토에서 몰아내고, 그들이 다스리는 땅에 평화와 풍요를 가져왔다. 가나안 사람들은 신들 사이 전쟁에서 이기고 그들에게 평화와 풍요, 다산을 가져다주는 존재인 바알과 아세라를 반겼고 각자의 산당에서 그들을 숭배했다. 그러나 바알과 아세라는 이스라엘의 하나님 여호와와는 대립하는 존재였다. 결국 이스라엘은 가나안에 정착하면서 여러 종족에게 여러 이름으로 불리던 두 신과의 끝없는 신앙 전쟁을 벌여왔다. 그 가운데 베니게의 두로와 시돈 등에서 숭배하던 신 바알과 아세라는 강력했다. 베니게 사람들은 지중해 전역으로 확장되는 무역을 통해 많은 돈을 벌어들이게 되면서 그들의 풍요를 이 바알과 아세라가 가져다주었다고 확신했다. 그런 신들이 이제 이스라엘 땅 사마리아에 유입된 것이다. 종교적인 차원의 셈을 따져본 아합은 결국에 바알과 아세라를 숭배하는 것이 훨씬 낫겠다는 결론에 도달했다. 그리고 그가 다스리는 나라에 여호와 하나님 대신 바알과 아세라를 주신으로 숭배하는 제도를 정착시킨 것이다.

이제 아합의 북이스라엘은 바알과 아세라 신앙을 기반으로 하는 나라가 되었다. 여호와 하나님을 신앙하는 일 혹은 그것을 모방한 산당 신앙

조차 곁으로 밀려났다. 아합은 그 나라에 바알과 아세라 신앙을 지키고 유지하고 관리하는 제사장들과 신전 관리인들을 세웠다. 그들의 숫자는 어마어마했다. 아마도 전에 여호와 하나님을 섬기던 사제들과 신전 관리인들 그리고 여로보암이 벧엘과 단에 세워둔 산당 제사장들 및 관리인들이 모두 바알 신과 아세라 신을 숭배하는 사람들로 탈바꿈한 것 같다. 그렇게 아합은 북이스라엘의 왕이 된지 얼마 되지 않아 자기 나라를 하나님의 백성의 나라에서 바알과 아세라 백성의 나라로 바꾸는데 성공했다. 그의 아내 이세벨과 장인인 시돈 왕 엣바알이 기뻐한 것은 말할 것도 없는 일이었다. 이제 그들 나라들은 바알과 아세라를 숭배하는 일을 중심으로 새로운 연합관계를 형성했다. 그렇게 신들을 기반으로 하는 동맹관계 안에서 두 나라 지도자들은 번성하게 되기를 강력하게 소망했다.

그러나 아합의 북이스라엘은 온전히 바알과 아세라의 나라가 되지는 못했다. 북이스라엘에도 여호와 하나님의 사람들이 있었기 때문이다. 여호와 하나님의 사람들은 아합과 이세벨이 북이스라엘을 바알과 아세라의 나라로 바꾸는 와중에 여기저기에 숨어 있었다. 그들은 그 엄혹했던 시절에 토굴 같은 곳에 숨어서 지내며 여호와 하나님에 대한 신앙을 지켰다. 그들이 그렇게 하도록 도운 사람은 오바댜Obadiah 같은 사람이었다. 오바댜는 아합이 바알 신을 숭배하도록 강요하던 시절 아합의 궁정에서 아합의 신하로 있었던 사람이었다. 그는 아마도 변절하기로 선택한 사람이었던 것 같다. 그러나 그는 한편으로 하나님을 두려워하는 사람이기도 했다.왕상 18:3 그는 하나님의 심판을 두려워했다. 그래서 그는 아합과 그 아내 이세벨이 여호와를 섬기는 사람들을 색출해 변절하지 않는 이들을 죽이던 시절, 선지자 백 명을 각각 오십 명씩 별도의 굴에 숨겨 먹을 것을 공급해 주었다.왕상 18:4

여호와 하나님께서 약속하신 땅에서 하나님의 백성이 오히려 핍박을 받던 시절, 아합에게 첫 도전장을 펼친 사람은 바로 엘리야Elijah였다. 엘리야는 요단 동편 길르앗 땅의 디셉the Tishbite이라는 곳에 살던 사람이었다. 그는 하나님의 영에 감동되어 사마리아의 왕궁으로 들어가 거기 아합 왕 앞에서 자신이 믿는 여호와 하나님과 왕과 왕비가 믿는 바알과 아세라 사이 풍요의 주도권 전쟁을 신청했다.왕상 17:1 과연 그 땅과 그 백성에 대한 주도권은 여호와 하나님과 엘리야에게 있었다. 엘리야가 가뭄을 선언한 이래 북이스라엘에는 3년 동안 비가 내리지 않았고 그 땅의 백성과 피조물들 심지어 왕과 신하들도 큰 고통을 겪었다. 그러나 엘리야를 통해 하나님의 은혜를 누린 사르밧의 과부와 그 아들에게는 가뭄의 고통이 임하지 않았다.왕상 17:8-24 놀라운 일이었다. 이후 엘리야는 적절한 때라고 생각되는 시점에 바알과 아세라를 숭배하는 선지자들과 영적 전쟁을 선포했다.왕상 18:16-24 갈멜 산에 제단을 설치하고 각자 하늘로부터 불이 임할 것을 기도하여 제물에 불이 붙는 쪽이 이기는 방식이었다. 그때 엘리야는 북이스라엘의 백성들에게 바알 편에 서는 일과 하나님 편에 서는 일을 분명하게 결정하라고 말한다.왕상 18:21 그리고 그 영적 전쟁을 승리로 이끌었다.왕상 18:25-38 엘리야의 영적 전쟁으로 북이스라엘의 백성이 바알 신이 아닌 여호와 하나님을 향한 신앙을 회복하기로 한 것은 당연한 결과였다. 북이스라엘에 치명적인 영향을 끼치던 가뭄도 이 전쟁의 결과로 엘리야가 드린 기도를 통해 해갈이 되었다. 하나님께서 당신의 사람 엘리야의 기도를 들으시고 그 땅에 비를 허락하신 것이다.왕상 18:41~46

놀랍게도 이즈음 아합은 엘리야의 승리를 눈여겨보고 그와 이세벨 사이에서 어느 쪽에 서야할지를 저울질하고 있었다. 그는 엘리야가 하나님께 기도하여 하늘의 비를 내리게 하고 그 빗속을 자신의 병거보다 더 빠르게 그리고 힘차게 달리는 모습을 보았다.왕상 18:45-46 아합은 일단 엘리야와 하나님의 사람들을 인정해 주기로 했다. 그러나 아합에게는 아직 기세가 등등한 부인 이세벨이 있었다. 그는 하나님의 사람들이 어떻게 바알 신과 아세라 신을 이기고 승리했으며 북이스라엘을 다시 하나님의 권세 아래 두었는지 모두 목격했음에도 이세벨 앞에서는 아무 것도 모르는 듯 말하며 엘리야에 관한 모함의 말들만 늘어 놓았다.왕상 19:1 이세벨 왕비는 남편이 말하는 소리를 듣고 격노했다. 이세벨은 곧 나라를 혼란스럽게 한 엘리야를 잡아들이라고 명령했다.왕상 19:1-2 결국 엘리야는 도망칠 수밖에 없었다. 엘리야의 입장에서는 그가 벌인 지난 3년간의 영적 전쟁은 모두 허망한 것이 되고 말았다. 그가 각고의 노력으로 벌인 모든 일들은 다 허사가 되고 말았다. 여전히 기세가 등등한 아합과 이세벨이 모든 것을 뒤집어 버린 것이다. 결국 하나님께서는 탈진한 엘리야를 다독이시며 그를 호렙 산으로 인도하셔서 거기서 당신이 아합의 나라에 대해 품고 계신 계획을 새롭게 알리신다.왕상 19:4-18 한편 아합은 그의 주변에 바알과 아세라를 섬기는 사람들보다 여호와 하나님을 섬기는 사람들이 더 많아졌음을 주목하고 있었다. 그는 어쩔 수 없이 밤에는 이세벨의 말을 듣고 낮에는 하나님을 섬기는 사람들의 말을 듣는 이중적인 태도를 취할 수밖에 없었다. 그러나 그의 마음에 여호와 하나님을 향한 마음이 온전히 들어선 것은 아니었다. 그는 하나님의 말씀을 듣는 척했지만 사실 자기가 하고 싶은 대로 나라 정치를 이끌었다.

아합의 자기중심적인 태도가 드러난 사건이 두 가지 있었다. 하나는 이스라엘 북쪽에 새로 결집해 부상하고 있는 아람이라는 나라와 벌인 전쟁에서 일어난 일이었다. 다른 하나는 그가 통치하는 땅 이스르엘 골짜기에서 포도원을 하던 나봇이라는 사람과의 관계에서 벌어진 일이었다. 그 가운데 첫 번째 이야기는 이렇다. 아합이 다스리던 시절 북방에는 아람 민족이 결집해 아람수리아Aram-Syria라는 새로운 나라가 일어나고 있었다. 그 나라를 통치하던 벤하닷은 자기에게 충성하는 삼십 명의 주변 왕들과 그들의 병력을 모아 이스라엘을 침략하고 사마리아를 에워싸고서 아합을 위협했다.왕상 20:1 아람에게 위협 받은 아합은 여러 방면으로 대책을 강구했는데 그러는 사이 여호와 하나님을 섬기는 선지자 한 사람이 그에게 와서 이렇게 말했다. "여호와의 말씀이 네가 이 큰 무리를 보느냐 내가 오늘 그들을 네 손에 넘기리니 너는 내가 여호와인 줄을 알리라 하셨나이다."왕상 20:13 아합은 귀가 솔깃했다. 그는 당장 그 선지자에게 되물었다. "그럼 그 일이 어떻게 이루어지겠습니까?" 그러자 하나님의 사람은 이렇게 대답했다. "왕의 고관들의 자녀들을 통해 이루어질 것입니다. 왕이 먼저 아람을 치십시오. 왕의 군사들과 함께 그들을 완전히 전멸시키십시오."왕상 20:13-15 아합은 하나님의 사람이 말한 대로 전쟁에 나섰다. 그리고 아람과의 전투에서 대승을 거두었다. 아합은 하늘을 나는 기분이 들었다. 그러자 아람의 벤하닷이 아합에게 화의를 청했다. 아합은 당장 그 화의를 받아들이고 벤하닷을 자기 병거에 태운 후 어깨를 나란히 하면서 서로 형제의 우의를 다질 것을 결의했다. 그런데 이 것은 아합의 큰 실수였다. 그는 하나님께서 아람과의 전쟁이 '진멸전쟁'이 되도록 하셨다는 것을 잊었다. 그는 승리에 도취해 항복해 오는 아람의 왕과 군사들을 모두 풀어주는 실수를 범하고 말았다. 이 일은 당장 북이스라엘의 하나님의 선지자들에게 전해졌다. 하나님의 선지자들은 아합이 큰 실수를 한 것을 단박에 알아차렸다. 그들은 당장 아합 왕에게 가서 질타의 소리를 높였다. "여호와의 말씀이 내가 멸하기로 작정한 사람을 네 손으로 놓았은즉 네 목숨은 그의 목숨을 대신하고 네 백성은 그의 백성을 대신하리라 하셨나이다."왕상 20:42 아합 왕은 하나님 선지자들의 소리에 놀랐다. 자신이 실수했음을 깨달았다. 그러나 그는 자신의 실수를 되돌리려 하지 않았다. 그저 하나님의 선지자들이 질타하는 소리를 뒤로한 채 답답한 마음만 품고서 사마리아로 돌아갈 뿐이었다.왕상 20:43 아합은 왕으로서 자신이 이룬 일들, 곧 전쟁에서 승리하고 나라와 자기 통치에 이익이 될 만한 방식으로 화의를 체결하고 돌아섰으니 그것을 돌이키고 싶은 마음은 추호도 없었다.

아합은 엘리야가 벌인 전쟁에서 여호와 하나님의 진영이 크게 승리했다는 사실을 그새 잊었다. 사실 아합은 북이스라엘의 모든 것을 자기 마음대로 하고 싶었다. 자기가 취하고 싶은 것, 자기가 누리고 싶은 것은 무엇이든 자기가 원하는 대로 하고 싶었다. 그것이 아합의 본래 마음이었다. 이세벨과 바알 선지자들, 그리고 아세라 선지자들은 아합이 그렇

아합: 아합은 엘리야를 비롯한 하나님의 사람들과 이세벨을 비롯한 바알의 사람들 사이에서 자기 편리만을 추구한 왕이었다. 그에게서는 그 어떤 리더십도 찾아볼 수 없다. 그림은 필립스 게일Philips Gale의 "엘리야가 아합에게 두 번이나 말하다"이다.

게 하는 것을 탓하지 않았다. 그들은 언제나 아합이 하는 그대로 그를 두었다. 그들은 그런 그를 오히려 치켜세웠다. 그들은 아합이 바알의 이름으로 다스리는 나라에서 그들이 누릴 것과 얻을 것을 얻기만 하면 그만이었던 사람들이었다. 그들은 아합에게 바알의 이름으로 된 충고나 충언 따위를 하고자 하는 마음은 추호도 없었다. 아합은 결국 바른 소리만 늘어놓는 하나님의 사람들을 다시 멀리하기 시작했다. 그들과 함께하면 답답한 마음만 들기 때문이었다. 그런데 이세벨을 비롯한 바알과 아세라 쪽 사람들은 그렇지 않으니 그것이 그에게는 좋게만 보였다. 그는 당장 이세벨과 바알 및 아세라 사람들에게 돌아섰다. 그리고 일을 하나 벌였다. 바로 나봇이라는 사람의 포도원을 빼앗는 일이었다. 일의 발단은 이랬다. 아합이 어느 날 그의 이스르엘 골짜기 별궁에서 바깥을 바라보니 넓고 기름진 땅에 포도밭이 펼쳐져 있었다. 아합은 그 땅에 욕심이 났다. 그 땅을 자기 것으로 삼아 자기만을 위한 채소밭이 되게 하고 싶었다. 그는 당장 그 땅의 주인을 알아보도록 했다. 그 땅의 주인은 나봇이라는 사람이었다. 아합은 나봇을 불러 이렇게 말했다. "네 포도원이 내 왕궁 곁에 가까이 있으니 내게 주어 채소 밭을 삼게 하라 내가 그 대신에 그보다 더 아름다운 포도원을 네게 줄 것이요 만일 네가 좋게 여기면 그 값을 돈으로 네게 주리라."_{왕상 21:2} 아합은 오직 그 땅을 차지하고 싶은 마음에 가능한 방법 모두를 동원해 나봇을 회유했다. 그런데 나봇의 대답이 간단했다. 그는 이렇게 말했다. "내 조상의 유산을 왕에게 주기를 여호와께서 금하실지로다."_{왕상 21:3} 그는 오래 전 모세가 세운 율법을 근거로 그리고 여호수아가 나눈 각 지파와 족속별 기업의 대물림 규칙을 근거로 아합의 제안이 잘못된 것임을 말했다. 아합은 당장 말문이 막혔다. 나봇의 말이 맞았다. 그는 이스라엘의 율법상 나봇의 땅을 취할 수 없었다. 아합은 다시 '답답병'이 도졌다. 그는 벤하닷과의 화의 계약을 체결한 것으로 하나님 사람에게 질책을 들었을 때와 같이 끙끙거렸다. 그는 "근심하고 답답하여 왕궁으로 돌아와 침상에 누워 얼굴을 돌리고 식사를 하지" 않았다._{왕상 21:4} 그러자 그의 사랑하는 아내 이세벨이 다가왔다. 그리고 자초지종을 물었다. 아합은 아내에게 자기 답답병의 원인을 말했다. 그러자 이세벨에게서 멋진 답이 나왔다. "지금 이스라엘 나라를 다스리시나이까?" 그리고 이렇게 말을 이었다. "일어나 밥을 드세요. 당신은 왕이니 내가 알아서 당신이 왕으로서 마땅히 누릴 것들을 다 해결해 드릴게요." 이스라엘 나라를 다스리는 것은 아합 왕 당신이니 당신이 원하고 바라는 대로 되는 것이 합당하다는 조언이었다.왕상 21:7 이후 실제로 나봇의 포도원은 아합의 것이 되었다. 그것도 아주 저열한 방식의 권력적 폭력을 통해서 말이다. 아합은 즐거운 마음으로 나봇의 포도원으로 내려가 그 땅을 자기 것으로 삼고 자기가 바라는 대로 그 땅을 포도원이 아닌 채소밭으로 만들어 버렸다.

아합 왕의 부당한 땅 빼앗기 소식은 엘리야의 귀에까지 들어갔다. 엘리야는 당장 아합에게 달려갔다. 그러자 아합은 이제는 하나님의 사람들 편이 아니라는 듯 엘리야에게 "나의 대적이 무슨 일로 나에게 왔느냐"라고 물었다. 이제 하나님의 사람들이 아닌 아내 이세벨과 바알의 사람들, 아세라의 사람들과 나라를 다스리겠다는 표현이었다. 아합은 그렇게 자기의 졸렬함을 하나님과 하나님의 사람들 그리고 세상에 드러내보였다. 엘리야는 결국 자기와 자기 왕좌 외에 그 무엇도 생각하지 못하는 못난 아합에게 이렇게 하나님의 심판의 말들을 퍼부었다. "여호와의 말씀이 내가 재앙을 네게 내려 너를 쓸어 버리되 네게 속한 남자는 이스라엘 가운데에 매인 자나 놓인 자를 다 멸할 것이요 또 네 집이 느밧의 아들 여로보암의 집처럼 되게 하고 아히야의 아들 바아사의 집처럼 되게 하리니 이는 네가 나를 노하게 하고 이스라엘이 범죄하게 한 까닭이니라 하셨고 이세벨에게 대하여도 여호와께서 말씀하여 이르시되 개들이 이스르엘 성읍 곁에서 이세벨을 먹을지라 아합에게 속한 자로서 성읍에서 죽은 자는 개들이 먹고 들에서 죽은 자는 공중의 새가 먹으리라고 하셨느니라."왕상 21:21-24 엘리야의 예언은 실제로 그대로 아합과 그 왕실에 이루어졌다. 아합 왕은 이후 남유다 왕 여호사밧을 충동해 벌인 아람과의 전쟁에서 패하고 거기서 전사했다. 그의 나라는 아들 아하시야와 요람에게 이어지지만 하시야의 북이스라엘은 예전 같지 않았다. 북이스라엘은 줄곧 북쪽의 아람에게 유린당했다. 아합의 마지막에 관한 과감한 예언은 선지자 미가야를 통해서도 전달되었다.왕상 22:17-23 그의 아내 이세벨도 마찬가지였다. 그녀는 아들 요람과 손자인 남유다 왕 아하시야가 죽는 것을 보고 난 뒤 이스르엘에서 예후의 동조자들에게 죽임을 당하게 된다. 그녀의 시신은 엘리야의 예언과 같이 개들이 그 피를 핥는 신세가 되었다.왕하 9:30-37

아합 왕 그려보기

아합은 복잡한 사람이다. 아합을 한 마디로 규정하여 말하기는 쉽지 않다. 그는 한편으로 굉장히 유능해 보이는 사람이기도 하다. 그러나 다른 한편으로 그는 그 어떤 유능함도 제대로 펼쳐 보이지 못한 사람이기도 하다. 이야기의 초점은 분명하다. 그는 자신의 무능함을 편리와 사악함으로 전개한 사람이었다. 히포의 아우구스티누스Augustinus of Hippo는 아합에 대해 이런 평가를 내렸다. "아합 왕은 우매한 자만심과 우상에 쉽게 휩쓸리는 마음이 한 나라를 다스리는 지도력에 얼마나 큰 타격일 수 있는지를 보여주는 대표적인 경고의 사례이다. 아합은 결국 하나님의 은혜 대신 지상의 영광을 추구했다." 그렇다. 아합은 왕으로서 분명한 자기 비전을 잃은 채 가야할 바를 알지 못하는 어린아이와 같은 흔들리는 마음으로 평생 이스라엘 왕의 자리를 지킨 사람이다. 이제 우리는 아합을 무능한 리더십의 극치로 그려보고자 한다. 그래서 그가 얼마나 왕으로서의 자리를 즐기기만 하고 누리기만 하는 가운데 그의 나라와 백성을 그릇된 자리로 이끌었는지를 살피고자 한다.

먼저 우리는 아합을 그리면서 그의 유능함이 얼마나 가식적이고 허망한 것이었는지를 밝혀야 한다. 앞서 언급한대로 세속의 역사에서 아합은 매우 유능한 왕으로 그려진다. 그의 시대에 북이스라엘은 부강했으며 강성했다. 아합은 이웃나라 왕들 사이에서 맹주를 자처해도 될 만큼의 강력한 지위를 유지했다. 실제로 그의 군사력은 매우 강력해서 주변 나라들이 그가 가진 전차 병거의 힘에 크게 의지했다. 북이스라엘의 강력한 힘에 의지하기는 남유다도 마찬가지였다. 남유다의 왕들 특히 여호사밧은 겉보기에 대단한 힘을 가진 것처럼 보이는 북이스라엘과 아합의 위세 앞에서 감히 항거하지 못했다. 그러나 북이스라엘의 이런 강력함은 거품에 불과하다. 일단 오므리 왕조와 아합이 다스리던 시절인 주전 9세기에 근동 아시아에는 강력한 힘을 가진 나라들이 없었다. 북쪽의 히타이트 왕국은 완전히 소멸해 버렸고 그나마 힘을 키우며 성장하던 앗시리아(성경의 앗수르)도 10세기 무렵의 강력한 힘이 무뎌지면서 한 동안은 어려운 시절을 보내고 있었다. 힘을 쓸 법도 한데 어렵기는 이집트(애굽)도 마찬가지였다. 애굽은 이 시기 이래로 주전 6세기 말까지 줄곧 힘을 발휘하지 못했다. 그들은 심지어 남쪽과 서쪽의 야만인들에게 시달리고 정복당하기도 하는 수모의 시절을 보내고 있었다. 그나마 세력을 형성하고 있던 아람 수리아 역시 아직 본격적으로 국제무대에서 역량을 보이기 전이었다. 이런 시절에 아합은 그만그만한 주변 나라들 사이에서 맹주 같은 역할을 담당했다. 호랑이 없는 산속에 여우가 왕 노릇하는 셈이었다. 게다가 그의 나라가 그나마 축적한 부강함은 그의 치세 당대에 얻은 것들이 아니었다. 아합의 나라가 부강해 보이는 것은 그의 선대 오므리 왕의 영향이 컸다. 그는 수도를 사마리아로 옮기고 나라의 군사력을 강화하는 등의 여러 가지 조치를 취해 북이스라엘이 그나마 힘이 있는 나라가 되도록 하는 일에 크게 기여했다. 결국 아합은 그의 시대 국제적인 질서의 평온함과 그의 아버지 세대의 수고한 결실에 힘입어 유능해 보이는 왕의 모습을 갖추게 된 것이다. 이런 면에서 볼 때 아합은 그의 선대가 이루어 놓은 것들을 서서히 갉아먹은 왕이라고 보는 것이 더 합당할 것이다. 게다가 그의 치세 후반에 서서히 일어나기 시작한 아람-수리아는 점차 그의 북이스라엘의 강성함과 번영을 무너뜨리고 있었다. 실제로 그가 죽은 후 아람-수리아는 끊임없이 사마리아와 북이스라엘을 공격했고 요단 동편 길르앗에 대한 지배권을 강탈했다.

이런 상황에서 아합은 오히려 자기 왕권의 안전을 스스로 개발한 리더십 보다는 그의 부인 이세벨이 가져온 베니게의 무역 능력과 그들의 종교적인 힘에 의존했다. 아합은 왕위에 올라선 뒤 한 동안 그의 아내가 가져온 베니게 문화와 그들의 신 바알과 아세라에 의존해 살았다. 마음만 그런 것이 아니었다. 그는 자신의 나라와 백성을 온통 베니게 사람들이 숭배하고 따르는 종교적이고 사회문화적인 삶의 방식에 넘겨버렸다. 그는 나라 곳곳에 바알 신과 아세라 신을 숭배하는 신전과 시설들을 두었다. 그리고 그들의 백성으로 하여금 예루살렘도 아니고 벧엘과 단도 아닌 베니게의 종교 풍습을 따르도록 강요했다. 이세벨과 베니게 사람들은 이 때를 기회로 삼아 이스라엘 백성들에게 그들의 종교적인 방식을 따르도록 강요했다. 따르지 않을 경우 무서운 형벌을 가했다. 성경이 다 기록하고 있지는 않지만 오바댜의 이야기나 엘리야의 이야기에서 볼 수 있듯 바알 신과 아세라 신을 따르지 않고 여호와 하나님 믿기를 지키는 사람들에게는 무서운 탄압이 가해졌을 것으로 보인다. 아합은 아내와 베니게 사람들이 횡포를 부리며 이스라엘 백성들 사이에서 군림하는 것을 그저 지켜보기만 했다. 그는 어떤 방식으로든 자기 왕권이 보장되고 자기 안전이 유지되며 자기에게 이익이 주어지는 일이라면 가리지 않았다. 그의 나라가 온통 바알 신전으로 뒤덮이고 그의 거리들이 아세라 목상으로 가득하게 되는 것도 그에게는 관심 밖이었다.

말하자면 아합은 그의 우유부단함과 무능함으로 그의 치세를 채웠다. 아합은 일단 자기 왕권이 안정적으로 보장되는 것이라면 가리지 않고 그것을 자기편으로 만들어 취했다. 그는 심지어 엘리야가 바알과 아세라 선지자들과 벌인 영적 전쟁의 결과마저도 자기 왕권을 보장하는 도구로 삼았다. 정확하게 말하자면 그는 엘리야의 종교 전쟁 승리 이후 이세벨을 비롯한 바알 신을 추종하는 사람들과 엘리야를 비롯한 하나님의 사람들 사이에서 일종의 회색지대를 만들어두고 우유부단함으로 일관하는 리더십을 보여주었다. 그는 겉으로는 하나님의 사람들 말하는 것을 귀담아 듣고 하나님의 뜻에 순종하는 것처럼 행동했다. 그러나 실상 그는 하나님의 말씀을 듣지 않았다. 그는 그것을 답답해했다. 결국에 그는 그의 아내와 바알 신을 숭배하는 사람들 사이로 다시 들어가 그들에게서 자기 왕권의 편리便利를 찾았다. 그는 자기에게 안전과 편리를 가져다주는 이세벨과 바알편의 사람들을 선호했다. 그는 자기에게 정도로서의 왕의 길을 말하는 하나님의 사람들을 멀리했고 싫어했으며 결국에는 대적했다. 그는 답답하고 짜증나는 것을 싫어했다. 그는 왕의 자리를 즐기기만 했지, 그것으로 무언가 책무를 다하려는 의지를 단 한 번도 보이지 않았다.

이것이야말로 왕으로서, 북이스라엘의 리더로서 아합의 무능을 보여주는 중요한 대목이다. 성경은 그런 아합의 모습을 여로보암으로 비추어 설명한다. 아합은 결국 여로보암의 길을 따라갔던 무능한 왕, 자기 편리 외에는 그 어떤 노력도 기울이지 않은 리더였다. 성경은 그런 아합이 여로보암의 길을 오히려 가볍게 여길 정도로 무책임하고 무능하며 패역한 왕이었다고 설명한다.왕상 16:30-31 그는 자기 편리 외에는 무엇도 하지 않으려 했고 자기를 불편하게 하는 사람들이나 신들과는 그 어떤 것도 나누려 하지 않았다. 그는 그렇게 아무 것도 하지 않는 것으로 그의 치세를 채운 무능한 왕이었다.

아합의 리더십

리더십에 관한 전문가로서 에이브러햄 폭스만Abraham Foxman은 악의 리더십evil leadership을 한 마디로 이렇게 정의했다. "모든 관심이 자기 편리에만 맞추어져 있는 채로 다른 사람을 이용하고, 파괴하고, 죽이기 위해 자기가 가진 권력과 힘을 사용하는 리더십이다." 폭스만의 악의 리더십에 관한 정의는 흥미롭다. 우리가 보통 사악한 지도자라고 말하는 이들의 특징 즉, 히틀러나 스탈린, 혹은 김일성 같은 이들의 권력을 사용하는 방식의 특징이 바로 폭스만이 말하는 사악한 리더십의 드러난 예들이기 때문이다. 그들은 시대적인 사명이나 명분, 책임에 대해서는 철저하게 방기했다. 대신 그들은 자기 권력을 지키고 유지하는 일과, 자기 개인적인 혹은 자기 중심의 소규모 집단의 이익만을 추구하는 일, 그리고 집단적인 편견을 앞세워 분열을 조장하고 증오를 조장하는 일에만 관심을 기울였다. 역사가 그들을 사악한 리더십의 대표주자들이라고 평가하는 것은 바로 이런 이유들 때문이다. 이런 측면에서 아합의 리더십에도 다음과 같은 평가를 내려볼 수 있다.

먼저, 아합은 자기 자신에게만 충실한 왕이었다. 아합의 리더십에서 가장 큰 문제는 그가 왕으로서 하는 일의 모든 것을 자기 자신의 이익과 편리에 귀결시키고 있다는 것이다. 아합에게는 제왕으로서 국가와 백성을 향한 비전이나 전략 같은 것이 없었다. 그는 자기 중심적인 권력욕으로 자기 시대를 채웠다. 아합은 처음부터 그의 왕권의 안정 가능성만을 구했다. 베니게 시돈 왕가의 공주와 결혼한 것은 그의 안전을 추구하는 마음에서 비롯된 것이다. 왕권 안전을 추구하는 마음은 그의 치세 내내 꾸준히 이어졌다. 그는 자기 왕권의 안전을 위해 남유다의 왕실도 끌어들이고, 심지어는 엘리야를 비롯한 하나님의 사람들마저도 끌어 들였다. 문제는 그가 추구한 왕권의 안전이 그 자신의 왕좌를 제외한 그 어떤 것으로도 확장되지 못한다는 것이다. 아합은 아람 수리아와의 전쟁에 대한 하나님의 선지자들의 평가에 대한 그의 자세에서도 여실히 드러나듯, 그리고 나봇의 포도원을 차지하기 위한 그의 태도에서도 여실히 드러나듯 그가 원하는 마시멜로를 차지하는 것만이 목적이었던 사람이었다. 그는 오직 한 가지 사실에만 집중했다. 그의 왕권이 그가 원하는 달콤한 사탕을 지속적으로 안전하게 가져다 줄 수 있다는 사실 말이다. 그는 자기에게 편리와 넉넉함을 제공하는 존재에게만 귀를 기울였고 고개를 돌렸다. 그는 그런 면에서 철저하게 탐욕적이었다. 그는 자기 편리를 추구하고 자기 왕권의 안전을 위해 하나님의 선지자 엘리야와 자기 아내 이세벨 사이에서 정확하게 저울질했다. 그에게 이세벨은 그 사탕을 안정적으로 공급해 주는 통로요 버팀목으로 비쳤다. 반면 그에게 엘리야를 비롯한 하나님의 선지자들은 그의 왕권을 위협하고 그를 불편하게만 만드는 대적들이었다.

둘째, 아합은 자기 외의 모든 관계를 그 자신의 왕권을 유지하기 위한 도구로만 여겼다. 아합은 왕으로서 그 모든 사람들, 신들, 나라들과의 관계를 자기 편리를 유지하도록 하는 도구로만 인식했다. 그는 하나님을 비롯한 타존재, 타인, 타세계에 대해 애초에 무관심했던 사람으로 보인다. 그는 자기 편리를 위해서라면 나봇 같은 사람이 겪게 되는 폭력

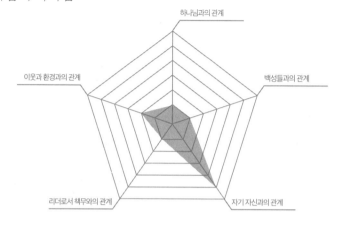

이스라엘 왕들의 레이더 차트
아합의 리더십

하나님과의 관계

백성들과의 관계

이웃과 환경과의 관계

자기 자신과의 관계

리더로서 책무와의 관계

의 고통쯤은 아무것도 아닌 것으로 여겼다. 그는 결국 자기가 추구하는 편리하고자 하는 마음 이상을 바란 사람이 아니었다. 그는 왕의 자리와 그 권력이 가져다주는 편리함에 젖어 있는 왕이었다. 그는 자신이 원하는 것은 무엇이든 가져다주는 왕의 자리가 좋았다. 그 달콤함을 유지하는데 도움이 되는 것이라면 무엇이든 끌어들여 그 자신의 안전에 보탬이 되게 했다. 그가 도구화한 목록에는 자신의 아들을 아하시야와 여호람 그리고 멀리 유다까지 시집을 보낸 아달랴에 이어, 아내인 왕비 이세벨과 바알 신 그리고 아세라 신도 포함될 것이다. 그는 그 모든 것을 자기 왕위를 안전하게 해주는 도구들로 전락시켰다. 그는 결코 바알과 아세라 편에 선 왕이 아니었다. 그 우상들조차도 그의 왕권 유지를 위한 사악한 조치 목록에 포함된 도구들이었을 뿐이다. 하나님의 사람들과 여호와 하나님조차도 마찬가지였다. 그는 엘리야의 영적 전쟁승리를 바라보면서 엘리야와 하나님의 사람들에게 기대는 것이 나을지 모르겠다는 생각을 잠깐이나마 가진 적이 있었다. 그러나 그런 마음은 오래가지 못했다. 하나님과 하나님의 사람들은 그에게 편리와 즐거움을 가져다주는 쪽이 아니었기 때문이다. 결국 그는 자기 자신의 안전과 편리 외에 다른 무엇에도 관심을 기울이지 않은 지극히 무능한 왕이었다.

셋째, 아합은 결국 하나님 앞에서 악한 리더로 평가 받는다. 우리는 아합에게서 하나님과의 그 어떤 직접적인 관계를 찾지 못한다. 그는 평생에 오직 자기만을 숭배했던 왕이었다. 이스라엘의 다른 악한 왕들에게서도 동일하게 발견되지만, 아합은 결국 무신론자라고 보아야 한다. 그에게 하늘 보좌 위에 앉은 신 따위는 아무런 의미가 없었다. 하늘 보좌 위에 앉은 신이 그에게 의미가 되려면 그 신이 그의 왕좌의 그의 편리와 그의 욕망을 채워주는 존재여야 했다. 아합은 그런 사람이었다. 우리는 그래서 아합 왕의 리더십에서 하늘 하나님을 두려워하거나 혹은 그 존재를 인식하며 통치행위를 벌이는 등의 왕다운 모습은 기대할 수 없다. 이런 면에서 앞서 언급한 것처럼 성경은 아합이 여로보암보다도 더 악한 왕이라고 평가한다. 성경에서 여로보암 보다 못한 왕이라는 평가를 받은 것은 아합이 거의 유일하다. 성경에 의하면 다른 왕들은 여로보암의 길을 갔을지언정 그보다 못하고 더 악한 길을 가지는 않았다. 이런 맥락에서 우리는 아우구스티누스가 악에 대해 했던 말, "악은 무존재다"라는 말을 되새겨야 한다. 아합왕이 악으로 그의 통치를 채웠다면, 그는 그의 치세를 무無로 채운 왕이었다. 그는 차라리 아무 것도 하지 않은 왕이라고 보아야 한다. 그는 왕으로서 무존재에 가깝다. 그는 아무런 리더십을 보이지 않은 왕이다. 그는 리더십에 관한한 그 자신을 포함한 모든 관계에서 아무 것도 평가하고 배울 것이 없는 존재이다. 그는 스스로 왕으로 그리고 북이스라엘의 지도자로 여겼으나 정작 그와 관계한 하나님, 그의 백성들, 그 자신과의 관계에서 그리고 심지어 그와 외교적인 관계를 가졌던 나라들과 다른 신들에 관계에서도 아무 것도 아닌 존재이다. 아합 왕은 참으로 아무 것도 하지 않았던 왕이다.

이스라엘의 왕들의 리더십 이야기

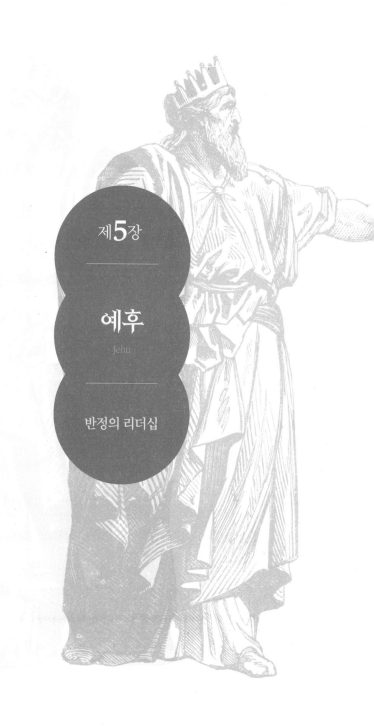

제**5**장

예후

Jehu

반정의 리더십

혁명의 세상

1789년 7월 14일 파리의 유명한 바스티유 감옥Bastille de Paris이 습격
당하면서 '프랑스 대혁명'French Revolution은 시작되었다. 프랑스 시민들
은 스스로 일어나 루이 16세Louis XVI와 소수의 귀족과 성직자들이 지배
하던 프랑스의 국가 체제에 변화를 가져오기 시작했다. 파리의 시민들
은 터무니없는 세금과 귀족과 평민 사이 과도한 불평등에 저항해 일어
났다. 그리고 자기들의 권리를 주장하기 시작했다. 파리 곳곳에서 국왕
의 군대와 소위 국민군 사이 전투가 벌어졌다. 소문은 지방으로 퍼져 나
갔다. 지방 여러 곳에서 농민들이 봉기했다. 이미 결성되어 있던 제헌국
민회의는 소요와 봉기가 과도하게 흐르지 않도록 조절하느라 진땀을 뺐

다. 그리고 그들은 왕이나 귀족들의 동의 없이 봉건제도 폐지를 선언하고 주권재민, 사상의 자유, 법 앞에서의 평등, 재산과 투표의 권리, 과세의 평등 등의 새로운 사회 질서 원칙을 천명했다. 그들은 베르사유를 향한 행진을 시작했다. 당황한 루이 16세는 제헌국민회의의 선언을 받아들이고 절대왕정의 왕이 아닌 입헌군주제의 왕으로서 스스로의 격하된 위상을 인정했다. 제헌국민회의는 루이 16세의 군대가 아닌 시민군을 프랑스의 군대로 새롭게 편성하고 현재 프랑스의 국기인 삼색기를 그들을 상징하는 깃발로 삼았다.

그러나 루이 16세를 비롯한 귀족들은 현실을 인정하지 않으려 했다. 귀족들은 프랑스를 떠나기 시작했고 루이 16세도 오스트리아로 탈출을 시도했다. 국왕의 탈출 시도와 실패는 프랑스 국민들에게도 충격이었지만 주변 나라에게도 큰 위협이었다. 당장 신성로마제국의 레오폴트 2세는 각 나라의 군주들을 설득해 프랑스를 이전으로 되돌릴 연합군 파견을 요청했다. 국내에서도 가톨릭 교회와 귀족들이 혁명을 반대하고 주변국과 연대하려는 조짐을 보였다. 이미 많은 귀족들이 프랑스를 떠났고 국가와 사회 곳곳이 기능의 어려움에 봉착했다. 혁명을 주도한 시민 계급이 무너지고 프랑스는 옛날 절대왕정과 봉건시대로 되돌아갈 위기에 몰렸다. 프로이센 군대는 프랑스 국경을 넘어 들어와 혁명을 주도하는 국민회의를 위협했다. 그런데 파리에서는 더욱 과격한 일들이 일어났다. 상퀼로드Sans-culotte라고 불리는 일단의 과격한 시민들이 왕궁과 의회를 공격, 왕을 유폐시키고 파리 시에 큰 혼란을 일으키면서 좀 더 급진적인 혁명을 요구한 것이다. 그들은 심지어 시민들로 구성된 의용군을 조직, 프로이센 군대와 전투를 벌여 승리했다. 그리고 프로이센 군을 국외로 몰아내는데 성공한다. 상황이 이렇게 되자 국민회의는 1792년 드디어 군주제를 전면 폐지하고 모든 성인 남자들에게 선거권을 부여한 뒤 공화제를 선포한다. 프랑스 제1공화국의 시작이었다.

그러나 그것이 프랑스 혁명의 끝은 아니었다. 상황은 더욱 악화되었다. 주변나라들의 위협은 더욱 거세졌고 루이 16세를 복위하려는 왕당파의 움직임도 힘을 얻게 되었다. 공화국 혁명 정부는 좌시할 수 없었다. 자코뱅파Jacobins는 이런 상황에 권력을 장악하고 루이 16세와 왕비 마리 앙트와네트를 단두대에서 처형한 뒤 공포정치를 시작했다. 그렇게 해서 시민 권력이 주도하는 혁명을 완수하고 주변 나라들의 위협을 극복하고자 한 것이다. 자코뱅파의 공포정치는 대단한 것이었다. 수많은 반대파들이 단두대로 보내졌고 처형당했다. 이 시기 프랑스의 국내 재판에서는 무죄가 아니면 사형 두 가지의 판결만 있었다. 지도자인 로베스피에르Maximilien F.M.I. de Robespierre는 무려 30만 명이나 되는 사람들을 체포하고 만 오천 명을 사형시키며 동료 자코뱅파까지도 단두대에 보내기를 서슴지 않는 공포 조장을 통해 국가 내부의 결속을 다지는 동시에 국가 총동원령을 선포하고 징병제를 시행해 군비를 정비했다. 그렇게 로베스피에르의 공포정치는 사회에 불만이 많은 노동자들에게는 지지를 얻었으나 자기 재산을 조금이라도 가진 일반 시민과 귀족들에게는 큰 반발을 불러일으켰다. 결국 귀족들과 온건파 그리고 왕당파는 서로 연대해 로베스피에르의 자코뱅파를 밀어냈다. 그들은 로베스피에르를 단두대에서 처형했다. 그렇게 해서 자코뱅파에 반대하기 위해 결집한 사람들은

1795년 프랑스에 총재 정부를 도입하게 된다. 그러나 총재정부는 여러 가지 문제를 안고 있었다. 왕정을 타도하고 일어난 국민의회의 공화정에 이어 들어선 총재정부는 여러 가지 면에서 정체성을 확립하지 못하고 표류했다. 그리고 총재정부를 반대하는 극단적인 공화주의자들이 일으킨 반란에 직면하게 된다. 이때 등장한 것이 프랑스 혁명이 키운 나폴레옹Napoléon Bonaparte이었다.

나폴레옹은 이탈리아에서도 코르시카Corsica의 하급 귀족 출신이었다. 그는 프랑스 혁명의 기간, 프랑스를 움직이던 귀족들과 지식인 계층이 망명과 투옥 그리고 처형으로 사라진 뒤 그 자리를 차지한 혁명기 프랑스의 군사 지도자였다. 그는 로베스피에르에게 발탁되어 프랑스 군대의 요직을 두루 거치다가 자코뱅파가 무너지고 혼란스럽게 이어지던 중 총재정에서 반란과 폭동들을 진압한다. 이후 나폴레옹은 유명한 이탈리아 원정과 이집트 원정 후에 1799년 쿠데타를 통해 통령정부를 세우고 첫 통령이 되었다가 결국 스스로 황제의 자리에 오르게 된다. 이후 그는 통령이 가지는 힘과 그의 군사적 영향력을 기반으로 프랑스 전반에 개혁을 추진하고 미국과의 관계를 개선하는 등 굉장히 파격적이고 전격적인 행보를 이었다. 그리고 1804년 국민투표를 실시하여 절대다수의 지지를 얻은 가운데 황제에 오르게 된다. 제1공화국의 시대를 마무리하고 프랑스 제국의 시대를 연 것이다. 이후 나폴레옹은 폴란드 지역을 침공해 바르샤바 대공국을 세우고 프로이센의 영토를 축소시켰으며, 포르투갈과 스페인 등을 군사적으로 정복했다. 그에 의해 거의 천 년을 지속하던 신성로마제국은 해체가 되고 말았다. 그는 또한 스웨덴의 왕정을 새롭게 질서 지웠고 러시아에 대한 대대적인 침공을 감행했다. 나폴레옹의 영향 아래 미국은 루이지애나라는 큰 땅을 얻었고 중남미의 여러 나라들은 스페인과 유럽의 나라들에게서 벗어나는 독립운동을 시작했다. 그의 행보는 한 마디로 유럽의 지정학적인 지형도를 완전히 뒤바꾸는 것이었으며, 소위 유럽 전반의 지배계층을 완전히 새롭게 재편하는 것이었다. 나폴레옹의 행보는 거침이 없었다. 베토벤의 교향곡 영웅의 주인공으로서 손색이 없는 것이었다. 한 마디로 18세기 유럽이 통째로 나폴레옹에게 들어가 그에게서 재편된 뒤 19세기 유럽이 새로 태어나 그에게서 나온 것이다.

그런데, 나폴레옹의 등장과 퇴장은 우리에게 시사하는 바가 크다. 그는 일단 왕정을 무너뜨린 뒤 혼란에 혼란을 거듭하던 프랑스 현실에 혜성처럼 나타나 그 모든 상황을 그를 중심으로 일소하고 재정비했다. 그는 공화국으로서 프랑스를 제국으로서 프랑스로 거듭나게 했다. 그렇게 프랑스가 열강 가운데 강력한 나라로 올라서게 된다. 무엇보다 나폴레옹의 등장과 활동은 유럽 사회의 근간을 뒤흔들면서 시민계급이 주체적으로 부상하도록 하는 일에 크게 일조했다. 그러나 그의 등장은 동시에 그를 중심으로 하는 독재적 정권의 등장을 의미했고 그로 인한 혼란과 고통을 의미하는 것이기도 했다. 그는 프랑스의 민주주의 혁명이라는 대과제의 연장선에 서 있으면서도 결국 그 모든 것을 자신을 중심으로 하는 제국화로 이어지게 했다. 나폴레옹으로 인해 열강은 프랑스와 대립하게 되었고 나폴레옹의 프랑스는 결국 라이프찌히Leipzig 전투에서 크게 패하고 무너졌다. 그리고 그의 제국 시대 이후 프랑스는 한동안 왕정으로의 복귀라는 혁명의 퇴보를 경험하게 된다. 그렇게 오늘날 우리가 아는 프랑스 공화국이 등장하기까지 고통스러운 역사는 수십 년을 더 이어졌다. 나폴레옹은 프랑스 대혁명이라는 중차대한 역사적인 현실에서 프랑스를 새로운 전기로 이끈 위대한 인물이었으나, 자신의 프랑스를 그 이상의 진보로 나아가게 하는 일에는 실패한 혁명의 이단아로 남게 되었다. 나폴레옹은 혁명이 몰고 온 시대를 정리했고 새로운 시대를 위한 길을 열었으나 그 스스로는 혁명의 의미를 다 품지 못한 사람이었다. 소설가 슈테판 츠바이크Stefan Zweig는 프랑스 혁명기를 살았던 한 인물 조제프 푸셰Joseph Fouché에 관한 평전을 다루면서 이렇게 말했다. 나폴레옹이 등장하기 전 프랑스 혁명은 "모든 정당성이 자신에게 있다고 주장하였고 모든 책임을 묵묵히 떠맡았다." 그러나 나폴레옹 이후 프랑스 혁명은 "스스로 부당한 일을 한 적도 있다는 것을 인정하고 그 지도자들은 곧 혁명을 부정하기 시작했다." 체제에 대한 부정과 반정이 거듭되고 거듭되는 가운데 그 정당성은 점점 상실되고 결국에 반정을 일으킨 사람들조차 반정의 참된 역사적인 의미를 상실하게 되는 일조차 일어나게 된 것이다.

역사는 반정反正의 반정을 거듭한다. 반정이 일어나고 또 다른 반정이 일어나고 그리고 그 반정의 의미가 퇴색하고 의미를 상실하게 되는 일은 역사 가운데 되풀이되는 일이다. 성경에서도 역시 우리는 반정과 그 의미 퇴색의 안타까운 현실을 보게 된다. 이제 우리가 다루고자 하는 예후Jehu가 대표적이다. 그는 군사 지휘관으로서 자기 군대와 백성의 지지를 업고 북이스라엘의 왕이 되었다. 무엇보다 그의 등극은 하나님의 뜻에 의한 것이었다. 선지자 엘리사가 그를 도왔다. 그렇게 그는 오므리 왕조의 끝을 고하고 북이스라엘에 새로운 시대를 열었다. 그러나 그는 그가 이룬 모든 것을 온전히 품지는 못했다. 그와 그의 후대 왕들이 모두 그랬다. 예후의 왕조는 근 백년을 이어갔지만 그 모든 왕들은 하나님께서 그들을 세우신 이유, 북이스라엘을 통치하게 하신 이유를 채 깨닫지 못했다. 결국 예후의 반정은 그의 5대 손 스가랴에 이르러 새로운 반정을 몰고 오고 말았다.

예후, 반정으로 왕이 되다

아합이 다스리던 시절, 선지자 엘리야는 바알과 아세라를 섬기는 선지자들과의 영적 전쟁에서 승리하고 북이스라엘 내에 여호와 하나님을 섬기는 신앙의 기반을 확고하게 세웠다. 그러나 그것이 전부였다. 그의 나라에서 우상숭배를 근절하고 나라를 새롭게 하는 일은 쉽지 않았다. 그는 다시 도망자 신세가 되었다. 그는 브엘세바 인근의 광야로 가서 거기서 죽기를 바랐다. 그때 하나님께서는 그를 이끌어 호렙 산으로 데리고 가셨다. 그리고 거기서 '세미한 소리' 가운데 엘리야에게 새로운 일들을 말씀하셨다. 하나님께서는 엘리야가 벌인 일들이 역사의 새로운 장을 열게 되리라는 것을 알리셨다. 그리고 엘리야에게 몇 가지 일들을 마무리하도록 하셨다. 그가 먼저 할 일은 다메섹의 하사엘Hasael에게 기름을 부어 그를 아람의 왕으로 세우는 일이었다. 하나님께서는 이어서 엘리야에게 북이스라엘의 군대장관 예후에게 가서 그에게도 역시 기름을 부어 북이스라엘의 새 왕으로 세울 것을 명령하셨다. 그리고 마지막으로 하나님께서는 아벨므홀라로 가서 거기 엘리사에게도 기름을 부어 엘리야 자신을 이을 선지자로 세우라고 말씀하셨다. 이렇게 해서 하나님께서는 엘리야의 사역이 꾸준히 이어져 당신의 역사하심이 계속 사람들에게서 실현되고 사람들 사이에 알려지도록 하셨다.왕상 19:15-21 그때 하나님께서는 이렇게 말씀하셨다. "하사엘의 칼을 피하는 자를 예후가 죽일 것이요 예후의 칼을 피하는 자를 엘리사가 죽이리라."왕상 19:17 앞으로 일어날 세상 모든 일들은 하나님께서 겹겹으로 준비하신 사람들과 사건들을 통해 하나님 뜻대로 이루어지리라는 뜻이다.

실제로 역사는 하나님께서 엘리야에게 말씀하신 대로 이루어졌다. 엘리야가 승천한 뒤 엘리사가 이스라엘을 위한 선지자로 사역할 때 병중에 있던 아람의 왕 벤하닷은 자기 신하 가운데 하사엘에게 엘리사에게 가서 자기 병이 나을 수 있을지 알아보라고 했다. 하사엘의 방문을 받은 엘리사는 그를 보고 당장 이렇게 말했다. "너는 가서 그에게 말하기를 왕이 반드시 나으리라 하라 그러나 여호와께서 그가 반드시 죽으리라고 내게 알게 하셨느니라."왕하 8:10 그리고는 하사엘의 얼굴을 한참 쳐다보다가 눈물을 흘리며 이렇게 말했다. "네가 이스라엘 자손에게 행할 모든 악을 내가 앎이라 네가 그들의 성에 불을 지르며 장정을 칼로 죽이며 어린 아이를 메치며 아이 밴 부녀를 가르리라."왕하 8:12 그러자 아직 영문을 알지 못하는 하사엘이 엘리사에게 "당신의 개 같은 종이 무엇이기에 그런 큰 일을 행하겠습니까?"라고 되묻는다. 그러자 비로소 엘리사는 하사엘에게 "여호와께서 네가 아람 왕이 될 것을 내게 알게 하셨느니라."고 말했다.왕하 8:13 하사엘은 그제야 비로소 그에게 일어날 일을 깨닫게 되었고 돌아가 그의 왕 벤하닷을 죽인 뒤 스스로 아람의 왕이 되었다.왕하 8:15 그는 이후 실제로 북이스라엘과 경쟁했고, 요단 동편 길르앗 라못에서 북이스라엘 아합 왕의 아들 요람에게 상처를 입혔다.왕하 8:29 그리고 마침내 예후 시절에는 요단 동편 땅을 자기나라 아람에게 완전히 복속시켰다.왕하 10:32 이어서 그는 요아스가 다스리는 유다를 침공해 갓을 점령하고 그리고 예루살렘까지 치고 올라가 그 땅 사람들을 위협했다.왕하 12:17~18 이후에도 그는 수시로 북이스라엘을 침략해 그 나라 백성들을 곤경에 빠뜨렸다.왕하 13:22 암 1:4 흥미롭게도 하나님께서 엘리야와 엘리사를 통해 세우신 하사엘은 이스라엘을 괴롭히는 도구였다. 그가 새로운 시대를 연 아람은 이후 레반트 땅 일대에서 강자로 군림했다. 그리고 늘 이스라엘을 괴롭히고 이스라엘 백성들을 고통 가운데 있도록 만들었다.

아람이 강성하게 되어가는 사이 북이스라엘은 아합이 통치하고 있었다. 하나님께서는 엘리야에게 북이스라엘의 미래도 말씀하셨다. 예후가 바로 그 나라의 미래였다. 아합은 통치 말년에 요단 동편에 대해 많은 관심을 기울였다. 당시 요단 동편은 아람의 영향이 강했다. 아합이 우여곡절 끝에 아람의 영향력을 막아 세우기는 했으나 그것은 요단 서편 북이스라엘 영토와 그리고 북쪽 갈릴리 일대에 대한 점유권에 제한되었다. 그의 시대에 요단 동편의 주요 거점인 길르앗 라못Ramoth-Gilead은 온전히 아람의 것이었다.왕상 22:3 아합은 그것이 싫었다. 요단동편이 온전히 자기 영향권 아래 있어야 베니게에서 아라비아로 이어지는 동서 무역에서 자신이 많은 이득을 취할 수 있을 것이었기 때문이다. 결국 그는 남유다의 여호사밧에게 함께 옛 므낫세 지파의 고토를 회복하자고 제안했다. 남유다의 신실한 여호사밧 왕은 흔쾌히 사돈 아합의 제안을 받아들였다. 그렇게 남유다와 북이스라엘의 연합군은 길르앗 땅으로 가서 거기서 고토회복을 위한 전쟁에 돌입한다. 그러나 아합은 그 전쟁에서 허무하게 전사하고 말았다.왕상 22:34-35 그의 전사 소식은 저녁에 알려졌는데, 왕이 전사했다는 소식이 전파되자 북이스라엘과 남유다의 군대는 하릴없이 철군하고 말았다. 그렇게 길르앗을 되찾고자 했던 아합의 야심은 물거품이 되고 만다.

아합이 죽은 이후에도 북이스라엘의 요단 동편을 향한 야심은 계속되었다. 아합의 왕위는 먼저 아들 아하시야가 이었는데 그는 왕위를 오래 지키지 못했다. 그는 선지자 엘리사가 말한 대로 곧 죽고 말았다.왕하 1:3-6 그의 왕위는 동생 여호람이 이었는데 여호람은 아버지와 같이 욕심이 많았다. 그의 시대는 끊임없이 전쟁이 이어졌는데 특히 아버지가 이루지 못한 요단 동편에 대한 야심을 많이 품고 있었다. 그런데 그의 시절에 모압의 왕 메사Mesa가 그와 북이스라엘을 배반하는 일이 벌어졌다. 여호람으로서는 용납할 수 없는 문제였다. 그는 곧 군대를 일으켜 모압을 치기로 했다. 그런데 이번에도 그는 남쪽 유다의 여호사밧을 자신의 원정에 끌어들였다. 여호사밧은 호쾌한 사람이었다. 그는 사돈이 이야기하는 것을 들어주었다. 그리고 그의 군대와 그가 섭정으로 다스리던 에돔의 군대까지 동원해 북이스라엘의 모압 정벌에 힘을 실어주었다. 그러나 이 전쟁은 하나님께서 원하지 않으시는 것이었다. 하나님께서는 아합 가문의 탐욕을 잘 아셨다. 그들이 벌이는 전쟁은 대부분 자기들의 잇속을 채우려는 욕심에 근거한 것이었다. 엘리사는 이런 상황을 잘 알고 있었다. 그는 여호람의 요청으로 출정하는 군대를 위해 예언하고 기도하는 부탁을 받고서 이렇게 말한다. "엘리사가 이스라엘 왕에게 이르되 내가 당신과 무슨 상관이 있나이까 당신의 부친의 선지자들과 당신의 모친의 선지자들에게로 가소서 하니 이스라엘 왕이 그에게 이르되 그렇지 아니하니이다 여호와께서 이 세 왕을 불러 모아 모압의 손에 넘기려 하시나이다." 그리고 이렇게 말을 이었다. "내가 섬기는 만군의 여호와께서 살아 계심을 두고 맹세하노니 내가 만일 유다의 왕 여호사밧의 얼굴을 봄이 아니면 그 앞에서 당신을 향하지도 아니하고 보지도 아니하였으리이다."왕하 3:13-14 하나님께서는 아합 가문의 여호람이 여호사밧까지 끌어들여 무리하게 번성을 추구하는 것을 못 마땅하게 여기셨다. 그러나 북이스라엘과 남유다 그리고 에돔의 연합군은 하나님의 인도하심을 따라 승리했다. 그리고 거기까지였다. 모압의 왕 메사는 자기가 패전할 것이 분명해지자 다급하게 자기 큰아들을 번제물로 바치는 극단적인 행동을 취했다. 상황이 이렇게 되자 하나님께서는 이스라엘의 진전을 막으시고 그 전쟁이 더 이상 확산되지 못하게 하셨다. 연합군의 수장들도 아들까지 바쳐가며 맹렬히 저항하는 메사를 더 밀어붙이는 것은 옳지 않다고 여겼다. 결국 여호람과 북이스라엘 군은 모압의 본토로 들어가지도 못한 채 하릴 없이 전투를 끝내고 고향으로 돌아갔다.왕하 3:27 여호람이 매우 안타까워했으리라 짐작된다.

하나님께서는 모압과의 전쟁이후 꾸준히 아람의 벤하닷과 그를 이은 하사엘을 동원하서서 북이스라엘을 괴롭게 하셨다. 그런데 여호람은 그와 그의 나라가 그렇게 고통 가운데 있었으면서도 그의 아버지가 품었던 길르앗 땅에 대한 야심을 거두지 않았다. 그는 백성이 큰 도탄 가운데 고통 받고 있는데도 불구하고 다시 군사를 동원해 길르앗으로 나아갔다. 이번에는 그의 조카뻘이 되는 남유다 아하시야 왕의 군대와 함께 했다. 이 시기 남유다는 여호사밧이 죽고 그리고 그 아들 여호람도 죽고 나서, 여호람의 아내이자 아합의 딸인 아달랴와 그녀의 아들 아하시야가 나라의 모든 것을 독차지하던 시절이었다. 아하시야와 아달랴는 "아합의 집 길로 행하여 아합의 집과 같이 여호와 보시기에 악을 행하였다."^{왕하 8:27} 그의 나라가 아합 집안의 사위였음을 여실히 보여주는 모습이었다. 아달랴와 아하시야는 북이스라엘의 형제요 삼촌인 여호람의 요청을 적극적으로 받아들였다. 그리고 그의 명분 없이 욕심만 차리는 전쟁에 참여하게 된다.^{왕하 8:28} 그러나 하나님께서는 이 전쟁을 허락하지 않으셨다. 하나님께서는 악을 시행할 뿐 아니라 악을 퍼뜨리기도 하는 아합 집안을 향해 멸망의 시계단추를 누르고 계셨다. 결국 북이스라엘의 여호람(요람)은 전투에서 하사엘의 군대에게 부상을 입고 다시 물러나게 된다. 그때 남유다의 조카 왕 아하시야는 삼촌을 살피러 북이스라엘을 방문했다. 일단 두 왕이 모두 전장에서 물러난 상황이 된 것이다. 그 때 길르앗의 전장은 온전히 북이스라엘의 군대장관 예후에게 맡겨져 있었다. 우리의 예후가 드디어 나폴레옹처럼 역사의 전면에 등장한 것이다.

예후가 왕으로 지명되는 이야기는 흥미롭다. 그는 여호람과 아하시야가 벌인 길르앗 탈환 전쟁에 나가 있었다. 그런데 전투에서 그만 두 왕 모두가 전장을 이탈하는 상황이 발생했다. 두 나라의 군대가 크게 흔들렸음은 말할 필요가 없는 상황이었다. 하지만 예후는 북이스라엘의 군인이었고 군대장관이었다.왕하 9:5 그는 전장을 지켜야 했다. 그는 그 일에 충실했다. 그는 굳건한 사람이었다. 그런데 그가 진을 치고 있는 길르앗으로 한 젊은이가 찾아왔다. 그는 자신을 하나님의 사람 엘리사가 보냈다고 말했다.왕하 9:4 그리고 예후에게 조용히 할 말이 있다고 말했다. 예후는 엘리사가 보낸 사람이라는 말을 듣고 별다른 의심 없이 그를 자기침소로 데려갔다. 그러자 거기서 젊은이는 놀라운 행동을 보이고 역시나 놀라운 이야기를 전했다. 그는 예후의 머리에 기름을 부으며 이렇게 말했다. "이스라엘 하나님 여호와의 말씀이 내가 네게 기름을 부어 여호와의 백성 곧 이스라엘의 왕으로 삼노니 너는 네 주 아합의 집을 치라 내가 나의 종 곧 선지자들의 피와 여호와의 종들의 피를 이세벨에게 갚아 주리라 아합의 온 집이 멸망하리니 이스라엘 중에 매인자나 놓인 자나 아합에게 속한 모든 남자는 내가 다 멸절하되 아합의 집을 느밧의 아들 여로보암의 집과 같게 하며 또 아히야의 아들 바아사의 집과 같게 할지라 이스르엘 지방에서 개들이 이세벨을 먹으리니 그를 장사할 사람이 없으리라 하셨느니라."왕하 9:6-10 흥미롭게도 그 젊은이는 그에게 할 일과 할 말을 다하고 그대로 문을 열고 도망쳤다. 엘리사가 젊은이에게 그렇게 하라고 일러둔 그대로 한 것이다. 사실인즉, 엘리사가 그렇게 말하지 않았어도 젊은이는 오금이 저려 그 상황을 버티기 어려웠을 것이다. 자칫 그가 말한 것에 대해 예후가 받아들이지 않으면 그는 그 자리에서 죽을 것이었기 때문이다. 그래서 그는 도망치듯 그 자리를 벗어나 엘리사에게로 돌아갔다.

자리에 남은 예후는 앞뒤를 살피며 많은 생각에 잠겼다. 그리고 결심한 듯 자리에서 일어서 다른 장군들이 모인 자리로 돌아갔다. 장군들은 그 젊은이가 무엇을 말하고 돌아갔는지 궁금했다. 그들은 예후를 재촉했다. 처음 예후는 머뭇거렸다. 그러나 곧 그는 그가 듣고 그가 경험한 것을 그대로 이야기했다. 주변은 적막해졌다. 다들 할 말을 잃은 듯 했다. 그가 지금 말하고 있는 것은 반역을 말하는 것이기 때문이었다. 자칫 자기들과 자기들의 가족들은 모두 죽을 수도 있는 사안이었다. 그러나 그들은 지금 그들의 나라가 처한 상황을 잘 알고 있었다. 그들의 나라는 대안이 필요했다. 아합과 그의 가문이 벌이는 일들은 터무니없었고 무엇보다 불의했다. 이제 아합의 가문이 벌이는 몰상식한 일들은 전염병 퍼지듯 남유다로까지 흘러들어갔다. 상황을 그대로 둘 수는 없는 일이었다. 그런데 마침 하나님의 사람 엘리사 선지자가 전하는 메시지를 들었고 그 주인공이 그들 앞에 서 있었다. 그들은 주저하지 않았다. 곧 자기들 앞에 선 예후를 그들의 왕으로 추대했다. 그들은 주저하는 예후 앞에서 급히 예를 갖춰 그들의 옷을 예후의 발아래 깐 뒤 이렇게 외쳤다. "예후는 왕이라!"왕하 9:13 새로운 북이스라엘을 위해 아합의 집안을 향해, 여호람 왕을 향해 그리고 무엇보다 이세벨을 향해 반정의 칼을 높이 든 것이다.

예후의 반정의 칼날은 예리하게 그리고 빠르게 움직였다. 그는 당장 그들의 군대 진영에서 벌어진 일들에 대해 함구하도록 했다. 그리고 군대를 길르앗으로부터 철군해 여호람이 머물고 있는 이스르엘로 갔다.

그는 처음 이스르엘의 여호람에게 별 일이 아닌 듯 보이도록 하면서 이스르엘 궁에 있는 사람들을 자기 편으로 끌어들였다. 그런데 여호람은 상황을 간파했다. 그는 지금 이스르엘 궁 앞에 와 있는 사람이 예후라는 이야기를 듣자 곧 아랫사람들에게 병거를 준비하게 했다. 그리고 아픈 몸으로 예후 앞에 나아갔다. 그들은 공교롭게도 옛날 아합 왕이 빼앗았던 나봇의 포도원 자리에서 만났다.왕하 9:21 여호람이 이렇게 외쳤다. "예후야 평안하냐." 그러자 예후는 이렇게 응대했다. "네 어머니 이세벨의 음행과 술수가 이렇게 많으니 어찌 평안이 있으랴." 그러자 여호람은 그제야 반역을 최종 확인하고서 함께 있던 남유다의 왕 아하시야에게 "반역이다."라고 말하고서 도망쳤다. 그러나 그는 멀리 가지 못했다. 예후는 그에게 화살을 날려 그를 죽였다. 예후는 옛날 아합과 그 가문이 어떻게 하나님의 율법을 어겨가며 나봇의 땅을 빼앗았는지 잘 알고 있었다. 그는 하나님께서 엘리야를 통해 하신 말씀 그대로 "이 토지에서 네게 갚으리라"하신 예언을 실현했다.왕하 9:26 하나님의 뜻은 이렇게 실현되었다. 그 뿐이 아니었다. 예후는 여호람과 함께 있던 아하시야를 이블르암까지 쫓아가 쳤고 아하시야는 므깃도까지 도망쳐서 거기서 죽었다.왕하 9:27 이렇게 해서 예후는 아합의 직계 후손 왕들을 모두 척결하게 되었다.

예후의 아합 집안 처리는 아직 끝나지 않았다. 가장 중요한 사안이 남아 있었다. 바로 이세벨 문제였다. 이세벨은 아합의 아내로 시돈의 왕 엣바알의 딸이었다. 그녀는 북이스라엘과 심지어 남유다에 바알을 숭배하는 신앙과 아세라 목상을 숭배하는 신앙을 들여와 퍼뜨렸다. 그는 남편 아합의 힘을 휘둘러 사마리아가 바알 신을 숭배하는 도시가 되도록 했

북이스라엘 왕 예후: 그는 아합 가문을 무너뜨리고 이스라엘의 왕이 되었다. 그러나 그는 이스라엘의 진정한 왕으로서 자리매김하는 일에는 실패했다. 그림은 앗수르의 살만에셀 3세의 오벨리스크 부조의 한 장면이다. 런던 영국박물관에 있다. 예후가 앗수르 왕에게 가서 그에게 조공을 바치며 절하고 있다.

으며 그렇게 나라 곳곳에 바알과 아세라를 숭배하는 선지자들과 제사장들을 심어놓았다. 그들을 모두 베니게와 시돈으로부터 데려왔을 리는 없었다. 그녀는 기존의 여호와 하나님을 섬기는 레위인들과 제사장들을 겁박하고 여로보암 이래로 새로 세움 받은 벧엘과 단의 제사장이나 선지자들을 바알을 숭배하고 아세라를 섬기는 이들로 탈바꿈시켰을 것이다. 이세벨은 그 모든 일을 조장하고 강제로 그 모든 것을 이루었다. 엘리야 역시 그녀에게 고통 받았다. 엘리야 외에도 북이스라엘의 많은 의로운 이들이 고통 가운데 피해 다니고 피를 흘리며 죽임을 당했을 것이다. 이외에도 이세벨은 남편 아합이 불의한 일을 저지르며 함부로 왕권을 휘두르는 일들을 도왔다. 덕분에 북이스라엘 백성들은 오랫동안 지켜오던 모세의 율법이 무너지고 상식이 엎어지는 것을 목도해야 했다. 무엇보다 그녀와 아합 사이에 태어난 자녀들과 자손들은 지금 온갖 악행을 저지르며 북이스라엘과 남유다를 유린하고 있었다. 예후로서는 일단 여호람과 아하시야를 제거하기는 했으나, 이세벨은 여전히 모든 악의 근원이었다. 예후는 이제 이런 이세벨을 제거하기로 마음먹었다. 그리고 그것을 결행했다. 이세벨은 이스르엘 왕궁에서 죽었다. 그녀는 왕비답게 잘 차려입고서 자기를 죽이기 위해 온 예후를 향해 "주인을 죽인 너 시므리여 평안하냐?"고 말했다.왕하 9:31 예후는 그녀의 말에 대꾸는 하지 않고 그녀 곁에 서 있는 시종들과 사람들에게 "내 편이 될 자가 누구냐 누구냐"라고 거듭 외치며 이세벨을 처리하라고 이스르엘 성 내 사람들을 촉구했다.왕하 9:32 이스르엘 성 안 사람들은 그가 말하는 대로 예후의 편에 서서 이세벨을 성벽 밑으로 내던졌다.왕하 9:33 후에 예후가 그 시신을 찾아 왕비답게 장례하라고 명령했으나 이세벨의 시신을 찾을 수 없었다. 예후는 그 이야기를 듣고 전에 엘리야가 했던 예언을 떠올렸다. "이는 여호와께서 그 종 디셉 사람 엘리야를 통하여 말씀하신 바라 이르시기를 이스르엘 토지에서 개들이 이세벨의 살을 먹을지라 그 시체가 이스르엘 토지에서 거름같이 밭에 있으리니 이것이 이세벨이라고 가리켜 말하지 못하게 되리라 하셨느니라."왕하 9:37

예후는 아합 집안을 온전히 척결했다. 이세벨까지 죽인 뒤 예후는 곧 사마리아로 가서 거기 남아 있는 아합의 아들들 칠십 명을 모두 죽였다. 그는 사마리아로 가는 길에 만난 남유다 왕 아하시야의 아들들 사십 명도 모두 죽였다, 그뿐이 아니었다. 그는 아합의 궁에서 아합에게 충성하던 사람들도 모두 도륙했다. 특히 그는 아합의 신하들과 바알 신을 숭배하는 제사장들과 선지자들을 죽일 때는 특별한 방법을 쓰기도 했다. 아합을 이어 바알 신을 숭배할 것처럼 보이고서 사마리아의 바알 추종자들과 아합 신하들을 바알 신 제사 축제에 모이도록 한 뒤 그 자리에서 모두를 죽인 것이다. 성경은 그때 사마리아의 풍경을 이렇게 전한다. "예후가 온 이스라엘에 사람을 두루 보냈더니 바알을 섬기는 모든 사람이 하나도 빠진 자가 없이 다 이르렀고 무리가 바알의 신당에 들어가매 바알의 신당 이쪽부터 저쪽까지 가득하였더라."왕하 10:21~22 예후는 부하들을 시켜 그 자리에 와 있는 배교자들과 아합에게 충성스러웠던 이들을 모두 죽였다.왕하 10:25 이후 예후의 반정은 그가 왕이 되어 다스리는 북이스라엘 전역에서 바알과 아세라의 흔적을 모두 없앴다.왕하 10:26~28 이렇게 해서 예후의 반정은 일단 성공적으로 완수되었다.

그러나 예후는 여로보암이 세운 벧엘과 단의 금송아지와 그 산당은 그대로 두었다.왕하 10:29 그리고 그 스스로 거기서 예배하는 가운데 옛날 여로보암이 세운 산당 종교를 부활했다. 북이스라엘 백성으로 하여금 벧엘과 단의 산당에 가서 거기 금송아지에게 절하게 한 것은 당연한 일이었다. 아합의 불의를 북이스라엘에서 제거하고 바알과 아세라 숭배 신앙을 뿌리 뽑는 일까지 완수한 예후는 그 이상으로 나아가지 못했다. 그는 여로보암과 동일한 마음과 안목으로 자기 나라를 바라보았다. 그리고 여로보암이 하던 그대로 북이스라엘을 자기가 단속하는 나라로 두었다. 하나님께서는 예후의 왕위를 반쪽만 인정하셨다. 하나님께서는 예후가 벌인 모든 일들을 귀하게 여기시고 그에게 이렇게 말씀하셨다. "네가 나보기에 정직한 일을 행하되 잘 행하여 내 마음에 있는 대로 아합 집에 다 행하였은즉 네 자손이 이스라엘 왕위를 이어 사대를 지내리라."왕하 10:30 실제로 그의 나라는 그를 이어 스가랴까지 4대를 이었다. 그러나 그렇게 그의 왕조가 이어지는 내내 북이스라엘은 평안하지 못했다. 하나님께서 북이스라엘의 "땅을 잘라내기 시작하셔서" 아람의 하사엘로 하여금 그 땅과 사람들을 괴롭게 하셨던 것이다.왕하 10:32 결국 그의 치세에 요단 동편 "갓 사람과 르우벤 사람과 므낫세 사람의 땅" 길르앗은 온전히 아람의 것이 되고 말았다.왕하 10:33

반쪽자리 성공

서울대학교 정치학과 교수 김영민 박사는 잦은 쿠데타를 경험한 우리나라 정서에서 "쿠데타로 권력을 찬탈한 정권은 결국에 정통성의 문제로 국민의 지지를 얻기 쉽지 않다"라고 지적했다. 그리고 "쿠데타 정권은 결국 이전 세력을 몰아내기 위해 벌이는 과도한 폭력과 자신들의 자리를 지키기 위한 과도한 탄압 속에서 자기들의 정당성을 앞세우는 일에 몰입하다가 몰락할 수 있다"라고 말했다. 다른 학자들이나 전문가들도 비슷한 주장을 한다. 후버 연구소의 연구원 레리 다이아몬드Larry Diamond는 "쿠데타나 반 쿠데타가 국가와 사회에 새로운 질서를 가져올 수 있는 수단 가운데 하나라고 해도 그것이 민주주의에 위협일 수밖에 없는 이유는 쿠테다의 주요 세력이 장기적인 안목으로 역사를 바라보고 국가의 미래를 바라보는 일이 드물기 때문이다. 그들은 당장에 주어진 기존 세력과 반대세력을 척결하는 일에 몰두한다"라고 말했다. 흔히들 말하는 성공한 쿠데타는 난해한 말이다. 그것은 정권을 찬탈한 쪽에서 늘어놓는 변명일 가능성이 높다. 쿠데타에 성공하고 정권을 안정시켜 다음 세대에게 발전적인 모습을 이양하는 데까지 이르기 위해서는 보다 거대한 명분과 치밀한 계산 등이 요구된다. 그런데 쿠데타로 권력을 차지한 사람들에게서 그런 기대까지 요구하는 것은 무리일 것이다. 역사는 그것이 절대로 쉽지 않다는 것을 가르친다.

예후의 경우가 그렇다. 그는 반정을 일으켜 나라를 새롭게 한 인물이었다. 그러나 그의 반정은 결국 반쪽짜리 성공에 머물렀다. 그의 반정은 온전한 성공일 수 없었다. 그가 아합의 집안과 그 잔당들을 몰아내는 데에만 집중했기 때문이다. 그는 더 큰 안목을 가질 수 없었다. 그는 과거의 불의한 유산을 몰아내는 일에는 열심이었으나 그렇게 비어버린 왕궁과 신전과 사회 곳곳의 자리들을 무엇으로 어떻게 다시 채워야 하는지에 대해서는 깊이 생각하지 못했다. 그럼에도 우리는 예후의 시대와 왕으로서 예후에 대해 다음의 몇 가지를 생각해 볼 수 있다.

먼저, 예후는 비록 반정을 일으킨 인물이기는 하지만 하나님께서 지목하여 부르시고 세우신 왕이었다. 하나님께서는 호렙 산에 선 엘리야에게 북이스라엘에 새로운 왕 한 사람을 세우실 것을 말씀하셨다. 그가 바로 예후였다. 엘리야가 하나님께로부터 그 이야기를 듣고 세월이 꽤 흐른 뒤 엘리야도 죽고 아합도 죽고 그리고 그의 아들 아하시야도 죽은 뒤 여호람이 북이스라엘의 왕이 된 후에야 예후는 하나님의 직접 부르심을 듣는다. 그때 하나님께서는 엘리사와 그의 심부름으로 예후를 찾아간 젊은이의 입을 통해 이렇게 말씀하셨다. "네 주 아합의 집을 치라 내가 나의 종 곧 선지자들의 피와 여호와의 종들의 피를 이세벨에게 갚아 주리라."왕하 9:7 하나님의 아합 집안에 대한 진노는 대단했다. 그래서 하나님께서는 예후를 세우실 때 아합 집안에 대한 진멸을 각별히 주문하셨다. 예후는 하나님께서 자신을 반정의 지도자로 세우신 이유를 분명하게 알았다. 그는 그것을 자신의 중요한 사명으로 받아들였다. 그리고 그 일을 성실하게 추진했고 이루었다.

예후의 부르심의 핵심은 바로 여기에 있었다. 그리고 예후는 그 부르심에 충실했다. 사실 예후는 성실한 사람으로 비쳐진다. 그는 북이스라엘의 군대장관으로서 왕들이 비운 전장을 충실히 지켰다. 그는 자신의 동료 장군들과 기꺼이 길르앗의 전장터 한 가운데 서 있었다. 그것은 그의 주인인 여호람이 그에게 맡긴 책임이기도 했다. 예후는 그렇게 주어진 책무에 충실한 사람이었다. 그런데 그에게 새로운 책임이 주어졌다. 바로 그의 주군을 배신하고 그의 집안과 그의 어머니 그리고 그의 동조자들을 모두 제거하는 일이었다. 예후는 아마도 당대 자신의 나라가 직면한 문제의 핵심을 잘 알고 있었던 것 같다. 그는 문제의 핵심은 바로 이세벨이라는 것을 깊이 인지하고 있었다. 그는 결국 그에게 주어진 하늘의 소명을 받아들였다. 그리고 그 사명을 온전히 이루어냈다. 그의 반정 과정과 그가 하나님께로부터 주어진 사명을 이루어 가는 과정은 사뭇 흥미롭다. 그는 마치 벌레 퇴치를 위해 보냄 받은 회사의 직원처럼 성실하게 구석구석 자기 책임을 다해 벌레들을 없애는 작업을 진행했다. 그는 가장 먼저 왕들을 제거했다. 물론 남유다의 왕 아하시야는 덤처럼 여겨지기도 하지만, 그는 그마저 성실하게 수행했다. 이후에 있을지 모를 악영향을 제거한 것이다. 이어서 그는 모든 악의 근원인 이세벨을 제거하는 일에 매진했다. 그리고 마침내 이세벨이 제거되자 그는 자리에 앉아서 식사를 즐기는 여유를 보인다. 그렇지만 그의 반정은 그렇게 끝나지 않았다. 그는 성실한 사람이었고 그는 치밀한 사람이었다. 당장 사마리아로 가는 길에서 만난 아하시야의 아들들을 제거한 뒤 사마리아에 사는 아합의 자손들을 모두 죽인다. 여기까지 그는 모든 작전을 비밀스럽게 백성들이 알지 못하게 진행한다. 이어서 예후는 사마리아와 북이스라엘에 남은 아합과 이세벨의 잔당들 특히 바알과 아세라 종교에 종사하는 무리들을 제거한다. 이 작전은 매우 치밀하게 그리고 흥미롭게 진행한다. 그가 벌인 이 제거작전은 후일에 남유다의 제사장 여호야다가 아합의 딸이자 여왕인 아달랴를 제거하고 요아스를 새로운 왕으로 세울 때 비슷하게 전용되었다.왕하 11:4-21 그런데 예후는 정말이지 성실함의 '끝판왕'이었다. 그는 하나님께서 말씀하신 아합 흔적 지우기를 완벽하게 완수한다. 마지막으로 사마리아와 북이스라엘에 남아 있는 바알과 아세라 흔적들을 모두 파괴하고 정리한 것이다. 예후는 진정 반정에 신실한 지도자였다.

그러나 앞서 살핀 대로 우리는 예후에게서 약점을 보기도 한다. 그는 하나님께서 세우신 이유, 즉 아합 집안에 대한 반역과 반정에는 소름끼칠 정도로 모든 일을 완수해 내지만 정작 스스로의 왕으로서 리더십에서는 문제와 한계를 드러냈다. 여호보암의 전례를 따르면서 그가 세운 산당들을 제거하지 않고 오히려 그것을 장려한 것이다. 이렇게 보면 예후는 기존의 불의한 세력을 제거하는 칼자루로서 역할은 충실했을지 모르지만, 이후 주어진 왕의 홀을 휘두르는 법은 잘 몰랐던 것이 분명하다. 그는 이스라엘 백성의 왕으로서 무엇을 어떻게 해야 하는지에 대해서는 잘 알지 못했다. 알았더라도 그대로 행할 수 없었다. 북쪽 사마리아의 왕궁에 앉아서는 제대로 된 안목을 갖출 수 없었던 것이다. 그는 결국 이스라엘 전체 백성의 반쪽짜리 왕으로 주저앉았다. 예후의 시대 이스라엘 백성에게는 결국 한 걸음 진일보 한 것 같지만 반보를 다시 후퇴해 반쪽짜리 발전만이 주어지게 되었다.

예후의 리더십

새로운 시대를 여는 리더십은 평화로운 시대를 이어가는 리더십과는 사뭇 다른 종류의 덕목을 요구한다. 마하트마 간디Mahatma Gandhi가 말하는 것처럼 "새로운 질서와 새로운 시대를 열기 위해서는 기존 질서를 무너뜨리고 파괴하는 용기가 필요하다." 그러나 그 일을 이루는 것은 폭력적인 혁명만으로 완성될 수 없다. 새로운 시대를 꿈꾸던 마틴 루터 킹Martin Luther King Jr.은 그래서 이렇게 변혁적인 리더십을 말했다. "변화는 혁명이나 폭력으로 이루어지는 것이 아니다. 변화는 지혜와 공감으로 이루어진다." 마틴 루터 킹은 그의 동료들과 흑인들의 인권을 위해 투쟁

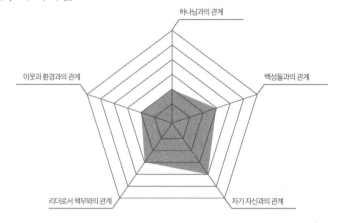

이스라엘 왕들의 레이더 차트
예후의 리더십

하나님과의 관계

백성들과의 관계

이웃과 환경과의 관계

자기 자신과의 관계

리더로서 책무와의 관계

을 불사했지만 그 모든 투쟁의 역사 사이사이에 그는 새로운 시대를 향한 비전어린 이야기들과 나눔, 공감대의 필요를 채워 넣었다. 그가 워싱턴에서 했던 연설 "나에게는 꿈이 있습니다"*I have a dream*는 투쟁과 혁명의 긴박성만큼이나 새로운 시대에 대한 꿈꾸기도 중요하다는 것을 잘 담아내고 있다. 그는 이렇게 연설했다. "나는 꿈이 있습니다. 그 꿈은 아메리칸 드림에 깊이 뿌리 내린 꿈입니다...나에게는 꿈이 있습니다. 나의 네 아이들이 피부색이 아니라 인격에 따라 평가받는 그런 나라에 살게 되는 날이 오리라는 꿈입니다. 지금 나에게는 꿈이 있습니다!" 우리는 이것은 잘 기억해야 한다. 리더는 변혁을 가져오는 사람이어야 하지만 더불어 그 변혁을 넘어서 펼쳐질 푸른 초장의 새로운 세계를 향한 꿈과 비전을 품고 나아가는 사람이기도 하다. 이런 면에서 예후는 반전과 과거 청산이라는 반쪽짜리 리더십에 선 사람이었다. 이제 우리의 분석 도구를 통해 반정의 왕으로서 예후의 리더십을 살펴보고자 한다.

먼저, 예후는 하나님의 부르심에 충실했던 사람이었다. 그는 하나님께서 북이스라엘을 새롭게 하기 위해 자신을 도구로 사용하신다는 것을 잘 알고 그 사명 위에 바르게 섰다. 늘 그렇지만 리더의 덕목 가운데 가장 중요한 것은 그 자리와 역할이 왜 자신에게 주어졌는지를 바르게 아는 것이다. 리더로서 자기에게 주어진 자리의 의미와 책무를 바르게 아는 것은 그의 리더십 평가에서 가장 중요한 대목이다. 이스라엘의 왕들은 이런 부르심을 하나님 앞에서 질문하고 그 답을 찾았다. 다윗이나 솔로몬은 하나님께서 그들을 왕으로 세우신 이유를 분명하게 알았다. 아합이나 혹은 여로보암 2세 혹은 므낫세 같은 경우에는 왕으로서 자기들이 가져야 할 리더십의 의미를 하나님께 질문하고 구하지 않았다. 그들은 그 질문을 스스로에게 던졌고 그렇게 그들은 자기들에게 유익이 되고 편리가 되는 것으로서 그들 자신의 리더십을 확립했다. 그들의 나라는 그래서 한편으로 번영을 누렸을지언정 다른 한편으로 하나님 앞에 악하고 역사 앞에 온전하지 못한 모습으로 전락하고 말았다. 그런데 여로보암이나 이번 장의 주인공 예후의 경우에는 달랐다. 그들은 하나님께서 왜 자신들을 왕으로 세우셨는지 이유를 분명하게 알았다. 그리고 그 부르심에 응답하여 왕이 되는 일, 혼란의 이스라엘에게 왕으로서 리더십을 보여주는 일에 최선을 다했다. 그런데 그들에게 왕으로서 리더십은 그것뿐이었다. 그들은 하나님께서 보시기에 선하고 정의로운 왕이 되려는 노력은 기울이지 않았다. 여로보암과 특히 예후는 그렇게 반쪽짜리 리더십에 만족하는 왕이 되고 말았다.

두 번째로, 예후는 백성들과 자기 자신 앞에서 절반만 성공한 왕으로 남게 되었다. 그는 옛 것을 없애는 일에는 최선을 다했다. 그는 그에게 주어진 아합 가문의 잔재를 제거하는 일에는 최선을 다했고 끝까지 자기 역할을 다했다. 그러나 예후는 자기 백성을 바른 길로 인도하고 평안과 안녕으로 인도하는 일에는 자기 최선을 다하지 못했다. 그에게는 하나님 앞에서 그리고 백성들 앞에서 펼쳐 보일만한 비전 있는 나라, 가치 있는 나라의 이상이 없었다. 그는 국가를 보다 더 나은 나라로 발전시키기 위한 제왕의 비전 리더십이 부재했다. 그는 과거를 일소하는 칼은 소지했으나 새로운 시대를 열어갈 열쇠는 쥐지 못했다. 예후의 이런 모습은 이후 그의 왕조 내내 이어진 아모스와 호세아의 예언에서 잘 드러난다. 아모스는 예후 왕조가 다스리던 시절 얼마나 많은 백성이 불의한 사회 구조 가운데 신음하며 살았는지 비판하고 하나님의 심판 예고를 전했다.암 3:12 호세아는 예후와 그 후손들이 다스리던 시절 이스라엘을 향해 예언하면서 그 백성이 더 이상은 하나님의 백성으로 자비를 누리지 못하고 결국 전쟁과 고통 가운데 휘말리게 될 것이라고 예언했다.호 1:1-11 예후는 결국 반정은 성공하고 그들의 왕좌를 세우는 일에는 성공했으나 그 나라의 백성을 바른 길로, 평안으로 인도하는 일에는 실패했다. 그의 북이스라엘 백성은 결과적으로 아합의 시대만큼이나 절망스러운 불의와 죄악으로 신음하게 되었다. 예후 왕조는 그 어느 때보다 자기 백성을 포도나무 아래 그리고 무화과나무 아래 평안하게 거하지 못하게 하는 난감한 시대를 열었다.

마지막으로 예후의 리더십은 그 백성을 끊임없는 전쟁으로 끌어들였고 이스라엘 백성은 결국 하나님께서 허락하신 요단 동편 땅을 온전히 잃게 되는 불행을 경험하게 되었다. 다윗의 길보다는 여로보암의 길을 걷기로 한 예후는 결국 하나님의 징계와 심판을 받게 된다. 그와 그의 자손들의 시대에 북이스라엘은 끊임없이 북쪽 아람과 전쟁에 시달렸다. 특히 길르앗에 살던 백성들은 상상하기도 힘든 큰 고통을 겪으며 죽임을 당하거나 그 땅에서 쫓겨나 주변 나라에 노예로 팔리는 아픔을 겪었다. 예후의 시대에 북이스라엘은 결국 길르앗을 비롯한 바산 등 요단 동편 땅들을 온전히 상실하게 되었고 북이스라엘이 존속하는 내내 그 땅을 다시는 회복하지 못하게 된다. 예후는 결국 사마리아를 중심으로 자기 왕조를 보존하고 유지하는 일에만 집중했던 것으로 보인다. 그와 그의 후손들은 이웃 나라와 민족들, 세상 가운데서 하나님의 백성으로서 온전히 빛을 발하는 중차대한 사명을 감당하지 못했다. 선지자 요나의 이야기는 그 시절 이스라엘 백성이 얼마나 닫힌 마음으로 세상 가운데 존재했었는지를 보여주는 대표적인 사례이다. 그들은 세상을 품어야 할 하나님의 백성으로서 비전과 사명을 망각했다. 북이스라엘 백성은 그들을 다스리는 왕들과 더불어 편견으로 갇혀 지내고 자만으로 매몰되어 살아갔다. 이런 모습들은 아마도 예후를 비롯한 그들의 왕이 보인 반쪽의 리더십의 결과라고 보아야 한다.

제**6**장

히스기야

Hezekiah

개혁의 리더십

위기 의식

이사야서의 한 마디 표현, "웃시야 왕이 죽던 해"사 6:1가 무언가 불안한 시대가 열리고 있음을 암시한다. 웃시야Uzziah 통치 50여 년 동안 남유다는 번영했다. 그의 통치는 선한 왕으로 분류되는 요담Jotham에게 안정적으로 넘어갔다. 요담은 이미 오랫동안 아버지와 공동으로 나라를 다스려왔다. 그러니 그에게서 불안한 모습을 찾을 수는 없다. 그러나 이사야서 6장의 이 첫 문장은 왠지 모를 불안감을 일으킨다. 누군가는 이 표현이 젊은 이사야 스스로의 개인적인 감정이리라고 말하기도 한다. 그러나 한 개인의 감정만으로 넘어가기에 "웃시야 왕이 죽던 해" 즉 주전 742년은 이미 많은 곳에서 혼란과 위협의 조짐이 보였다. 앗수르는 이제 막 새로 즉위한 디글랏 빌레셀 왕Tiglath-Pileser III을 중심으로 새로운 중흥기로 접어들어 주변 국가들에게 점차 위협이 되어가고 있었다. 주전 9세기에서 8세기를 넘어서면서 주변 일대의 강자로 군림하던 아람 수리아는 예전의 힘을 점차 잃어가고 있었으며, 신흥 앗수르의 눈치를 보는 신세로 전락하고 있었다. 서로 싸우기도 많이 했지만 형제 국가라고 할 수 있는 북이스라엘은 더욱 심각했다. 이 나라는 여로보암 2세Jeroboam II의 시대를 지나자 얼마 지나지 않아 살룸Salum에 의한 반정이 일어나 나라의 주인이 다시 바뀌고 말았다. 그런데 그것이 끝이 아니었다. 북이스라엘은 살룸을 이어 므나헴Menahem과 브가히야Pekahiah, 베가Pekah 그리고 호세아Hosea로 이어지는 거듭되는 반정으로 점점 쇠락해 가고 있었다. 누가 보아도 그 시절 국제 정세는 일대 혼란을 예고하고 있었다. 웃시야는 그나마 남유다 백성에게 안정감을 주는 왕이었다. 그런데 그 웃시야가 이제 죽은 것이다.

실제로 웃시야와 요담을 지나면서 남유다를 둘러싼 세계정세는 급변했다. 디글랏 빌레셀은 주전 743년 메소포타미아 두 강의 북부 발원지 일대를 평정했다. 그리고 이어서 하맛과 아르파드 왕국을 차례로 앗수르의 발밑에 복속시켰다. 이 지칠줄 모르는 정복왕은 여세를 몰아 아람의 여러 도시들과 주요 도로들 그리고 북이스라엘 갈릴리 일대의 여러 도시들과 주요 도로들을 정복했다. 디글랏 빌레셀의 최종 목적은 애굽이었다. 디글랏 빌레셀의 아람과 북이스라엘 일부에 대한 정복은 애굽으로 이어지는 해안길via Maris의 안전을 확보하고자 한 것이다. 이후에도 앗수르의 디글랏 빌레셀은 꾸준히 아람과 북이스라엘을 위협하고 그들의 영토를 빼앗았다.왕하 15:29 두 나라로서는 큰 문제가 아닐 수 없었다. 성경의 기록에 의하면 이 때 북이스라엘과 아람은 서로 연맹해 앗수르에게 저항했다. 그리고 남유다에게도 자기들의 동맹관계에 참여할 것을 요구했다. 그러나 요담에 이어 남유다의 왕이 된 아하스Ahaz는 주변 나라들과 동맹하기보다는 친 앗수르 입장을 취했다. 그러자 북이스라엘의 왕 베가와 아람의 왕 르신Rezin은 서로 협력해 그런 남유다를 공격했다.왕하 15:37 결국 남유다의 왕 아하스는 디글랏 빌레셀의 힘을 빌리기로 했다. 그는 자신이 "앗수르의 신하요 왕의 아들"이라고 말하면서 디글랏 빌레셀에게 구원을 요청했다.왕하 16:7 앗수르와 디글랏 빌레셀로서는 굉장한 호재였다. 결국 디글랏 빌레셀은 아하스 왕의 요청을 빌미로 아람의 다메섹을 공격해 아람을 무너뜨린다.왕하 16:9 남유다의 아하스 왕은 디글랏 빌레셀의 군대가 다메섹을 휩쓰는 것을 보았다. 그는 자신의 판단이 옳았음을 확신했다. 아람이 저렇게 무너진 이상 북이스라엘의 왕 베가도 더는 자기와 남유다를 괴롭히지 못할 것이라 확신했다. 아하스는 확신을 가지고 다메섹으로 가서 거기서 직접 디글랏 빌레셀에게 입조入朝 했다. 그리고 앗수르가 이미 다메섹에 조성한 자기들 식의 종교의식을 따라 예루살렘 성전을 앗수르 식의 신전으로 재편해버렸다. 그는 이렇게 선포했다. "아침 번제와 저녁 소제와 왕의 번제와 그 소제와 모든 국민의 번제와 그 소제와 전제를 다 이 큰 단 위에 불사르고 또 번제물의 피와 다른 제물의 피를 다 그 위에 뿌리고 오직 놋단은 나의 물을 일에 쓰게 하라."왕하 16:15 이제 예루살렘 성전에서 하나님을 예배하는데 사용되던 기물들은 뒷전에 놓이게 되었다.

사실 아하스의 판단은 잘못된 것이었다. 그는 스스로 앗수르의 봉신 국가가 되는 것이 남유다와 자신의 안전을 위해 옳은 것이라 여겼으나 그것은 그의 오판이라는 것이 곧 드러났다. 먼저 북이스라엘이 앗수르에 의해 완전히 멸망당하고 말았다. 북이스라엘은 한동안 앗수르에게 복종하며 앗수르에게 충성할 것을 서약했다. 그런데 호세아라는 인물이 북이스라엘의 왕 베가를 죽이고 반정에 성공하자 상황은 바뀌게 된다. 호세아는 앗수르에게 복종하고 싶은 마음이 없었다. 그는 처음 앗수르 당대의 살만에셀 왕에게 복종을 표시하며 조공을 바쳤다. 그러는 사이 호세아는 슬그머니 애굽과 관계를 회복하고 애굽 왕 소So에게 사신들을 보내 도움을 청하는 일도 병행했다. 그리고 애굽에서 동맹과 원조를 약속하자 곧 앗수르에게 보내던 조공을 끊어버리고 앗수르에 대한 충성을 철회했다. 이 사실은 곧 앗수르 왕 살만에셀에게 알려졌다. 그는 곧 북이스라엘을 공격하고 3년간 공성전을 벌인 끝에 사마리아를 함락하고 만다. 이렇게 해서 여로보암이 이스라엘 열 지파와 함께 세운 북이스라엘은 종말을 고하게 되었다.왕하 17:5-6 앗수르는 북이스라엘을 완전히 멸망시키고서 이스라엘 백성을 자기들 영토 곳곳에 이주시켰다. 그리고 자기들 나라의 여러 민족과 백성들을 북이스라엘의 영토에서 살도록 했다.왕하 17:6-18 이렇게 해서 북이스라엘의 여러 지파들은 앗수르에 의해 크게 흩어지게 된다. 이제 하나님께서 약속하신 땅에는 유다지파 (그리고 베냐민 지파만) 남게 되었다.왕하 17:18

호세아가 북이스라엘의 마지막 왕이던 시절 남유다의 왕이 된 히스기야Hezekiah는 아버지 아하스 시절 벌어진 일들에 이어 그의 시대에 북이스라엘이 완전히 멸망하는 것을 목격했다. 히스기야로서는 큰 충격이 아닐 수 없었다. 그는 자기가 보는 앞에서 동족인 이스라엘 열 개 지파 사람들이 앗수르 여러 곳으로 흩어지게 되는 것을 보았다. 반대로 앗수르 여러 나라와 민족들이 하나님께서 이스라엘 백성에게 허락하신 땅에 들어와 사는 것도 보게 되었다.왕하 17:24 그런데 북이스라엘의 영토에 들어와 살게 된 앗수르 사람들의 행태가 흥미로웠다. 그들은 기본적으로 자기들이 섬기는 신들을 가지고 와서 북이스라엘 영토 여기저기서 예배하며 살았다. 그런데 그것이 다가 아니었다. 그들은 북이스라엘 사람들이 섬기던 신에게도 관심을 가졌다. 그들은 앗수르 왕에게 요청해 그들이 새로 정착해 살게 된 땅의 신과 그 신을 예배하는 법을 배우게 해달라고 요청한다. 그것은 그들의 이스라엘의 하나님을 향한 개종을 의미하는 것이 아니었다. 그들은 자기들 편리대로 그들의 신과 이스라엘의 하나님을 함께 혼합하여 섬기려고 한 것이었다.왕하 17:41 히스기야를 비롯해 남유다의 백성들은 북쪽에서 벌어지는 이런 일들을 보고 크게 놀랐다. 앗수르는 단순히 군사적인 정복만을 벌인 것이 아니었다. 이 정복자들은 제국답게 자기들이 정복한 땅의 모든 것을 그들 제국의 거대한 솥에 녹여내고 혼합하여 새로운 것을 만들어내는 일에 능숙한 사람들이었다. 결국 히스기야와 남유다 백성들은 더욱 북쪽 상황을 경계하게 되었다.

히스기야 왕은 북이스라엘이 어떻게 유린당하고 어떻게 멸망했는지 그 모든 과정을 유심히 보았다. 그는 그 모든 상황에서 하나님 앞에서 자기가 깨닫고 알아야 할 것들을 정리하고 마음에 새겼다. 그는 이 모든 것이 하나님의 징계요 심판이라고 여겼다. 그는 당장 자기가 다스리는 남유다를 생각했다. 북이스라엘의 운명이 저렇다면 남유다 역시 동일한 운명으로 나아갈 가능성이 높았다. 그는 남유다에 하나님의 심판과 징계가 임하는 것을 막아야 한다는 절체절명의 중차대한 임무와 책임을 깨달았다. "유다도 그 하나님 여호와의 명령을 지키지 아니하고 이스라엘 사람의 세운 율례를 행하였으므로 여호와께서 이스라엘의 온 족속을 버리사 괴롭게 하시며 노략군의 손에 붙이시고 심지어 그 앞에서 쫓아내시니라."_{왕하 17:19-20} 열왕기하서 17장의 이 말씀은 마치 불타오르는 북녘 땅, 유린당하고 유배당하는 백성들의 모습을 바라보며 마음에 깊은 교훈을 새기는 히스기야의 자기 독백과도 같다. 히스기야는 이사야 선지자의 통렬한 예언을 귀담아 들었다. "딸 시온은 포도원의 망대 같이, 참외밭의 원두막 같이, 에워 싸인 성읍 같이 겨우 남았도다."_{사 1:8} 모든 것이 초토화된 상황 가운데 오두막 하나 덩그러니 남겨져 있는 현실, 그것이 남유다의 상황이었다. 그는 이제 자신이 다스리는 나라 남유다를 하나님 보시기에 합당한 나라, 하나님 백성들에게 어울리는 나라로 새롭게 해야 했다. 그렇게 히스기야는 개혁의 리더십을 그의 필생의 과제로 삼게 된다.

개혁의 시대

미국 32대 대통령 프랭클린 루스벨트_{Frankin D. Roosevelt}는 대공황의 위기 시대에 뉴딜 정책을 펼치면서 "위기는 곧 기회다"라고 말하며 미국 국민 전체를 그의 리더십 아래 단결하도록 이끌었다. 비슷한 시절 유럽에서 나치 독일에 저항하며 2차 세계대전을 이끌던 영국의 수상 윈스턴 처칠Winston L.S. Churchill 역시 BBC라디오 연설을 통해 "우리는 결코 굴복하지 않을 것이다. 우리는 결코 포기하지 않을 것이다. 우리는 결코 항복하지 않을 것이다"라고 말하며 위기의 시대 영국 국민들이 하나가 되도록 이끌었다. 위기의 시대, 개혁적인 리더십의 핵심은 위기를 직시하고 그것을 돌파해 나아갔을 때 펼쳐질 새로운 세상에 대한 비전을 품는 것, 그리고 그 위기의 시대를 개혁적인 리더십으로 이끌고 나아가는 불굴의 자세일 것이다. 우리는 이런 개혁적인 모습을 히스기야에게서 볼 수 있다. 그는 북이스라엘이 멸망하고 앗수르의 위협이 현실화하던 시점에 남유다 전체를 바른 신앙의 비전으로 이끌고 국가 전체가 전쟁의 위기를 극복할만한 준비 태세를 갖추도록 한 인물이었다. 그는 그 모든 상황에서 가장 중요한 것이 바로 하나님에 대한 온전한 신앙이라고 확신하고 그의 백성들을 신앙 개혁의 기치 아래로 인도해 낸 참으로 개혁적인 지도자였다.

히스기야는 북이스라엘이 무너지기 3년 전인 주전 725년에 남유다의 열세 번째 왕위에 올랐다. 그는 전임 아하스 왕의 아들이었다. 그가 아하스의 아들이라는 사실은 많은 것을 생각하게 한다. 아하스는 할아버지인 웃시야와 아버지 요담이 다스리던 시절과는 사뭇 다른 방식으로 그의 나라 남유다를 통치했다. 그는 기본적으로 "그의 조상 다윗과 같이 아니하여 그의 하나님 여호와께서 보시기에 정직히 행하지 않았다."

^{왕하 16:2} 아하스는 그의 선대왕들처럼 하나님 앞에서 올바른 길을 가기보다 그의 북쪽 나라 동료 왕들이 보인 불의한 방식으로 나라를 이끌었다. 그는 하나님께서 "이스라엘 자손 앞에서 쫓아내신 이방 사람의 가증한 일을 본받아 자기 아들을 불 가운데로 지나가게 하며 또 산당과 작은 산 위와 모든 푸른 나무 아래서 제사를 드리며 분향"하는 일을 서슴지 않았다.^{왕하 16:3-4} 그는 악을 행하는 가운데 자기 보좌를 보전하는 일에만 급급했던 북이스라엘의 동료들과 비슷한 방식으로 나라를 다스렸다. 그가 벌인 모든 종류의 우상숭배와 불의한 행동들, 특히 "그의 아들들을 불 가운데 지나가게 하는" 밀곰Milcom, 몰렉이라고도 불리는 신 숭배는 모두 그의 왕권에 대한 불안한 마음에서 기인한 것이었다. 결국 아하스는 평생 하나님을 의지하거나 그의 백성 공동체의 신뢰를 기반으로 하는 정치를 펼치지 못했다. 그는 당대의 힘센 나라를 살피고 그들의 눈치를 보는 일로 나라를 다스리는 에너지 대부분을 쏟았다. 그가 예루살렘 성전에 벌인 온갖 행위들도 같은 방식으로 이해할 수 있다. 그는 앗수르가 자기를 지켜주고 앗수르의 종교 행위들과 방식들이 자기 왕권을 버텨 주리라 확신했다. 아하스의 불안한 마음은 남유다 곳곳을 우상숭배의 터전으로 바꾸고 백성들에게 힘 있는 자의 모든 것을 받아들이는 잘못된 방식의 삶을 전파했으며, 예루살렘 성전은 그렇게 나날이 더럽혀져 갔다. 히스기야는 결국 온갖 가증한 것과 불의한 것들, 더럽혀진 유산들로 가득한 남유다를 물려받았다. 그러나 히스기야는 그 나라를 그렇게 더러운 꼴 그대로 둘 생각이 없었다. 그는 스물다섯 살에 왕이 되자 곧 그의 나라를 개혁하기 시작했다.

히스기야는 일단 하나님의 거룩한 성전부터 새롭게 고치기로 마음먹었다. 성전은 아버지 아하스 시절에 이미 굳게 닫혔다. 아버지 아하스는 제사장들에게 하나님을 예배하는 기물을 사용하는 것은 오직 자기 허락하에 자기가 참여할 때만 사용하라고 엄명을 내렸었다. 그리고 아하스는 거기 차려 둔 앗수르와 다메섹 스타일 제사 외에는 한 번도 하나님을 향한 예배와 제사에 참여한 적이 없었다. 당연히 성전은 아하스가 이리저리 어지럽힌 모습대로 방치되어 있었다. 그는 먼저 성전의 여러 문들을 고치고 수리하여 새롭게 열었다.대하 29:3 그리고 제사장들과 레위 사람들을 모아 성전을 정결하게 하도록 요청한다. 그는 레위 사람들과 제사장들에게 이렇게 말했다. "레위 사람들아 내 말을 들으라 이제 너희는 성결케 하고 또 너희 열조의 하나님 여호와의 전을 성결케 하여 그 더러운 것을 성소에서 없이하라."대하 29:5 이 때 아하스가 설치한 앗수르와 다메섹 식의 제단과 제기들은 모두 제거 되었다. 그는 성전을 새롭게 하면서 이렇게 말한다. "우리 열조가 범죄하여 우리 하나님 여호와 보시기에 악을 행하여 하나님을 버리고 얼굴을 돌이켜 여호와의 성소를 등지고 또 낭실 문을 닫으며 등불을 끄고 성소에서 분향하지 아니하며 이스라엘 하나님께 번제를 드리지 아니한고로 여호와께서 유다와 예루살렘에 진노하시고 내어버리사 두려움과 놀람과 비웃음거리가 되게 하신 것을 너희가 목도하는바라 이로 인하여 우리의 열조가 칼에 엎드러지며 우리의 자녀와 아내가 사로잡혔느니라."대하 29:6-9

히스기야의 개혁은 성전을 넘어서 온 남유다 땅을 향했다. 히스기야는 먼저 그가 다스리는 남유다의 모든 영역에서 우상숭배를 철폐했다.

이 때 히스기야는 다윗 이래 그의 선조들이 끝내 이루지 못한 일을 단행한다. 산당들high places을 제거한 것이다.왕하 18:4 산당은 솔로몬이 예루살렘에 성전을 건축한 이후에도 이스라엘 곳곳에 그대로 남았다. 이후 산당은 이스라엘이 두 개 나라로 갈라선 이후에도 존속했다. 북이스라엘의 경우에는 더 많아졌고 더 심화되었으며 남유다의 경우에는 왕들의 묵인 아래 현상 유지되는 정도로 남았다. 비교적 하나님 앞에서 정직하게 행했던 왕들 조차 이 산당 문제는 그대로 존속했다. 문제는 이 산당들이 쓴 뿌리처럼 남아 이스라엘의 하나님을 향한 신앙이 무너질 때마다 등장해왔다는 것이다. 이스라엘 백성은 하나님을 예배하는 성전이 지어지고 하나님을 예배하고 절기를 지키는 방식이 예루살렘의 성전을 중심으로 체계화되었음에도 그들 동네 뒷산에 만들어진 산당 제사를 벗어나지 못했다. 그들 마음에는 산당에서도 얼마든지 하나님을 구하고 하나님을 예배할 수 있다는 생각이 있었다. 그들은 산당에 모셔진 주상柱像, pillar을 하나님이라고 여기며 거기에 절하고 거기에 예배했다. 온 이스라엘을 하나님을 예배하는 나라로 만들기로 한 히스기야 입장에서 산당은 개혁의 큰 걸림돌이었다. 그는 결국 굳은 마음을 먹고 유다 땅 곳곳에서 산당을 제거하고 거기 서 있던 주상들을 제거했다.왕하 18:4

이외에도 히스기야는 남유다 곳곳에 스며들어와 있던 아세라 목상을 없애는 일과 그리고 무엇보다 이스라엘 사람들이 출애굽 이래 신앙처럼 붙들고 있던 모세의 '놋뱀 기둥'민 21:8-9을 제거하는 데에도 많은 노력을 기울였다. 아세라 목상은 가나안 민족들이 숭배하던 신상이었다. 이후 아합 시절에 북이스라엘에 크게 퍼져나갔는데, 그것이 유행처럼 번져 남유다에도 스며들어와 있었다. 아세라 목상이 널리 퍼지게 된 것은 그것이 별도의 신전을 필요로 하지 않았던 이유도 컸다. 아세라 목상은 보통 마을의 입구나 도시 성문 입구, 건물의 입구 혹은 어느 신전 입구에도 쉽게 세워졌다. 지나가는 사람들은 별다른 생각 없이 안전과 평안과 풍요를 기원하는 마음으로 길가에 세워진 아세라 목상에게 절을 하거나 그 앞에서 기도했다. 아세라 목상은 한 마디로 민간 신앙에 스며들어가 깊이 뿌리 내리기 쉬운 그런 종류의 우상이었다. 한번 자리 잡으면 뿌리 뽑기가 여간 어려운 것이 아니었다. 히스기야는 그의 개혁 동지들과 더불어 힘들게 아세라 목상 제거하는 일을 진행했다. 이외에도 히스기야는 모세 시절부터 백성들 사이에 숭배의 대상이었던 놋뱀 기둥도 제거했다. 이 놋뱀 기둥은 실제로 제거하는 일이 쉽지 않았다. 그것은 하나님께서 광야에서 당신의 백성을 용서하시고 구원하신 상징이기도 했기 때문이었다. 사람들 몇몇은 히스기야가 그것을 제거하려 할 때 극렬하게 반대했다. 그것이 하나님의 구원과 용서, 그리고 모세의 헌신적인 노력을 상징하는 물건이라고 여긴 탓이었다. 그러나 그 시절 놋뱀은 더 이상 하나님의 구원을 기념하는 놋뱀이 아니었다. 그것은 여러모로 효험이 있다는 민간 신앙의 대상이 되어버렸다. 그것은 분명 성전 하나님을 예배하고 숭배하는 신앙에 걸림돌이었다. 결국 히스기야는 그 놋뱀을 부쉈다. 그리고 그 놋뱀을 '느후스단'Nehushtan이라고 불렀다. 그저 청동기둥에 불과한 것이니 그것을 함부로 신앙의 대상으로 삼지 말라고 말한 것이다.

히스기야의 개혁은 제도를 새롭게 정착하는 일에까지 이어졌다. 성전을 새롭게 하고 유다 땅에서 산당과 아세라 목상 등 온갖 우상숭배를 척결하는데 성공한 히스기야는 그의 백성들을 한 자리에 모아 새로운 마음으로 유월절 절기를 보내기로 한다.대하 30:1 히스기야 시절 유다는 성전만 무너져 있었던 것이 아니었다. 성전에서 예식을 치른 지가 오래였기 때문에 백성들은 절기가 언제인지 혹은 그 절기를 어떻게 보내야 하는지도 잊어버리고 말았다. 심지어 그들에게는 절기와 예배를 바르게 드릴 제사장과 레위인의 숫자도 부족했다. 결국 히스기야의 첫 유월절 준수는 한 달을 뒤로 연기하고서야 제대로 이루어지게 되었다.대하 30:2~3 그러나 히스기야는 꿋꿋했다. 날짜가 정해지고 준비가 다 되자 히스기야는 온나라 백성들을 모두 모아 함께 유월절 절기를 지켰다. 온 땅으로부터 나온 이스라엘 백성은 그때까지도 예루살렘에 남아 있던 우상숭배의 흔적을 모두 일소하고 정결하여 거룩한 마음과 자세로 유월절 제사와 예식에 참여했다.대하 30:13~22 그런데 흥미롭게도 이 때 유월절 절기에 참여한 사람들 가운데는 북쪽 이스라엘의 옛 영토에서 온 사람들도 있었다. 히스기야 왕이 넓은 마음으로 하나님께서 약속하셔서 정착하게 하신 땅, 즉 단에서부터 브엘세바에 이르는 모든 이스라엘 사람들을 그의 유월절 축제에 초대한 것이다.대하 30:5~9 히스기야는 그들을 초대하면서 이렇게 외쳤다. "이스라엘 자손들아 너희는 아브라함과 이삭과 이스라엘의 하나님 여호와께로 돌아 오라 그리하면 저가 너희 남은자 곧 앗수르 왕의 손에서 벗어난 자에게로 돌아오시리라 너희 열조와 너희 형제 같이 하지 말라 저희가 그 열조의 하나님 여호와께 범죄한고로 여호와께서 멸망에 붙이신 것을 너희가 목도하는 바니라 그런즉 너희 열조

같이 목을 곧게 하지 말고 여호와께 귀순하여 영원히 거룩케 하신 전에 들어가서 너희 하나님 여호와를 섬겨 그 진노가 너희에게서 떠나게 하라 너희가 만일 여호와께 돌아오면 너희 형제와 너희 자녀가 사로잡은 자에게서 자비를 입어 다시 이 땅으로 돌아오리라 너희 하나님 여호와는 은혜로우시고 자비하신지라 너희가 그에게로 돌아오면 그 얼굴을 너희에게서 돌이키지 아니하시리라 하였더라." 대하 30:6~9

히스기야의 이 관용 가득한 초대는 사실 그의 개혁 작업에 참여하게 된 북이스라엘 유민들의 지원과 도움의 힘이 컸다. 그들은 앗수르에 의해 북이스라엘이 멸망할 때 그리고 앗수르의 포로 이주 정책을 피해 남쪽으로 피난 온 유민들이었다. 이때 남유다에 넘어온 사람들은 특히 종교적인 특심이 강한 사람들이었다. 그들은 여로보암의 시절이나 아합의 시절, 여로보암 2세 시절마저도 하나님을 향한 신앙을 지키며 하나님을 예배하기를 쉬지 않은 사람들이었다. 그들은 항상 예루살렘 성전을 사모했고 그들이 살아가는 땅이 예루살렘 성전에 임재하신 여호와 하나님의 통치 아래로 다시 회복되기를 간절히 사모하던 사람들이었다. 그런데 안타깝게도 그들의 바람은 실현되지 않았다. 그들은 결국 앗수르 이방인들의 땅이 되어버린 북이스라엘을 떠나 남쪽 유다로 내려가기로 결심했다. 히스기야는 나라 잃은 백성이 된 동족들을 환영하고 그의 나라에서 정착해 살도록 했다. 학자들의 연구에 의하면 히스기야 시절 예루살렘이 서쪽 즉 "둘째 구역"으로 크게 확장을 하게 되는데, 이것은 북이스라엘의 유민들이 유입된 결과라고 본다. 왕하 22:14 어쨌든 남유다로 유입되어 예루살렘 서쪽 시온산 자락에 정착하게 된 북이스라엘 출신 유민들은 이후 히스기야의 개혁 정책을 지지하여 그의 개혁 작업에 적극 동참하게 된다. 그들은 히스기야가 성전 정화를 마치고 국내 모든 우상숭배를 철폐하도록 하는 일에 적극적인 동조 세력이 되었으며, 히스기야가 유월절 축제를 새롭게 열 때 북이스라엘에 남아 있던 동족들을 예루살렘으로 초대하도록 하는 일에 적극적으로 개입했다. 히스기야의 보발꾼들은 왕명을 가지고 북이스라엘의 옛 영토 곳곳으로 갔다.대하 30:6 그들은 에브라임 지파의 땅과 므낫세 지파의 땅을 넘어서 납달리와 스불론 지파의 땅이었던 갈릴리 일대까지 다니며 유월절 축제가 새롭게 시작된다는 소식을 알렸다. 그러나 히스기야와 남유다 백성의 개혁과 갱신의 선한 마음은 제대로 전달되지 않았다. 그 땅에 남아 살던 이스라엘 사람들은 보발꾼들을 조롱하기까지 했다.대하 30:10 물론 그곳 사람들 사이 몇몇은 히스기야와 남유다 백성들의 선한 마음을 알아차리기도 했다. 그들은 비록 너무 오랫동안 하나님을 믿는 신앙과 멀리 떨어져 있어서 많은 것을 잊어버린 상황이라도,대하 30:18 겸손한 마음으로 예루살렘의 초대를 받아들여 남유다로 넘어왔다. 히스기야가 벌인 유월절 축제는 솔로몬 이래 참으로 오랜만에 치러보는 절기였다. 한동안 개혁을 추진하느라 피곤했을 히스기야의 마음이 크게 위로 받았으리라는 것은 충분히 짐작할 만하다.

이후 히스기야의 개혁은 나라 여러 곳에 대한 대대적인 회복과 보수로 이어졌다. 그는 일단 앗수르의 침공이 임박했다는 사실에 주목했다. 그리고 앗수르의 거대하고 막강한 침략을 대비하는 일에 온 힘을 기울였다. 그는 당장 예루살렘 서남부 지역에 펼쳐진 쉐펠라 일대의 요새들을 정비했다. 특히 그는 라기스Lachish를 요새화 하는 일에 힘을 썼다. 그리고 블레셋 사람들이 혹시 앗수르와 동맹해 유다를 위협할 수 있으리라는 계산 속에 블레셋을 제압해 자기 발 아래 두었다.왕하 18:8 이후 실제로 앗수르의 위협이 가시화하자 히스기야는 앗수르의 공격을 방어할 태세를 갖추는 일에 더욱 힘을 쏟았다. 그는 예루살렘 동편 옛 다윗 성 옆에 있던 기혼 샘Gihon Spring을 막아버리고 예루살렘 성 아래에 긴 터널을 뚫어 물길이 예루살렘 성 안쪽으로 향하도록 했다. 그리고 다윗 성과 솔로몬 성전 주변 제방을 든든하게 하고 둘째 구역의 성벽과 망루들도 튼튼하게 정비했다.대하 32:3-5 그렇게 국가 방어막을 든든하게 한 뒤 그는 유다의 왕으로서 백성에게 이렇게 외쳤다. "너희는 마음을 강하게 하며 담대히 하고 앗수르 왕과 그 좇는 온 무리로 인하여 두려워 말며 놀라지 말라 우리와 함께하는 자가 저와 함께하는 자보다 크니 저와 함께하는 자는 육신의 팔이요 우리와 함께하는 자는 우리의 하나님 여호와시라 반드시 우리를 도우시고 우리를 대신하여 싸우시리라."대하 32:7-8 히스기야는 이제 개혁 군주에서 군사적인 지도자로서 백성 앞에 서서 그들을 격려했다.

개혁 군주인 히스기야의 리더십은 시험대에 올랐다. 히스기야 왕은 이제 앗수르 산헤립 왕의 침략에 마주하여 그의 개혁이 정말 실효성이 있는 것인지 검증하는 시간을 갖게 된다. 먼저 히스기야는 전쟁 상황 자체를 피할 방법을 궁리했다. 전쟁은 아무래도 피해가 막심한 일이었다. 앗수르가 이미 라기스를 비롯한 쉐펠라 일대 도시들을 유린한 이상 더 큰 피해를 막는 것이 가장 현명한 일이었다. 히스기야는 우선 라기스로

남유다의 개혁 군주 히스기야: 남유다를 온전히 새롭게 하는 일에 평생 매진한 히스기야는 그의 나라가 하나님을 섬기는 나라로 바로 세우기 위해 큰 노력을 기울였다. 그림은 히스기야가 모세의 놋뱀을 '그저 청동 기둥'(느후스단)일 뿐이라고 말하며 기둥을 철거하는 장면이다. 작가는 알려지지 않았다.

사람을 보내 산혜립에게 화의를 청했다. 그는 일단 전쟁을 피하자는 마음에 앗수르의 산혜립에게 머리를 조아렸다. "내가 범죄하였나이다 나를 떠나 돌아가소서 왕이 내게 지우시는 것을 내가 당하리이다."왕하 18:14 그러자 머리를 숙이고 들어온 히스기야에게 앗수르의 왕 산혜립은 막대한 양의 조공을 요구했다, 히스기야로서는 다른 방법이 없었다. 그는 그의 나라 곳간을 다 털어서 앗수르 왕이 원하는 만큼의 조공을 보냈다. 그런데 앗수르의 왕은 그렇게 물러설 생각이 없었다. 조공을 받은 산혜립은 자기 휘하의 장군 랍사게에게 대군을 내어주고 그로 하여금 예루살렘을 포위한 후 완전한 항복을 종용하게 했다.왕하 18:7 히스기야로서는 당황스러운 일이었다. 그러나 이번에 히스기야는 호락호락 넘어가지 않기로 했다. 백성들의 희생이 어느 정도 예상된다 하더라도 나라를 지키는 것이 합당하다고 생각했다. 랍사게의 조롱과 협박은 대단했다. 그는 예루살렘 거민들에게 "히스기야에게 속지 말라"라고 외치며, 항복하면 "각각 그의 포도와 무화과를 먹고 또한 각각 자기의 우물의 물을 마실 것"이라고 회유했다.^{왕하 18:31} 예루살렘 시민들은 마음으로 동요했지만 잠잠했다. 히스기야를 믿은 것이다. 히스기야는 당장 이사야에게 도움을 청했다. 그리고 성전으로 가서 하나님께 간절히 기도했다. "여호와여 귀를 기울여 들으소서 여호와여 눈을 떠서 보시옵소서."^{왕하 19:16} 이사야는 히스기야의 간절한 모습을 보고 왕과 백성에게 이렇게 말했다. "너희가 금년에는 스스로 자라난 것을 먹고 명년에는 그것에서 난 것을 먹되 제삼년에는 심고 거두며 포도원을 심고 그 열매를 먹으리라."^{왕하 19:29} 그는 계속해서 이렇게 말했다. "여호와께서 앗수르 왕에 대하여 이같이 이르시되 그가 이 성에 이르지 못하며 화살 하나도 이리로 쏘지 못하며 방패를 가지고 성에 가까이 오지도 못하며 흉벽을 쌓고 치지도 못할 것이요 그가 오던 길 곧 그 길로 돌아가고 이 성에 이르지 못하리라 나 여호와의 말이니라."^{사 37:33-34} 히스기야와 유다 백성들은 이사야의 말에 큰 힘을 얻었다. 그들은 담대하게 예루살렘을 지켰고 결국 하나님께서 앗수르 군대 십팔만 오천 명이 하룻밤 사이에 모두 시체가 되게 하신 일을 목격하게 된다. 히스기야의 간절한 리더십이 승리한 것이다.

이렇게 해서 히스기야는 남유다와 이스라엘 백성 전체를 위한 개혁적인 군주로서의 역할과 나아가 앗수르와의 전쟁을 승리로 이끈 군주로서의 책임과 사명을 다하게 된다. 그의 개혁적인 조치는 그가 치른 앗수르와의 전쟁에서 효과가 있었음을 입증하게 되었다. 그가 확신을 가지고 시행했던 모든 종교적이고 정치적인 그리고 군사적인 조치들은 유다를 풍전등화와 같은 위기에서 구해내는 데 중요한 역할을 했다. 이후 히스기야는 개혁적인 왕으로서 그리고 남유다에게 새로운 시대를 연 왕으로서 명성을 얻게 된다. 신흥 바빌론에서 그를 만나기 위해 사절단을 보냈을 정도였다.왕하 20:12 히스기야는 결국 그가 위기라고 여기는 현실을 딛고 일어서 하나님을 믿는 신앙 아래 그가 다스리는 나라를 새로운 가능성으로 나아가도록 한 개혁의 리더로 자리매김하게 된다.

히스기야 터널

히스기야는 왕자시절부터 주변 정세와 국내 상황을 면밀히 살폈다. 그는 선왕 아하스 시절부터 이미 마음속에 개혁의 그림을 그리고 있었던 같다. 그는 하나님께서 북이스라엘에 내리신 심판과 징계를 진지한 눈으로 바라보았다. 그리고 그가 통치할 유다 역시 하나님 앞에 바르게 서고 하나님 앞에서 온전하게 되는 일이 무엇보다 중요하다는 것을 알았다. 그는 그렇게 아버지의 길과 북이스라엘 왕들의 길을 따르지 않았다. 그는 그의 선대 다윗이 보였던 바른 길을 그의 왕도로 펼쳤다. 우리 시대 훌륭한 주석가인 매튜 핸리Matthew Henry는 히스기야가 열정의 사람이라고 평가하면서 그의 국가 재건의 노력은 언제나 하나님과 자기 백성들의 평안에 초점이 맞추어져 있었음을 의미 있게 여겼다. 훌륭한 구약신학자인 존 올브라이트John Albright 역시 히스기야를 높이 평가하면서 그가 국가를 하나님을 향한 신앙으로 통합한 것이 무엇보다 중요한 업적이라고 설명했다.

사실 히스기야의 통치는 그가 예루살렘 지하에 만들었던 긴 터널과 같이 이스라엘의 생존과 부흥을 위한 개혁작업도 힘든 일이었다. 그는 무수히 많은 위협을 경험했고 반대를 무릅썼다. 그의 아버지 세대는 꾸준히 그의 개혁을 문제 삼았을 것이며, 백성들은 그의 끝을 파악하기 어려운 개혁 조치에 쉽게 염증을 냈을 것이다. 그와 같이 개혁 작업을 진행하던 성전 사람들이나 북이스라엘 출신 종교가들은 그의 개혁 속도가 너무 느리다고 평가하고 그를 몰아세웠을 수도 있다. 그러나 그는 터널 뚫기와 같은 지난한 개혁 작업을 그의 속도로, 그의 방식으로 완수했다. 이제 예루살렘에 물길을 내는 것과 같았던 그의 개혁적인 통치는 다음의 몇 가지에서 의미를 생각해 볼 수 있다.

첫째, 히스기야는 원리principle로 돌아가 그것을 기반으로 굳건하게 서는 것의 의미를 잘 알았다. 히스기야는 그의 아버지 대부터 흐트러진 유다와 예루살렘의 종교적 질서의 중요성을 잘 알았다. 그의 아버지는 살길을 찾기 위해 온갖 우상 숭배에 손을 내밀고 앗수르에게 구원을 요청하는 등 유다가 가져야 할 원리를 파괴하는 자리에 서 있었다. 그러나 히스기야는 왕이 되기 이전부터 이미 그가 마땅히 서야 할 자리, 그 원리의 자리를 잘 이해하고 있었다. 그것은 이후 그가 왕이 된 후 추진한 개혁의 길을 살피는 가운데 잘 나타난다. 히스기야는 왕이 되고서 당장 예루살렘 성전 문을 보수하고 성전에 있는 온갖 가증한 우상 숭배거리들을 일소하는 일을 착실하게 진행했다. 이어서 히스기야는 그가 다스리는 백성들의 일상에서 우상숭배와 정결하지 못한 것들을 제거하는 작업을 진행했다. 그는 그렇게 아세라 목상을 거리 곳곳에서 사라지도록 했으며, 무엇보다 오랫동안 이스라엘 백성의 발목을 잡고 있던 모세의 놋뱀을 대수롭지 않은 것이라고 설명하면서 역사의 뒤안길로 사라지도록 했다. 이후 그의 개혁 작업은 철저하게 원리에 근거한 합리적인 방식으로 진행되었다. 그는 그의 통치 영역에서 가증한 우상숭배들을 제거한 뒤 백성들의 삶에 하나님을 경배하고 예배하는 삶의 방식이 정착하도록 일련의 조치들을 취했다. 그 대표적인 것이 유월절 및 무교절과 같은 절기를 지키는 삶을 백성들의 일상에 가져온 것이다. 그는 유월절을 단순한 축제로 끝내지 않았다. 그것이 백성들의 삶을 주관하도록 하기 위해 연이은 무교절 7일 절기가 안정적으로 그들의 삶에 뿌리내리도록 조치했다.대하 30:23-27 이렇듯 히스기야의 개혁은 원리와 원칙에 충실한 것이었다.

둘째, 히스기야는 그의 개혁이 모든 이스라엘의 것이 되도록 했다. 그는 그의 개혁의 범위가 남쪽 나라 유다 지파와 베냐민 지파만으로 머무르지 않도록 했다. 그는 그가 벌이는 개혁이 남유다라는 나라만의 것이 아님을 분명하게 알고 있었다. 그가 벌이는 개혁은 온 이스라엘 열두 지파가 함께 하는 개혁이어야 했다. 히스기야는 그가 벌이는 일련의 개혁적 조치들이 예루살렘 성전에 머무르지 않게 했다. 그는 그의 정결 작업이 그가 다스리는 나라 전체 구석구석에서 이루어지기를 바랐다. 그 뿐이 아니었다. 히스기야는 그의 종교적인 개혁 작업과 그를 통해 일어나는 부흥이 온 이스라엘 각 사람들, 그들의 가정과 그들의 일터 전반에서 일어나게 되기를 바랐다. 그래서 히스기야는 그가 여는 유월절 축제가 남쪽 나라만의 축제가 되지 않기를 바랐다. 그는 보발꾼들을 북이스라엘의 옛 영토들에까지 보냈다. 히스기야의 보발꾼들은 왕의 바람대로 북쪽 나라의 옛 영토들을 차례로 훑었다. 그들은 에브라임 산지와 사마리아 산지 일대, 그리고 이스르엘 평원을 지나 갈릴리 땅과 심지어 베니게 사람의 영토에 까지 찾아 들어갔다. 유월절 절기가 부활했음을 그 땅에 사는 형제들에게 전하기 위해서였다. 확실히 히스기야는 마음이 넓은 개혁가였다. 그는 그의 개혁의 영향력이 마땅히 전파되어야 할 곳에 전해지도록 했으며, 그의 개혁의 가치를 누릴 사람들이 모두 그 가치 아래 있게 되기를 바랐다. 그는 그의 개혁이 하나님의 백성 모두의 것이 되기를 바랐으며, 그것을 위해 수고하고 헌신했다. 그는 자신을 따르는 사람들과만 개혁의 결실을 누리게 되는 일이 없기를 바랐다. 그는 가능한 하나님의 약속의 땅에 거하는 모든 사람들, 거기서 슬픔과 절망과 좌절의 현실을 살아가는 모든 사람들에게 자신의 개혁의 기쁜 소식이 전해지기를 소망했다.

　세 번째로 히스기야는 그의 개혁적인 조치가 시험대에 오르는 것을 알고 적극적으로 그 시험에 임했다. 그는 일련의 개혁조치가 완성된 후 본격적인 앗수르 산헤립 왕의 침략을 받는다. 이제 히스기야는 지금껏 종교적이고 영적인 차원의 개혁 조치를 해왔는데 그것이 그의 백성에게 얼마나 긍정적인 영향을 끼쳤는지를 살필 기회를 얻었다. 산헤립의 침략은 그가 예상한대로 쉐펠라 일대로부터 시작되었다. 그의 방어를 위한 거점 도시들이 차례로 무너졌다. 결국에 그와 유다 사람들이 매우 중요하게 여기던 라기스 역시 무참하게 함락되었다. 라기스의 함락은 히스기야와 유다 백성들에게 공포스러운 것이었다. 산헤립은 그 도시에서 방어를 하던 군인들과 그 도시 사람들을 무참하게 도륙했다. 너무나 잔인해서 도저히 사람이 벌인 일이라고 믿기 어려울 정도였다. 산헤립의 입장에서 라기스는 매우 중요한 본보기였다. 예루살렘이 만일 항복하지 않으면 라기스보다 더한 보복을 당할 것임을 분명하게 한 것이다. 그렇게 앗수르는 히스기야와 유다 백성이 생각할 겨를도 없이 라기스 계곡을 타고 유다 산지로 올라와 예루살렘을 에워쌌다. 예루살렘의 방어전은 치열했다. 앗수르 군대는 쥐새끼 한 마리도 빠져나가지 못하게 예루살렘을 겹겹으로 포위했다. 산헤립의 장군 랍사게는 시온 산 서편 세탁자의 마당에 서서 예루살렘을 향해 호령했다. 예루살렘은 앗수르와 랍사게에게 응대하지 않았다. 자기 대변을 먹고 소변을 받아 마시면서도 끝내 저항의 칼을 내려놓지 않았다. 히스기야로서는 안도할 일이었다. 그는 자기 백성들이 혹여나 랍사게의 현혹하는 말들에 넘어가지 않을까 두렵기도 했다. 그런데 예루살렘 백성들은 누구 하나 랍사게의 말에 대응 하지 않았다. 그들은 자기들의 군주인 히스기야와 그들의 영적인 지도자 이사야를 굳게 믿었다. 그리고 히스기야와 이사야는 여호와 하나님을 향한 신앙을 더욱 굳건하게 했다. 히스기야의 믿음과 리더십이 빛을 발하는 순간이었다. 결국 산헤립의 군대는 하나님의 군대에게 몰절했다. 적어도 성경의 결론은 그렇다. 그렇게 히스기야는 산헤립을 이기고 온 이스라엘의 왕으로, 그리고 주변 세계의 리더로 발돋움하게 되었다.

사실 히스기야의 리더십이 늘 찬란하게 빛났던 것은 아니었다. 그는 자신이 앗수르의 군대를 물리친 것에 대해 어느 정도 자만하고 있었다. 그래서 앗수르를 물리친 영문을 알고자 그를 찾아온 바벨론 브로닥발라단Berodach-baladan의 신하에게 그만 자기 속을 고스란히 내어 보여주게 된다.왕하20:13 이사야는 그것을 개탄했다. 이사야는 히스기야의 그 행동이 애써 쏜 죽을 개에게 전해준 꼴이라 여겼다. 히스기야는 머쓱해졌다. 그러나 이미 일은 벌어진 뒤였다. 그는 이렇게 말했다. "당신이 전한 바 여호와의 말씀이 선하니이다 하고 또 이르되 만일 내가 사는 날에 태평과 진실이 있을진대 어찌 선하지 아니하리요."왕하 20:19 히스기야 리더십의 영향력이 대를 이어서까지 빛을 발한 것은 아니었다. 그의 실수가 아니더라도 남유다는 므낫세를 지나고 요시아의 고비를 넘어 결국 멸망의 수순을 밟게 된다. 그렇지만 히스기야는 여전히 개혁적인 군주로서 이름을 얻기에 충분하다. 그와 그의 나라 남유다는 웃시야 왕이 죽던 해로부터 북이스라엘이 멸망하던 시점을 지나 산헤립의 군대를 상대로 승리를 쟁취하는 날까지 그가 만든 그 긴 터널처럼 여러 고비와 여러 난관을 넘어섰다. 그러나 그의 개혁의 물길은 결국 끝까지 달려 그가 다스리는 유다를 넘어 온 이스라엘이 하나님의 구원하심과 부흥하게 하심을 경험하는 데까지 이르기에 충분한 것이었다.

히스기야의 리더십

　템플대학교의 경영학 교수인 리처드 쿠쉬너Richard E. Cushner는 개혁적인 리더십에 대해 다음과 같이 개념을 정의했다. "개혁적인 리더십은 현실을 직시하고, 변화를 위한 비전을 제시하며, 이를 실현하기 위해 구성원들의 동의를 얻고 실행하는 능력이다." 그는 개혁을 위해서는 무엇보다 문제 현실을 직시할 수 있는 능력이 중요하다고 여겼다. 무엇이 문제인지를 아는 사람만이 그리고 그 문제를 문제로 볼 수 있는 사람만이 해결책을 마련하고 그에 맞추어 개혁을 추진할 수 있는 법이다. 이렇게 개혁적인 리더십에는 무엇보다 다음의 세 가지가 요구된다. 그리고 우리의 주인공 히스기야는 이 세 가지 모두에 부합하는 훌륭한 리더임이 분명하다. 우선 개혁의 리더십에서 무엇보다 중요한 것은 시대와 미래를 향한 통찰이다. 히스기야는 당대 세계에 대한 통찰을 충실하게 하고 그리고 왕위에 오르게 되었을 때, 그 통찰을 기반으로 그가 왕으로서 해야 할 일들을 수행했다. 또한 개혁의 리더십에서 중요한 것은 결단의 마음이다. 히스기야에게서도 우리는 결단과 흔들리지 않는 의지를 엿볼 수 있다. 그는 종교적인 개혁에서 백성들의 삶의 개혁, 그리고 정치와 군사적인 개혁에 이르기까지 한 국가가 변화를 시도해야 할 거의 전 분야에 걸쳐 개혁의 조치들을 취했다. 마지막으로 개혁적인 리더십에는 그 개혁 작업에 함께 하는 사람들과의 충실한 소통이 중요하다. 히스기야의 경우에는 이 부분에서 단연 탁월한 리더십을 보여주었다. 그는 그의 개혁이 소수 몇몇의 전유물이 되지 않게 했다. 그는 개혁을 위해 지도자들과 사제들, 그리고 백성들과 꾸준히 소통했다. 그렇게 해서 그의 개혁적인 조치들이 유다를 넘어 온 이스라엘과 나아가 주변 국가들 사이에서 긍정적인 영향이 되도록 했다.

이제 우리는 히스기야를 우리의 왕들을 위한 리더십 분석 틀로 살펴야 한다. 먼저, 히스기야는 유다와 이스라엘 개혁의 원천으로서 자신과 하나님 사이 관계를 바르게 하고 하나님께서 주시는 통찰과 원리들을 기반으로 그의 개혁을 추진했다. 그는 하나님과의 관계에 신실한 사람이었다. 그는 열왕기하가 그렇게 평가하는 것처럼 늘 이스라엘 하나님 여호와를 의지하였고 하나님과 연합하여 그에게서 떠나지 않았으며 하나님께서 모세를 통해 말씀하신 모든 계명을 잘 지키고 순종했다.왕하 18:5~6 히스기야는 당대의 시류를 의지하거나 세상 다른 힘센 왕들이나 나라를 의지하지 않았다. 그가 의지하고 따랐던 것은 오직 여호와 하나님뿐이었다. 결국 하나님께서는 히스기야가 하는 모든 일을 형통하게 하셨다.왕하 18:7

히스기야는 그래서 자기와 백성을 하나님 안에서 성찰하는 일을 게을리 하지 않았다. 그는 늘 기도하는 사람이었다. 그의 나라와 그의 민족이 왜 어려움을 겪는지 원인과 이유를 잘 알았다. 그는 늘 기도하는 가운데 자신과 백성들, 민족과 나라의 현실을 직시하는 눈을 일깨운 사람이었다. 그는 스스로와 백성에게 늘 이렇게 말했다. "우리 조상들이 범죄하여 여호와께서 유다와 예루살렘에 진노하시고 내버리사 두려움과 놀람과 비웃음거리가 되게 하신 것을 너희가 똑똑히 보라."대하 29:8 무엇보다 히스기야는 자신과 백성의 마음과 삶을 살피고 성찰하는 것에서 멈추

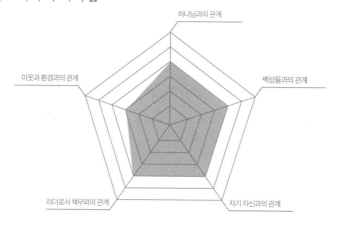

이스라엘 왕들의 레이더 차트
히스기야의 리더십

하나님과의 관계

백성들과의 관계

이웃과 환경과의 관계

자기 자신과의 관계

리더로서 책무와의 관계

지 않고 옳지 않고 부정한 것이 있다면 언제든 하나님 앞에 아뢰고 돌이켜 옳고 바른 길로 회복할 줄 아는 사람이었다. 히스기야는 말하자면 영적인 자가 회복능력이 뛰어난 사람이었다. 그는 영적인 자이로스코프가 늘 작동하는 사람이었다. 그래서 자기와 자기 백성이 늘 바른 자세로 서 있을 수 있도록 인도하는 왕이었다.

무엇보다 히스기야는 왕으로서 자신이 해야 할 일과 하지 말아야 할 일을 분명하게 알고 있는 탁월하고 지혜로운 사람이었다. 그는 자신이 비록 작고 보잘 것 없는 나라지만 유다라는 나라의 왕이라는 사실을 분명하게 알고 유다의 왕으로서 도리를 다하는 것이 무엇인지를 알았다. 그래서 히스기야는 종교적인 것으로부터 백성들의 삶의 전반에 이르기까지 매우 단계적이고 체계적인 개혁 조치들을 추진했다. 히스기야는 그 모든 종교적인 부분과 민생의 부분을 모두 정리하고 나서 백성들을 하나로 일치하게 하는 종교적인 제도 구축 및 축제를 열었다. 히스기야는 분명 인기에 영합하는 식의 정치를 추구하지 않았다. 그는 통치의 바른 길을 놓치지 않는 가운데 그의 개혁이 백성들의 마음과 삶 그 바닥에까지 영향을 미치도록 하는 일에 치밀했다. 그는 그렇게 백성들의 마음과 하나님의 마음을 두루 살피는 개혁적인 조치들을 완성하고서 국가의 힘을 앗수르를 방어하는 일에 쏟아 부었다. 그리고 전란의 위기를 제대로 극복하는 탁월한 리더십을 보여주었다. 결국 백성들은 그의 리더십을 인정하고 그의 왕권을 찬양하며 그의 치세 가운데 평안을 누리게 되었다.

마지막으로 히스기야의 개혁적 리더십은 옳은 것과 잘못된 것을 잘 구분할 줄 아는 것이었다. 그는 특히 국제관계에서 앗수르의 횡포를 직시했다. 그래서 그는 앗수르를 따르지 않았다. 히스기야의 이런 태도는 한편으로 보기에 국가의 위기를 초래하는 것으로 비칠 수 있었다. 실제로 앗수르는 그의 행동을 배반으로 여기고 그와 유다를 치기 위해 군대를 파견했다. 그리고 한참이나 많은 도시들과 백성들을 유린하고 고통에 빠뜨렸다. 예루살렘 역시 큰 위기 가운데 있었다. 자칫 모든 것이 무너질 수 있는 절체절명의 시간들이었다. 그러나 히스기야는 이사야 선지자의 격려와 지원을 얻어 난관을 극복했다. 그리고 앗수르에 반대하는 자신이 옳았음을 백성들과 그리고 이웃나라들에게 보여주었다. 그는 결국 주변 나라들 사이에서 지혜롭고 용감한 왕으로 인정 받을 수 있게 되었다. 그리고 그의 통치 기간 내내 앗수르는 다시는 그와 그의 나라를 침략하지 못했다.

히스기야의 리더십은 한 마디로 개혁과 갱신의 리더십이었다. 그의 시대가 개혁하기 쉬운 시절은 분명 아니었다. 오히려 반대라고 하는 것이 옳은 상황이었다. 그의 개혁적인 조치는 쉽게 장애물과 담벼락에 부닥칠 수 있었다. 아니 그의 개혁은 여러 번에 걸쳐 장애와 한계에 직면했었다. 그러나 히스기야는 굴복하지 않았다. 그것이 바로 그가 왕이 된 이유, 하나님께서 자신을 왕으로 부르시고 세우신 이유라고 확신했기 때문이다. 하버드 대학의 교수였으며 맥코비 그룹의 회장인 마이클 맥코비Michael E. Maccoby가 이야기한 바처럼 개혁의 리더십은 변화를 위한 변화를 추구하는 것이 아니다. 개혁의 리더십은 그가 속한 공동체와 조직의 가장 근간으로부터 가장 말단에 이르는 모든 부분이 영향을 받아 스스로 변화하고 그를 통해 주변 사회와 세상에 영향을 끼치는 것에 이르게 하는 것이다. 히스기야의 리더십이 바로 여기에 있었다.

제7장

요시야

Josiah

선한 리더십

선한 영향력

프랭클린 루스벨트Franklin D. Roosevelt는 미국의 32대 대통령으로서 1933년부터 1945년 서거할 때까지 네 번이나 대통령에 당선된 위대한 지도자였다. 그는 역사상 가장 어렵던 시절에 스스로 국가의 리더가 되기로 결단한 사람이었고, 그렇게 국민의 선택을 받은 사람이었다. 당시 미국은 19세기 초부터 유래한 경제적 압박으로 가파른 인플레이션을 경험하고 있었다. 1929년 상황은 완전히 나빠져 1933년에 이르러 미국은 국내 총생산이 25퍼센트 이상 감소하고, 산업 생산 능력은 거의 50퍼센트 이상 떨어지는 등 심각한 상황으로 빠져들고 있었다. 실업율은 높아질 대로 높아져 노동 능력이 있는 인구의 25퍼센트가 일자리를 찾지 못하고 있었다. 그렇게 미국 전체가 국가적인 위기에 빠져 있던 1933년, 루스벨트는 대통령에 당선되었다. 루스벨트는 나라와 국민에 대한 사랑이 각별했던 사람이었다. 그는 그의 미국, 그의 국민들이 도탄에 빠져 있는 것을 안타까워했다. 그는 그의 미국이 새롭게 되고, 그의 국민들이 각자 평안한 삶을 살게 되기를 간절히 바랐다. 루스벨트는 그 어느 시대 대통령보다 간절한 마음으로 대통령의 길로 나아갔다.

그는 민주당 대통령 후보직을 수락하는 연설에서 이렇게 말했다. "정부의 정책에서 소외된 국민들은 국가가 가진 부를 분배하는 일에서 새로운 기회와 공정과 질서를 원하고 있습니다. 나는 이제 우리 미국인들을 위한 새로운 뉴딜New Deal, 새로운 분배를 약속합니다. 이것은 대통령이 되기 위한 정치 캠페인이기보다는 전투에 가까운 문제입니다." 루스벨트는 국가 주도로 국민을 살리는 정책 시행이야말로 위기의 대안이라고 믿었다. 그래서 중요한 것은 그의 리더십과 실행능력이었다. 그는 적극적으로 상황에 임했고 그의 행정부가 가진 능력을 난국을 타개하는 일에 집중하도록 했다. 그는 마치 전시戰時와 유사한 방식의 국가 주도 경제 정책을 펼쳤다. 각종 독점을 철폐하고, 은행의 체질을 개선했으며, 산업 구조를 개선한 뒤 국가 주도의 공공사업을 펼쳤다. 루스벨트 정부가 강력한 '뉴딜 정책'을 시행하자 곧 효과가 나타났다. 국민들이 일하고 수입을 얻어 은행에 저축하게 되자 상황은 역전되었다. 1933년이 넘어가기 전 각종 경제 수치들은 희망적으로 돌아서기 시작했다. 루스벨트는 대공황과 2차 대전을 거치며 거의 독재에 가까운 권력을 행사한 대통령이었지만, 미국이라는 나라와 국민을 가장 강력한 나라가 되도록 하는

데 크게 기여한 위대한 리더이기도 했다.

우리는 역사에서 선한 영향력을 끼쳤던 지도자들을 여럿 보게 된다. 잘 아는 것처럼 미국의 16대 대통령 에이브러햄 링컨Abraham Lincoln은 노예문제로 국가가 크게 분열했을 때 북쪽 연합의 리더로 서서 전쟁을 승리로 이끄는 한편 인간을 노예로 삼는 것을 금지하는 수정 헌법을 통과시켜 미국이라는 나라가 민주적으로 그리고 정신적으로 한 발 더 진일보하도록 이끌었다. 마하트마 간디Mahatma Gandhi 역시 선한 영향력을 끼친 정치 지도자였다. 그는 인도가 아직 영국의 식민 통치하에 있을 때 인도 국민들로 하여금 폭력적인 방법이 아닌 비폭력의 방법으로 독립을 쟁취하도록 이끌었다. 그는 스스로 비폭력의 선두 대열에 서서 영국의 폭력적인 진압에 저항했고 결국에 인도가 영국으로부터 독립하게 되는 길을 열었다. 그의 비폭력non-violence이라는 주제는 결국 그의 나라 인도뿐 아니라 전 세계 사람들에게 영향을 끼쳤다. 그래서 매년 10월 2일은 간디를 기념하는 인도의 국경일일 뿐 아니라 전 세계 사람들이 비폭력 운동을 추구하는 기념일이 되었다. 선한 영향력을 끼친 리더들 속에서 우리는 넬슨 만델라Nelson Mandela를 발견할 수 있다. 그는 남아프리카공화국의 아프리카 흑인 인권을 위한 운동가였다. 그는 '아프리카 민족회의'의 지도자로서 반反 아파르트헤이트Apartheid 운동을 주도했다. 덕분에 온갖 탄압을 받으며 오랜 세월 감옥에 갇히기도 했고 노벨평화상을 받기도 했다. 그리고 1994년 남아프리카공화국 최초의 평등선거를 쟁취하고 그 선거에서 그 나라 최초의 흑인 대통령이 되었다. 만델라의 선한 영향력은 그때부터 시작되었다. 그는 대통령 직속으로 진실과 화해위원회를 설치하고 과거사를 청산하는 가운데 그의 나라가 하나가 되게 하는 일에 크게 기여했다. 그의 포용하는 리더십은 남아프리카공화국 내에서 인종차별 피해자와 가해자가 서로 화해하는 가운데 공존할 수 있는 길을 열었다. 그의 진실을 추구하는 가운데 모두를 포용하는 리더십은 나아가 과거사로 인해 고통 받는 세계 여러 나라와 민족 그리고 사회에게 귀한 모델이 되었다. 마지막으로 우리는 이런 선한 영향력의 리더십을 뉴질랜드 총리였던 저신다 아던Jacinda K. L. Ardern에게서도 발견할 수 있다. 그녀는 2017년 뉴질랜드 최연소 여성 총리로 당선 후 곧 맞닥뜨린 인종과 종교 분쟁, 지진 피해 그리고 무엇보다 코로나 대유행의 현실에서 소통과 융화의 정신으로 뉴질랜드를 안정시킨 리더였다. 뉴질랜드 국민들은 수차례에 걸쳐 닥쳐온 위기와 고난의 상황에서 아던 총리가 보여준 리더십을 신뢰하는 가운데 살아갈 수 있는 길이 대립이 아닌 포용에 있음을 다시 깨닫게 되었다. 2019년 3월 15일 뉴질랜드 크라이스트처치에서 발생한 무슬림의 총기 난사 사건을 단호하게 대처하면서 국민들을 향해 이렇게 말했다. "무도한 일을 벌인 그 범인의 이름에 관심을 갖지 맙시다. 그 이름조차 부르지 맙시다. 대신 이번 사건으로 희생된 이들의 이름을 기억하고 부릅시다." 그녀는 분열과 갈등의 위기에 직면한 뉴질랜드를 다시 하나 되는 길로 나아가도록 이끌었다.

제네럴 일렉트릭의 최고 경영자였던 잭 웰치Jack Welch는 이렇게 말했다. "위대한 지도자는 선한 결실을 맺는다. 그래서 조직과 공동체 그리고 사회에 좋은 리더가 되는 가장 강력한 방법은 선한 비전에 관한 자기 능력을 함양하는 것이다." 리더십 전문가인 대니얼 할렌Danielle Harlan은 그녀의 책 『뉴 알파: 리더를 깨우는 리더』*The New Alpha: Join the Rising Movement of Influencers and Changemakers Who are Redefining Leadership*, 비즈페이퍼에서 성취와 성과를 앞세우는 리더십을 넘어서 선한 영향력을 끼치는 리더십에 대해 이야기한다. 할렌은 이 책에서 성공과 성취, 즉 '올드 알파'old alpha를 말하는 리더들은 찾기 쉽지만, 바른 가치 가운데 조직과 공동체가 선한 내일을 지향하고 확장하도록 하는 '뉴 알파'new alpha를 추구하는 리더를 찾기는 어렵다고 말한다. 시대적 소명과 사명을 추구하는 리더 말이다. 우리는 우리 세상에서 건강하여 선한 가운데 긍정적인 영향을 끼치는 사람들을 찾아야 한다. 그들은 당대 세상이 직면한 위기와 고통의 현실을 그들이 품은 선한 리더십의 영향력으로 타개한다. 그들은 동시에 동시대 사람들을 불의와 슬픔, 절망과 고통만을 떠오르게 하는 과거에 머무르지 않게 하고, 밝고 가치 있으며, 의미 있는 미래로 나아가도록 길을 여는 일에 최선을 다한다. 그렇게 그들은 그들이 가진 선한 능력으로 그들의 세계에 긍정적인 영향을 끼치며 그들의 세계와 사람들로 하여금 평안으로 살아갈 길을 얻도록 하는데 최선을 다한다. 긍정적인 영향을 끼치는 사람들은 결국 그들의 세상이 직면하고 있는 위기와 한계를 바른 눈으로 직시하는 사람들이다. 건강한 영향을 끼치는 리더는 동시대 사람들이 한계에 직면해 더 이상 아무것도 하지 못하는 현실에 빠져 있음을 제대로 바라보는 사람들이다. 그들은 결국 사람들이 한계를 뚫고 넘어서 보다 나은 미래와 세상으로 나아가도록 길을 열어준다. 우리는 이런 리더들 덕분에 우리의 행복을 추구할만한 새로운 시대를 맞이할 수 있게 되고, 우리 각자가 원하는 대로 자기 비전과 꿈을 실현할 길을 찾을 수 있게 된다.

성경의 요시야 왕은 바로 이런 선한 영향력을 가진 리더였다. 그는 다윗의 길을 잘 아는 왕이었다.대하 34:2 요시야는 그보다 앞서 다윗의 길을 걸었던 여호사밧과 히스기야의 이야기를 잘 아는 왕이기도 했다. 그보다 앞서 유다를 다스렸던 여호사밧은 비록 아합의 집안과 혼인관계를 맺는 등의 폐단을 만들기도 했으나 매사에 하나님의 뜻을 살폈고 하나님의 선한 인도하심이 그의 통치 가운데 실현되기를 위해 늘 애썼다.왕상 22:43 그는 어떤 일을 할 때마다 하나님과 하나님의 백성에게 평안한 길을 택했다. 그래서 북이스라엘의 아합이나 그 아들 아하시야 혹은 여호람이 그에게 길르앗과 모압을 평정하는 일을 제안했을 때에도 별다른 사심 없이 그 일 도왔다. 그는 북이스라엘의 왕들이 나쁜 마음으로 이용해도 그들을 탓하지 않았다. 그렇게 하는 것이 하나님께서 허락하신 옛 고토를 회복하고 그 땅에 사는 이스라엘 백성에게 평안이 되리라 믿었기 때문이었다. 여호사밧은 한 마디로 선한 마음을 품은 왕이었다. 이런 선한 모습은 히스기야에게서도 나타났다. 히스기야는 그가 회복하고 개혁하려는 일이 그의 통치 영역인 남유다를 넘어 북이스라엘의 나라 잃은 형제들에게도 좋은 영향이 되도록 애썼다. 그래서 그는 유월절 축제를 회복했을 때 북쪽 옛 북이스라엘의 영토에서 살아가는 형제들에게도 초청장을 보내고 그들이 회복된 이스라엘의 절기에 함께 하기를 바랐다.대하 30:5-9 히스기야는 통치 내내 늘 선한 마음과 선한 영향력으로 온 이스라엘 백성을 대했다.

요시야는 여호사밧과 히스기야의 선한 마음의 DNA를 이어받은 왕이었다. 요시야 역시 그가 다스리던 시절 내내 하나님의 선한 인도하심과 그의 선한 마음을 다하는 통치 의지가 그의 백성과 온 이스라엘 백성, 심지어 이웃나라들에게도 전해지기를 바랐다. 그는 다윗처럼 하나님 앞에서 기쁨과 감격을 즐길 줄 아는 왕이었고, 역시 다윗처럼 자신과 이스라엘의 온전하지 못한 모습을 바라보며 애통해하고 슬퍼할 줄 아는 왕이었으며, 하나님의 공의와 정의를 위한 일이라면 불속이라도 들어가 그것들을 바로 고칠 의지를 품을 줄 아는 왕이었다. 요시야는 한 마디로 하나님의 은혜와 공의 앞에 어린아이처럼 맑고 투명한 왕이었다. 그는 왕으로 서 있던 내내 그 마음을 잃지 않고 그 마음이 그와 함께 하는 사람들과 늘 함께 하기를 바랐던 신실한 리더였다.

하나님의 선한 왕 요시야

주전 685년 경 개혁 군주 히스기야가 죽고 난 뒤 안타깝게도 유다는 희대의 악한 왕 므낫세Manasseh의 통치 시대를 맞이하게 된다. 므낫세는 아버지 히스기야의 길을 따르지 않았다. 그는 "여호와 보시기에 악을 행하여 여호와께서 이스라엘 자손 앞에서 쫓아내신 이방 사람의 가증한 일을 따라서 그의 아버지 히스기야가 헐어 버린 산당들을 다시 세우며 이스라엘의 왕 아합의 행위를 따라 바알을 위하여 제단을 쌓으며 아세라 목상을 만들며 하늘의 일월 성신을 경배하여 섬기며 여호와께서 전에 이르시기를 내가 내 이름을 예루살렘에 두리라 하신 여호와의 성전에 제단들을 쌓고 또 여호와의 성전 두 마당에 하늘의 일월 성신을 위하여 제단들을 쌓고 또 자기의 아들을 불 가운데로 지나게 하며 점치며 사술을 행하며 신접한 자와 박수를 신임하여 여호와께서 보시기에 악을 많이 행하여 그 진노를 일으켰으며 또 자기가 만든 아로새긴 아세라 목상을 성전에" 세웠다.왕하 21:3-7 므낫세는 남유다의 열왕들 가운데 가장 불의한 왕으로 꼽힌다. 그는 히스기야의 개혁을 원점으로 되돌렸고 아합의 가문이 가져온 온갖 악행을 되살렸으며 아세라 같은 가나안의 신들 뿐 아니라 아하스 왕 때 유입된 메소포타미아의 신들을 다시 끌어들이는 죄를 범했다. 그는 아하스처럼 자기 아들을 힌놈의 아들 골짜기에 차린 불 제단, '도벳'Topheth에 산채로 제물로 드리는 극악한 죄악도 서슴지 않았다. 므낫세는 무엇보다 자기 백성과 이스라엘 백성들 가운데 무죄한 자들을 탄압하고 압제하여 무고한 피를 흘리게 한 죄가 많았다.왕하 21:16 유대인들의 전통에 의하면 그의 시대에 존경받는 선지자 이사야는 광야로 끌려 나가 나무에 달린 뒤 톱으로 허리가 잘리는 방식으로 처형되었다고 한다. 왕이 이런 수준이 되자 그 백성들 역시 하나님 앞에서 불의를 저지르고 온갖 악행을 벌이게 되었다.왕하 21:9 역대기서에 의하면 므낫세는 오만함 때문에 한동안 앗수르에 끌려가 고초를 겪는다. 그렇게 우여곡절 끝에 다시 유다로 돌아온 므낫세는 하나님 앞에 겸손하게 되어서 스스로 회개하고 유다 땅 가운데 우상과 가증한 것들을 일소하는 정책을 펼치기도 했다.대하 33:10-17 그러나 므낫세의 정도를 걷는 세월은 오래가지 못했다. 그는 곧 죽었고 그의 불의한 아들 아몬Amon이 왕위를 잇게 된 것이다. 아몬은 아버지 므낫세의 젊은 시절과 같이 하나님 보시기에 악을 행하는 왕이었으며 유다 백성들을 불의한 길로 이끈 왕이었다. 아몬은 "그의 조상들의 하나님 여호와를 버리고 그 길로 행하지 않았다.왕하 21:20-22

두 대에 걸친 왕들의 불의와 악행은 결국 그들의 신하들에 의해 멈추게 된다. 예루살렘 왕궁의 신하들은 그들의 왕들이 벌이는 온갖 불의한 행동들을 더 이상 묵과할 수 없었다. 그들은 결국 반란을 일으켜 아몬 왕을 죽였다.왕하 21:23 그런데 반란을 일으킨 사람들은 북이스라엘의 예후나 여러 반정을 일으킨 왕들과 같은 길을 갈 수 없었다. 남유다는 유다지파와 다윗 가문의 나라였다. 백성들은 아몬을 죽인 사람들을 오히려 죽이고 나라를 다시 다윗 가문의 계보로 되돌려 놓았다.왕하 21:24 요시야 왕은 그렇게 남유다 왕의 새로운 왕이 된다. 그의 나이가 여덟 살일 때였다.왕하 22:1 왕을 둘러싼 모든 사람들은 이 어린 왕이 선대의 므낫세와 아몬의 길을 가지 않게 되기를 바랐다. 오히려 다윗와 여호사밧과 그리고 히스기야의 길을 가게 되기를 바랐다. 과연 요시야는 달랐다. 그는 "여호와 보시기에 정직하게 행하여 그의 조상 다윗의 모든 길로 행하고 좌우로 치우치지" 않았다.왕하 22:2

요시야는 왕이 되고 약 8년 여 동안 특별한 일을 하지 않았다. 너무 어린 것도 문제였겠지만, 무언가 조치를 취하기에는 아직 그를 따르는 사람들이 충분하지 않았다. 어린 요시야 주변에는 아직 선대 왕들을 받들던 신하들이 많았다. 히스기야의 개혁적인 조치들이 아무리 대단한 것이었다 해도 그 아들 므낫세의 통치 기간은 너무 길었다. 므낫세는 무려 55년 동안 남유다를 그의 무도함으로 다스렸다.왕하 21:1 55년이면 히스기야 시절 의로웠던 사람들이 물러나고 숙청되고 므낫세의 불의함을 즐기는 신하들과 거짓 선지자들로 왕궁 곳곳이 채워지기에 충분한 시간이었다. 요시야가 왕이 되고 처음 얼마동안 예루살렘 왕궁은 므낫세 시절을 그리워하던 사람들이 자리를 차지하고 앉아 곳곳을 통제하고 있었을 것이다. 요시야와 측근들은 이런 사실을 잘 알았다. 요시야가 다윗과 히스기야의 혈통을 잇는 왕이라 해도, 그의 아버지 아몬이 비명횡사했다는 사실은 중요했다. 요시야 역시 언제 어떻게 암살되거나 왕위에서 쫓겨날지 모르는 상황이었다. 아직 어린 요시야를 비롯한 후일 개혁의 주축이 되는 세력들도 이런 상황을 잘 알았다. 그래서 그들은 한동안 침묵했다. 그들은 모두 요시야가 어느 정도 성장해서 스스로의 힘과 지혜로 국정을 운영하게 되기를 바랐다. 그렇게 세월이 흘렀고 어느덧 요시야는 열여섯 살이 되었다.

열여섯 살이 되자 요시야 왕은 이제 스스로의 힘으로 무언가 일을 해야겠다고 생각했다. 그렇다고 왕의 권세를 앞세워 전격적으로 일을 벌일 상황은 아니었다. 그는 슬그머니 그러나 주도면밀하게 일들이 진행되기를 바랐다. 요시야 왕은 예루살렘 여기저기 상황을 살폈다. 그리고 왕으로서 무언가 조치를 내리고 일을 추진하려 할 때 그 모든 것이 잘 진행되도록 하는 방식이 무엇일지 궁리했다. 그즈음의 일이었다. 요시야 왕은 최근 예루살렘 성전을 찾는 백성이 많아지고 성전세를 납부하는 경우도 많아져 성전에 제법 넉넉한 헌금이 모였으리라는 말을 듣게 된다. 그는 자기 측근 가운데 왕실의 기록을 담당한 서기관 사반Shaphan을 보내 백성들 사이에서 거두어들인 헌금을 제사장들이 성전을 재건하는

데 사용할 수 있도록 조치하라고 명령한다.왕하 22:3-6 그런데 이 때 요시야 왕은 백성들이 헌납해 계수한 은銀을 성전 사람들에게 그대로 전해주고 그들이 그것을 어떻게 쓰는지를 따져보지는 말도록 조치했다.왕하 22:7 왕궁으로서는 성전으로 들어간 백성의 헌금을 성전의 제사장들이 어떻게 사용하든 그들을 신뢰한다는 표시를 한 것이다. 성전을 수리하고 중건하는 일에 왕이 직접 나서지 않는다는 것을 주변에 알리는 동시에, 자신의 신뢰하는 마음을 힐기야 대제사장에게 보낸 것이다. 사반은 성전의 대제사장 힐기야Hilkiah에게 가서 왕이 명령한 것을 전한다. 대제사장 힐기야는 왕의 서기관이 전한 말들을 가만히 들었다. 그리고 왕의 명령대로 성전 헌금으로 성전을 중수하는 일을 시작했다. 그렇게 성전을 수리하는 일이 한참 진행되고 있던 어느 날, 대제사장 힐기야는 수리하는 일의 진행 상황을 살피러 성전에 온 사반에게 모세의 율법이 적힌 두루마리 하나를 전해 주었다. 힐기야는 사반에게 이렇게 말했다. "내가 여호와의 성전 (헌금궤)에서 율법책을 발견하였노라."왕하 22:8, 대하 34:15

서기관 사반은 그 율법책을 받아들고 요시야 왕에게로 돌아가 왕에게 대제사장 힐기야가 전해달라 했다고 말하며 그것을 왕에게 올렸다. 요시야 왕은 헌금궤 안에서 나왔다는 오래되어 보이는 율법책을 받아들고 한참을 보다가 사반에게 다시 주어 그것을 읽도록 했다.왕하 22:10 그런데 그 순간 요시야는 놀라운 태도를 취한다. 사반이 그 율법책을 천천히 읽어 내려갈 때 마음에 큰 감동을 받아 스스로 괴로워하며 옷을 찢고 눈물을 흘리며 회개하기 시작한 것이다.왕하 22:11 고대로부터 옷을 찢는다는 것은 괴로워하며 자기 잘못을 인정하고 돌이키고자 하는 뜻을 공공연하게 내보이는 것이었다. 요시야가 지금 그 태도를 취하고 있는 것이다. 왕은 곧 대제사장 힐기야와 사반과 사반의 아들 아히감과 미가야의 아들 악볼과 시종 아사야에게 명령을 내려 온 백성에게 왕의 마음을 알리라고 명령했다. 왕이 백성에게 전하고자 하는 마음은 이러했다. "우리 조상들이 이 책의 말씀을 듣지 아니하며 이 책에 우리를 위하여 기록된 모든 것을 행하지 아니하였으므로 여호와께서 우리에게 내리신 진노가 크도다."^{왕하 22:13} 요시야는 왕으로 올라선 지 8년 만에 처음 백성에게 자기 뜻을 내비쳤다. 그는 자기 의도와 계획이 아니라 하나님의 뜻으로 발견되고 읽혀진 모세의 율법에는 분명 하나님의 귀한 뜻이 있으리라고 생각했고 그것을 백성에게 물었다. 그는 무엇보다 하나님 앞에서 범죄한 죄가 크다는 것, 그 죄에 대한 심판을 피할 길이 없다는 것에 방점을 찍었다. 무언가 조치가 필요했다. 그는 예루살렘 백성들이 자기의 이 비통한 마음, 회복과 부흥을 바라는 마음에 함께해 주기를 바랐다. 므낫세와 아몬 시절 왕들과 더불어 불의한 길을 도모하던 이들은 갑작스런 해프닝에 모두 입을 다물 수밖에 없었다.

백성들에게 자기 뜻을 드러낸 요시야 왕은 이 모든 것에 더 깊은 의미와 뜻이 있으리라는 것을 생각했다. 그는 힐기야와 아히감과 악볼과 사반과 아사야를 신실하고 사려 깊은 여선지자 훌다Huldah에게 보냈다. 훌다는 왕의 예복을 주관하는 신하, 즉 국가의 모든 의식을 담당하는 신하 살룸의 아내였는데 살룸과 훌다는 모두 '예루살렘 둘째 구역'에서 살고 있었다. 당시 '예루살렘 둘째 구역'은 온통 북이스라엘에서 내려온 유민들의 후손들이 살고 있었다. 그들은 북이스라엘이 앗수르에게 정복되어 패망한 뒤 내려온 사람들이었다. 북이스라엘 일대가 온갖 이방인들로 채워지고 그들과의 혼합 정책으로 거룩함을 잃고 더렵혀진 상황을 버티지 못해 신앙의 순수함을 위해 예루살렘에 망명을 신청한 사람들이었다. 그들은 이후 히스기야의 개혁적인 종교정책과 반앗수르 정책에 동의하고 그 정책에 큰 힘을 실어주었던 사람들이었다. 지금 요시야는 증조할아버지 대로부터 신앙의 순수함을 지키며 예루살렘의 본질적 개혁을 위해 애써온 사람들에게 자신의 회개와 돌이킴이 합당한 것인지 물었다. 둘째 구역을 대표하는 입장에서 훌다는 요시야의 질문에 이렇게 대답했다. "이스라엘 하나님 여호와의 말씀이 너희는 너희를 내게 보낸 사람에게 말하기를 여호와의 말씀이 내가 이 곳과 그 주민에게 재앙을 내리되 곧 유다 왕이 읽은 책의 모든 말대로 하리니 이는 이 백성이 나를 버리고 다른 신에게 분향하며 그들의 손의 모든 행위로 나를 격노하게 하였음이라 그러므로 내가 이 곳을 향하여 내린 진노가 꺼지지 아니하리라 하라 하셨느니라"왕하 22:16-17 훌다의 첫 번째 말은 다소간 실망스럽고 두려운 것이었다. 사실 요시야는 지금 하나님의 진노를 피할 길을 찾고 있는 것이다. 그래서 훌다와 둘째 구역의 신실한 백성들은 요시야에게 이렇게 하나님 위로의 말도 전한다. "너희를 보내 여호와께 묻게 한 유다 왕에게는 너희가 이렇게 말하라 이스라엘의 하나님 여호와가 이같이 말씀하셨느니라 네가 들은 말들에 대하여는 내가 이 곳과 그 주민에게 대하여 빈 터가 되고 저주가 되리라 한 말을 네가 듣고 마음이 부드러워져서 여호와 앞 곧 내 앞에서 겸비하여 옷을 찢고 통곡하였으므로 나도 네 말을 들었노라 여호와가 말하였느니라 그러므로 보라 내가 너로 너의 조상들에게 돌아가서 평안히 묘실로 들어가게 하리니 내가 이곳에 내리는 모든 재앙을 네 눈이 보지 못하리라 하셨느니라.”왕하 22:18~20

훌다의 이야기를 들은 요시야는 마음이 아팠다. 훌다를 비롯한 둘째 구역 사람들의 계시적 조언은 요시야에게 한편으로 목구멍에 남겨진 가시와 같은 찜찜함을 주기도 했지만, 다른 한편으로 그의 개혁적 통치를 시작할 수 있는 힘도 되어 주었다. 요시야는 그 모든 한계를 품고서라도 그가 할 수 있는 개혁과 부흥의 조치에 최선을 다하자고 마음먹었다. 요시야는 당장 예루살렘과 유다의 모든 지도자들을 예루살렘 성전 한 자리에 모이게 했다. 그는 거기 예루살렘 거민과 지도자들 앞에서 힐기야가 발견하고 그가 읽었던 모세의 율법책을 들어보게 했다. 요시야는 그때 지도자들과 백성들 앞에서 신명기의 가르침대로 이렇게 외쳤다. “마음을 다하고 뜻을 다하여 여호와께 순종하고 그의 계명과 법도와 율례를 지켜 이 책에 기록된 이 언약의 말씀을 이루게 하리라.”왕하 23:3, 신 6:5 그리고 그의 나라 유다와 그 땅, 그리고 그의 백성을 향한 새로운 개혁적 조치들을 취하기 시작했다.

일단 성전은 그와 사반 그리고 힐기야 등 제사장들에 의해 새롭게 중수되고 있었다. 하나님을 예배하고 하나님의 뜻대로 순종하며 살아가는 삶은 이제 예루살렘 성전과 새롭게 발견된 모세의 율법서를 중심으로 세워져 갈 것이었다. 이제 그 다음으로 필요한 조치는 그의 나라와 그의 백성들 사이에서 온갖 우상숭배의 가증한 것들을 제거하는 것이었다.왕하 23:4~20 요시야 시대에 이르러서 우상 숭배는 크게 네 가지 모양새를 띠고 있었다. 첫 번째는 아합 시대에 도래한 이래로 여전히 맹위를 떨치고 있는 바알과 아세라 신 숭배였다. 바알 신 숭배는 북이스라엘에서만 벌어진 것이 아니었다. 남유다에서도 크게 유행했다. 특히 바알 신 숭배는 별도의 신전과 제단을 만들어 거기서 이루어지는 경우가 많았다. 요시야는 아합 시대로부터 이어져 히스기야 시대에 근절되다가 므낫세와 아몬 시절에 유행하게 된 바알 신 숭배를 다시 철폐하고 바알 신전과 그 신상을 그가 다스리는 땅에서 없애버렸다. 그 신전의 제사장들과 관리인들도 모두 척결한 것은 당연했다. 그런데 아세라 신 숭배를 없애는 일은 바알 신전을 없애는 것보다 훨씬 어려웠다. 아세라 신은 목상으로 만들어져 유다와 이스라엘 백성들의 삶의 자리 곳곳에 세워져 있었다. 이스라엘 백성은 오며가며 쉽게 절하고 기도할 수 있는 아세라 상을 즐겼다. 요시야는 철두철미한 개혁정신으로 국가 곳곳에 세워 둔 아세라 목상을 모두 제거하고 불태워 재로 만들고 빻아 평민들의 묘지 위에 뿌려버렸다.

그 다음 요시야가 없애버린 우상들은 하늘의 일월성신日月星辰을 섬기는 의식들이었다. 요시야 시대에 이런 의식들은 모두 앗수르와 바벨론 등에서 들어온 것들이었다. 요시야 시절 하늘의 해와 달과 별과 모든 천체를 섬기는 행위는 주로 민가의 가정집 부인들 사이에서 유행했다. 그들은 밤이 되면 은밀하게 옥상으로 올라가 거기서 하늘을 바라보며 기도하고 제사를 드리곤 했다. 경우가 이러하니 일월성신을 숭배하는 의식을 근절하는 일은 생각보다 어려웠다. 일반 가정의 여인들이 그런 의식을 치르고 있다는 정보를 얻기도 어려웠거니와 그들의 의식을 돕는

요시야: 요시야는 바른 마음으로 위기의 남유다와 이스라엘 백성을 하나님께로 되돌린 왕이었다. 그는 누구보다 먼저 돌이켜 회개했으며 신실하게 자기 백성을 바른 길로 인도했고, 자신이 믿고 확신하는 바를 위해 죽기를 두려워하지 않았다. 그림은 율리우스 슈노르 폰 카롤스펠트Julius Schnorr von Carolsfeld의 성경 시리즈 가운데 '요시야가 율법의 말씀을 듣다'이다.

이들이 비밀스럽게 다녔기 때문에 더더군다나 그런 종교의식을 철폐하는 일은 힘이 들었다. 이와 비슷하게 자연만물을 숭배하는 의식이 애굽에서 들어오기도 했는데 그들은 벌레를 숭배했으며 매우 비밀스러운 종교조직으로 유다와 예루살렘의 지하에 스며있었다. 애굽의 벌레를 숭배하는 의식은 요시야 이후 여호야김을 비롯한 유다의 마지막 왕들 시대에 예루살렘 성전의 비밀스러운 방에서 이루어지기도 했다.겔 8:7~12 어쨌든 요시야는 민간에 만연한 주변 나라들의 비밀스러운 우상 숭배도 모두 색출해 파괴하고 그 의식을 조장하거나 실천하는 이들을 모두 척결했다.

　세 번째로 요시야가 파괴한 것은 솔로몬 시대로부터 유래한 주변 나라의 온갖 잡신들이었다. 솔로몬은 온갖 나라들의 여인들과 결혼해 주변 나라들을 자기에게 복속시키곤 했는데 그와 결혼한 여인들은 예루살렘으로 와서 살면서 자기들 신을 숭배하는 일을 계속했다. 솔로몬은 이방여인들을 예루살렘 성 안에 살지 못하게 하고 예루살렘 동편 지금 감람산 아래에 여러 작은 궁을 지어 살게 했다. 여인들의 우상 숭배는 주로 그곳에서 이루어진 것이다. 그런데 흥미롭게도 그 여인들이 숭배하는 우상은 유다의 역사 여러 시대에 걸쳐 예루살렘으로 흘러 들어갔다. 대표적인 것이 모압 등이 숭배하던 밀곰Milcom 혹은 몰록Moloch 신을 숭배하는 의식이었는데, 특히 몰록 신을 숭배하는 의식은 예루살렘 남서쪽 힌놈의 아들 골짜기 불 제단 '도벳'에서 주로 이루어졌다. 이스라엘 백성은 이곳에서 심지어 자기 아이들을 제물로 바치는 끔찍한 일들을 벌이기도 했다. 아하스와 므낫세 왕이 그랬다. 그들은 스스로 몰록 우상을 숭배하는 예식에 참여했는데 그때 자기들의 아들 하나를 제물로 바치기도 했다.왕하 16:3, 21:6 요시야는 여러 가지 개혁적인 조치들을 취하면서 멸망의 산에 잔존하던 우상들을 모두 파괴하고 힌놈의 아들 골짜기에 있던 도벳을 완전히 파괴해 버렸다.

　마지막으로 요시야는 히스기야 시절에 근절되었다가 므낫세와 아몬 시절 다시 부활한 산당들을 파괴했다. 산당은 남유다 역사에서 꾸준히 반反 예루살렘 성전 신앙의 근거였다. 대부분의 지방에 산당은 그 지방 도시와 고을들 주변 높은 지역에 위치하는 경우가 많았다. 그런데 어떤 지방의 경우 산당은 각 고을과 도시의 성문 옆에 버젓이 세워져 있는 경우도 많았다. 대부분 아세라 목상과 함께였다. 앞에서도 이야기한 바와 같이 사사시대로부터 왕정 시대 내내 유다와 이스라엘의 왕들은 이 산당들을 근절하는 일에 실패해 왔다. 히스기야 왕이 산당 철폐에 어느 정도 성공을 거두기는 했지만, 므낫세와 아몬의 장려 가운데 산당은 다시 부활했다. 예루살렘까지 가서 제사와 예배를 드리는 것보다 자기 집 인근의 산당을 이용하는 것이 훨씬 편리했기 때문이었다. 문제는 각 지파별 지방에 산재해 있는 레위인들과 제사장들이었다. 다윗과 솔로몬 시절 정리된 바에 의하면 레위인들과 제사장들은 각 지방의 자기들 성읍에 거주하며 백성들을 종교적으로 계도하는 일에 매진하다가 정해진 순번이 되면 예루살렘으로 올라와 대제사장을 도와 성전을 관리하고 제사 업무를 담당하도록 되어 있었다. 그런데 그들 가운데 상당수는 예루살렘에서 자기들 업무를 담당하는 때가 아닌 시간에 자기들 지방 곳곳에 세워진 산당에서 제사하는 일을 계속했다. 어떤 제사장들은 예루살렘 성전은 잊은 채 각자 자기 지방의 산당에서 주상을 두고 그것을 여호와의 전이라 여기며 제사장 일들을 계속하는 경우도 있었다.왕하 23:9 요시야는 이런 산당을 온전히 제거했다. 그리고 유다의 온 백성들을 예루살렘 성전을 중심으로 하는 신앙으로 돌아오도록 했다.

흥미로운 것은 그의 산당 제거가 단지 예루살렘 인근과 그의 통치 영역인 남유다에 국한되지 않았다는 것이다. 요시야는 히스기야보다 더 넓은 마음, 더 신실한 마음으로 북이스라엘 옛 영토들에서 산당을 제거하고 여호와 하나님 신앙을 회복했다. 그는 특히 오래전 여로보암이 세

위두고 북이스라엘이 멸망한 후에도 존속한 벧엘과 단의 산당 및 제단을 파괴하고 그곳 사람들을 예루살렘 중심 신앙으로 되돌리는 일에 최선을 다했다.왕하 23:15-16 벧엘과 단의 산당 제거는 각별한 의미를 가진다. 그것은 요시야의 시절에 북이스라엘 영토가 거룩한 하나님의 백성의 땅으로 회복되었음을 의미한다. 요시야는 그의 통치기에 북이스라엘의 열 지파의 옛 영토가 다시 여호와 하나님을 섬기는 땅이 되도록 하는 일에 성공했다.

성전을 새롭게 하는 일과 온 이스라엘 땅에서 우상과 가증한 것들을 일소하는 일을 마친 요시야는 이제 히스기야가 그랬던 것처럼 온 백성과 함께 온전한 유월절을 보낸다.왕하 23:21-23, 대하 35:1-19 그는 유월절을 위해 예루살렘에 모인 온 이스라엘 백성을 하나님의 법궤가 모셔진 성전 앞에 바르게 서게 하고 다윗과 솔로몬의 지혜로운 가르침 가운데 살도록 교훈했다. 요시야의 개혁은 분명한 방향을 가지고 있었다. 그는 자기 백성이 여러 잡신들 가운데서 혼탁한 삶을 살지 않기를 바랐다. 주변 나라와 민족이 섬기는 여러 잡신들을 섬기는 일은 아합이나 므낫세가 그랬던 것처럼 자기 자신의 편리와 유익만을 추구하게 만든다. 그리고 그것은 하나님께서 원치 않는 일이다. 하나님의 백성은 하나님께서 가르치시고 이끄시는 대로 모세의 교훈 가운데 바르게 서서 하나님을 온전히 예배하며 섬기는 일에 신실해야 한다. 그리고 그 신실함으로 세상 모든 이방인들을 하나님 은혜 가운데로 인도하는 일에 성실해야 한다. 이스라엘은 불의와 악을 전파하는 사람들이 아니라 하나님의 공의와 평화를 전하는 사람들이어야 한다. 요시야는 지금 그의 시대에 벌어진 모든 치밀한 종교개혁 가운데 그 비전을 자기 백성들에게 가르치고 일깨우고 있는 것이었다.

공의로 바르게 서고자 하는 그의 꿋꿋한 마음은 국가 개혁이 어느 정도 성공한 후에 국제 질서가 재편되는 현실에서 여실히 드러났다. 그는 앗수르가 약해지고 바벨론이 새롭게 일어서는 것을 보았다. 그는 그것이 하나님께서 하시는 일이라고 여겼다. 그런데 그 와중에 애굽이 앗수르를 도와야 한다는 것을 빌미로 유다가 있는 가나안과 레반트 일대로 진출하려는 시도를 보았다. 하나님을 섬기는 사람으로서 요시야는 그것이 옳지 않은 일이라고 여겼다. 그는 당장 군대를 이끌고 애굽 군대가 나아가는 길을 막아섰다. 그리고 그들과 더불어 치열하게 싸웠다. 안타깝게도 요시야 왕은 거기서 전사하고 말았다.왕하 23:29 하나님께서 훌다를 통해 말씀하신 것, 즉 요시야의 시대에는 평안하리라는 말씀이 그렇게 끝이 나고 말았다. 하나님께서는 당신의 백성들이 바벨론 가운데서 훈련되어 정금처럼 나아져 당신에게로 다시 돌아오기를 원하셨다. 요시야가 이룬 개혁은 그렇게 그의 전사로 끝이 나고 만 것이다. 그러나 그의 선한 의지와 마음, 그리고 신실한 개혁의 실행은 가치가 있었다. 그는 그의 나라와 백성이 하나님 앞에서 온전하게 되는 일, 그래서 하나님의 백성으로서 부름받은 사명에 온전히 서게 되기를 바랐다. 그리고 그 비전을 실행하기 위해 최선을 다했다. 그는 비록 한계 가운데라도 그의 선한 마음과 의지를 실현하기 위해 마지막까지 최선을 다한 왕으로 우리에게 남는다.

선한 의지로 나라를 다스리다

요시야의 시대에 남유다는 잠깐이나마 안정기를 누렸다. 그가 다스리던 시절, 앗수르는 심각하게 무너지고 있었다. 메소포타미아 두 강 하류에 있던 바벨론은 갈대아인들이 정권을 차지하고서 호시탐탐 앗수르의 니느웨를 노리고 있었다. 그러나 아직 바벨론의 시대가 도래한 것은 아니었다. 제아무리 약해졌다한들 앗수르는 역시 사자의 나라였다. 그렇지만 아직 버틸 힘이 있다는 것일 뿐 앗수르로서는 주변 나라들을 어찌할 힘은 없었다. 요시야는 그렇게 국제적인 패권이 공백이던 시절, 왕이 되었고 그의 치세를 열었다. 그의 개혁이 성공적일 수 있었던 한 가지 이유였다. 하지만 우리는 요시야의 멋진 통치 이유를 국제적인 질서의 전환 요인 하나로 분석해서는 안 된다. 그 시대 남유다는 요시야라는 훌륭한 인물을 왕으로 세웠다. 요시야라는 인물의 지혜롭고 강력한 통치 가운데 남유다는 그나마 안정적인 시간을 보낼 수 있었다. 그의 선한 의지와 역량과 신실한 노력이 잠시라도 유다의 평안을 이룩한 것이다.

첫째, 요시야는 다윗의 길, 그 선한 비전을 그가 다스리는 나라와 땅과 백성 가운데 실현하고자 하는 마음을 굳게 먹고 있었다. 그는 할아버지 므낫세와 아버지 아몬의 영향 보다는 증조할아버지인 히스기야와 그 선대 여러 왕들 특히 다윗의 길을 따르는 것이 중요하다는 것을 잘 알았다. 다른 나라도 아닌 유다와 이스라엘 백성을 다스리는 일에서 다윗의 왕도를 중요하게 여기고 그 길을 따르는 것이야 말로 무엇보다 중요한 왕도의 덕목이요 자질이었다. 아시아 여러 나라들의 패도정치에 '공맹의

덕'公孟之德이 있는 것과 마찬가지로 이스라엘 왕들에게는 '다윗의 길'이라는 정도가 있었다. 남유다든 북이스라엘이든 이스라엘 백성을 다스리고 가나안을 통치 영역으로 삼은 다윗의 후계자들은 누구나 그 길을 중심으로 삼아야 한다. 당연히 그들에게는 바른 왕도로서 다윗의 길을 배우고 익혀야 하는 중요한 학습 과제들이 있었다. 요시야는 그 다윗의 길을 배우고 익히는 일에 충실했다. 역대기서의 이 한 표현은 그가 다윗의 길을 얼마나 중요하게 여겼는지를 잘 보여주는 한 대목이다. "너희는 이스라엘 왕 다윗의 글과 다윗의 아들 솔로몬의 글을 준행하여 너희 족속대로 반열을 따라 스스로 준비하라."대하 35:4 요시야는 백성들에게 다윗과 솔로몬의 교훈 가운데 설 것을 말하기 전에 그 스스로 선대 왕들의 글들, 즉 잠언의 글들을 공부하는 일에 성실했음이 분명하다. 그는 자신이 본받아야 할 다윗의 길의 실체에 보다 가까이 이르렀다. 그리고 그것을 자기 내면화하는 일에, 나아가 자기 백성들에게 일깨우는 일에 충실했다.

둘째, 요시야는 모세의 율법이 가진 민족적 비전을 바르게 품고 그 기준을 따라 나라를 온전하게, 그 백성의 삶을 바르게 세우는 일에 최선을 다했다. 이스라엘 왕들에게 중요한 것이 다윗의 길이라면 이스라엘 백성에게 중요한 것은 '모세의 길'이었다. 요시야는 의도적이든 우연이든 성전에서 모세의 율법책을 발견한 것을 기회로 스스로 율법의 길에 충실하기로 한다. 그뿐이 아니었다. 그는 그것을 자기와 함께 하는 여러 신하들, 즉 힐기야와 사반 등의 여러 정치적인 동반자들과 공유했다. 모세의 길에 함께한 것은 왕궁과 성전의 동반자들뿐이 아니었다. 요시야는 의도적으로라도 발견된 모세의 율법책을 예루살렘 둘째 구역에 사는 신실한 신앙인들 즉, 살룸과 훌다 등과 공유했다. 나아가 그는 모세의 율법책이 전하는 가르침을 그의 온 백성 및 지도자들과 공유하도록 했다. 그래서 모세의 길이 몇몇 개혁을 추진하는 사람들만의 것이 아니라 그를 따르는 백성들 나아가 그와 함께하는 온 이스라엘 백성의 것이 되도록 했다. 그는 그의 나라가 몇 가지 근시안적인 개혁책으로 새롭게 되리라 생각하지 않았다. 그는 그의 나라가 백성들 근본으로부터 모세의 길에 충실하게 되기를 바랐다. 요시야의 모세의 길을 향한 성실한 자세는 실제로 그의 시대를 넘어서 유다의 위기의 시대에 빛을 발했다. 그의 개혁에 동의하고 함께했던 힐기야와 사반의 자손들은 하나같이 남유다 위기의 시대에 선지자 예레미야와 더불어 바른 길을 이야기하는 사람들이 되었다. 그들은 온 이스라엘이 정도를 벗어나 불온한 길로 접어 들어갈 때 하나님께서 말씀하시는 바른 길의 의미를 찾고 그 길을 향해 신실하게 걸어갔다. 덕분에 이스라엘 백성은 바벨론과의 전쟁기와 포로기를 참된 신앙 안에서 이겨나가게 되었고 그를 통해 신실한 하나님의 사람들이 다시 크게 일어나는 기회가 열리게 되었다. 이 모든 것은 모세의 길을 향한 요시야 왕의 신실한 자기 개혁으로 가능한 것이었다.

셋째, 요시야는 그의 나라를 온전하게 개혁하는 일을 신실하게 끝까지 이끌었다. 요시야는 다윗의 길과 모세의 길 위에 굳건하게 서서 그의 나라를 하나님 보시기에 온전한 나라, 백성들이 참된 진리 가운데 굳건하게 서는 나라, 그렇게 진정한 평안, 샬롬이 세워지는 나라로 만들기 위해 최선을 다했다. 히스기야 시대도 그랬지만 그의 개혁 역시 지난한 것이었다. 그의 개혁은 나라를 어지르는 일은 쉽지만 다시 세우는 일은 어렵다는 말이 옳다는 것을 증명하듯, 힘들게 이루어졌다. 그러나 그는 그 모든 난관에도 굴하지 않았다. 그는 온전한 개혁을 위해 그와 동조하는 무리들을 끌어들이는 일에 신중했다. 그리고 가능한 그의 나라를 구성하는 모든 이들이 그의 개혁에 동참하도록 하는 일에 힘을 썼다. 덕분에 그의 개혁은 처음 성전 사람들을 시작으로 왕궁 사람들과 예루살렘 둘째 구역 사람들에 이어 전 유다와 심지어 옛 북이스라엘의 고토에 있는 사람들도 함께하는 개혁, 모두가 함께하는 개혁이 되었다. 무엇보다 그의 개혁은 신실하게 끝까지 최선을 다하는 개혁이 되었다. 그의 개혁은 성전을 새롭게 정화하는 일로부터 백성들을 교화하는 일, 나아가 예루살렘과 유다 일대에서 온갖 종류의 우상들과 가증한 것들을 일소하는 일 등, 그리고 마지막에 그의 통치 영역을 넘어서 옛 북이스라엘 영토에 이르는 곳곳을 정결하게 하고 새롭게 하는 일에 이르기까지 이어졌다. 요시야는 그렇게 하나님께서 약속하신 땅과 그 땅에 사는 하나님의 백성들 모두를 온전하게 하는 일에 끝까지 최선을 다했다. 무엇보다, 그의 개혁은 과연 모범이 되고 귀감이 되며 본이 되는 리더십이었다. 그는 그가 왕으로서 지도자로서 백성들에게 끼치는 영향력이 온전한 것이 되기를 바랐다. 그는 자신이 믿고 살아가는 다윗의 길과 모세의 길의 가치가 믿음 그대로 현실 속에서 구현되기를 바랐다. 그래서 그는 위험한 것을 알고서도 애굽의 느고Necho의 군대를 저지하기 위해 므깃도로 갔다. 그리고 거기서 최선을 다해 싸우다가 전사했다. 애굽 군대와의 전투는 그가 확신하여 믿는 다윗의 길과 모세의 길에 근거한 것이었다. 그가 확신하는 바에 의하면 애굽은 틀렸다. 그래서 그는 이스라엘과 나아가 주변 나라의 평안을 위해 스스로 죽음을 무릅쓰고 싸웠다. 그리고 장렬하게 전사했다. 그는 자기 개혁을 끝까지 밀어붙였을 뿐 아니라 자기 개혁이 추구하는 가치를 위해 끝까지 싸울 줄도 알았던 참된 리더였다.

넬슨 만델라는 생전에 이렇게 말했다. "선한 마음과 선한 계획은 언제나 어디서나 무언가를 생성하게 하고 무언가를 생동감 있게 한다." 선한 리더는 결국 무언가 옳은 것, 가치 있는 것을 이끌어 낸다. 선한 리더는 주어진 한계 상황에서도 그의 조직과 공동체에게 가치 있는 것, 역사적으로 의미 있는 것을 이끌어 낸다. 결국 선한 리더는 위대한 리더이다. 요시야가 바로 그런 사람이었다. 그는 점점 어려워져 가는 남유다의 현실 가운데서도 마지막 개혁의 불씨를 지폈고 의미 있는 결실을 맺었다. 겉보기에 그의 죽음이 헛되게 보여도 결국 그의 개혁은 그의 당대 유다를 바르고 온전한 나라가 되도록 했다. 나아가 그의 이후 시대, 무너지고 멸망하여 포로로 잡혀간 온 이스라엘에게 신실한 '그루터기'사 6:13가 남을 수 있도록 하는 중요한 토대가 되었다. 그는 절망의 시대로 저물어 가는 유다에게 선한 리더이면서 동시에 위대한 리더였다.

요시야의 리더십

알버트 슈바이처Albert Schweitzer는 이렇게 말했다. "본보기가 되는 것은 타인에게 영향을 끼치는 여러 가지 방법 가운데 한 가지가 아니다. 그것

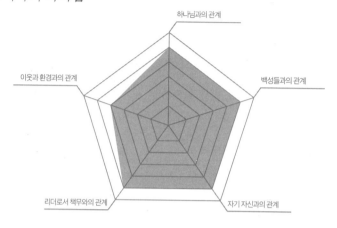

이스라엘 왕들의 레이더 차트

요시야의 리더십

(레이더 차트 축: 하나님과의 관계, 백성들과의 관계, 자기 자신과의 관계, 리더로서 책무와의 관계, 이웃과 환경과의 관계)

은 누군가에게 영향을 끼치는 거의 유일한 한 가지 방법이다." 다윗 이래로 왕들의 리더십에 관한 본보기는 요시야에게서 찾을 수 있을 것 같다. 다윗도 그랬지만 요시야는 여러 가지 면에서 이스라엘 왕들의 리더십을 배우는 우리에게 귀감이 된다. 이스라엘 왕도의 길을 연 사람이 다윗이라면 그리고 그것을 크게 펼친 사람이 솔로몬이라면 그것을 완성한 사람은 요시야일 것이다.

먼저 요시야는 하나님과의 관계에서 바르고 정직한 길을 걸었다. 성경 열왕기서는 그가 걸었던 길을 "좌우로 치우치지 않은 길"이라고 평가한다.왕하 22:2 그는 하나님 앞에서 늘 신실하고자 했다. 힐기야가 발견해서 가져다 준 모세의 율법책을 대할 때 그랬다. 그는 스스로 옷을 찢으며 회개하는 마음으로 그 책을 대했다. 사반이 그를 위해 율법서를 읽을 때 그는 한 사람의 이스라엘 백성으로서 하나님 앞에 섰다. 그리고 하나님 앞에서 바르고 온전하고자 했다. 그것은 분명 다윗이 걸었던 길이었다. 다윗은 어려움 가운데 있을 때, 또 스스로 범죄하여 죄악의 길에 빠졌을 때조차 늘 하나님을 구했다. 그리고 하나님 앞에서 바른 사람으로 다시 서게 되기를 바랐다. 그는 참회할 줄 아는 사람이었고 돌이킬 줄 아는 사람이었으며 하나님께서 기뻐하시는 사람이 될 줄 아는 사람이었다. 요시야 역시 마찬가지였다. 그는 하나님의 말씀 앞에서 하나님께서 기뻐하실 만한 바른 자세를 찾을 줄 아는 사람이었다.

둘째, 요시야는 스스로의 관계에서 그리고 왕으로서 자기 책무와의 관계에서 근신하는 가운데 리더의 도리를 모색하고 실천할 줄 아는 왕이었다. 그는 어려서부터 자기를 절제할 줄 아는 왕이었다. 그는 대제사장 힐기야와 그리고 서기관 사반과 더불어 개혁을 시작할 때 섣불리 개혁의 포문을 열지 않았다. 그는 히스기야 이후 불의했던 시절이 57년 간이어졌음을 잘 알고 있었다. 왕이 된 지 8년이 지났지만 그는 유다 땅에서 그리고 유다 백성들 사이에 옛 시절의 잘못된 모습이 여전하다는 것을 잘 알았다. 그래서 그는 처음 개혁의 문을 열 때 의도적으로 천천히 일이 시작되도록 했다. 사반과 힐기야를 통해 성전 보수 공사가 시작되도록 한 것이나, 그런 가운데 하나님의 율법책이 발견되는 사건이 발생한 것이나, 그리고 훌다와 같은 여선지자의 지지와 지혜를 구한 것이나 모든 것이 그가 얼마나 자기 절제력이 좋고 신중한 사람인지를 보여주는 사례들이다. 그는 주변의 모든 것이 안정적으로 구축되었다 싶은 시점에 개혁의 고삐를 강하게 당기기 시작했다. 놀라운 것은 그가 개혁을 시작하고 개혁을 위해 매진할 때 보여준 모습이다. 요시야는 일단 개혁이 시작되자 매우 능숙하게 그리고 꼼꼼하게 개혁을 추진한다. 그는 그렇게 해서 남유다와 북이스라엘의 옛 영토 전역에 이르는 곳에서 온전한 종교사회적 개혁을 완수한다. 그는 진정 성실하고 치밀한 리더였음에 틀림없다.

셋째, 요시야는 백성들과 그리고 신하들과의 관계에서 바른 비전을 제시하고 그 책임을 다하는 모습을 보여주었다. 요시야는 자기가 다스리는 백성들을 하나님의 비전 아래 바른 길로 인도할 줄 아는 리더였다. 그는 스스로 깨우친 다윗의 길에 서서 그리고 후에 힐기야와 사반을 통해 배운 모세의 길을 통해 그의 백성이 나아가야 할 길을 깨달았다. 그리고 백성들을 바른 길로 인도하고 가르치는 일에 최선을 다했다. 그는 온 이스라엘 백성을 성전 앞에 모이게 하고 그들에게 하나님의 율법을 들려주고 가르치는 일에 성실했다. 다윗의 길과 모세의 길에 선 나라가 되게 하려면 그 백성의 깨우침이 중요했다. 왕은 자기 백성을 깨우치고 교화하는 일을 위해 최선을 다해야 한다. 요시야는 이스라엘 백성들이 모든 악한 길에서 떠나 바른 길에 서게 되는 것, 그래서 하늘 하나님께서 백성들의 온전한 모습을 보시고 그 나라와 땅을 새롭게 하시는 것을 보기를 바랐다.대하 7:14 이것은 솔로몬 왕의 비전이었으며 이스라엘 모든 왕의 비전이었고 결국에 요시야가 실현한 비전이기도 했다. 하나님께서는 결국 요시야의 자기 백성을 향한 긍휼의 마음과 신실한 자세를 보고 당신의 백성의 회복의 때를 약속하셨다. 다윗 그리고 솔로몬과 맺으신 약속을 요시야를 통해 이루신 것이다.

마지막으로 요시야는 이웃나라 및 민족들과의 관계에서도 신실한 자기 책임을 다했다. 그는 비록 예전 다윗과 솔로몬 시절의 영광만큼은 못하더라도 부족한 남유다의 국력으로나마 주변 나라와의 관계를 온전하게 하고자 했다. 물론 요시야 시대 남유다의 국력으로 앗수르와 신흥 바벨론 그리고 오래된 강국 애굽을 어찌할 수는 없었다. 그럼에도 불구하고 요시야는 자신이 나서야 할 때 물러섬이 없었다. 그는 당대의 국제질서에서 애굽이 섣불리 나서는 일이 옳지 않다고 여겼다. 그래서 애굽을 저지하려 했다. 그렇게 하는 것이 바벨론과 앗수르 사이 긴장관계를 좀더 오래 유지하게 되고, 유다와 같은 작은 나라들이 안정적인 시대를 좀더 오래 누릴 수 있는 길이라고 생각했다. 그런데 애굽은 요시야의 마음을 알지 못했다. 애굽의 입장에서는 그 때가 기회라고 생각했다. 결국 애굽 왕 느고는 요시야의 바람을 깨고 앗수르를 돕는다는 명분을 앞세워 갈그미스Carchemish로 향했다. 그리고 그것은 앗수르와 바벨론 모두를 자극했다. 앗수르는 성급하게 옛 영광을 되찾으려 했고 바벨론 역시 패권 도전의 시기를 너무 앞당겼다. 결국 세 나라는 갈그미스에서 만나 큰 전투를 치렀고 바벨론은 전투에서 승리해 패권 경쟁의 선두주자로 올라서게 된다. 그리고 그 틈바구니에서 요시야는 그만 전사하고 말았다. 비록 그것이 그의 치세의 한계였지만, 그래서 그의 치세 후에 남유다는 급격하게 몰락하고 결국에 바벨론에게 멸망하지만, 그래도 요시야의 시도는 가치 있고 옳은 것이었다. 성경을 읽는 우리는 요시야의 대외적 리더십에 부정적인 평가를 내려서는 안 된다. 그는 하나님의 사람으로서 유다의 왕으로서 당대 세계 질서에 자기 책임을 다했다. 그는 세계의 흐름에 비추어 자기가 할 도리를 다했다. 그는 유다의 왕으로서 당대 세상에 자기가 확신하는 바를 전했고 그렇게 장렬하게 전사했다. 그는 국제무대에서도 그의 선한 의지를 꺾지 않았다.

스티븐 코비Stephen Covey는 "선한 지도자를 얻는다는 것은 그저 좋은 지도자 한 사람을 얻는 것을 넘어서 그가 가진 비전과 그가 설계하는 미래 모두를 얻는 것"이라고 말했다. 그런 면에서 요시야 왕은 유다와 이스라엘 백성 모두에게 새로운 하나님의 비전과 미래를 제안하고 그것을 보여준 멋진 지도자라고 해야 할 것 같다. 요시야는 그의 선한 리더십으로 위대한 리더십을 이루어낸 훌륭한 왕이었다.

제**8**장

메시아
Messiah

메시아 리더십

간절한 시대

2015년 튀르키예 서남부 보드룸 해안가에서 세 살 아이의 시신이 발견되었다. 아이는 빨간 티셔츠에 반바지 차림이었고 얼굴을 모래에 묻은 채 파도에 휩싸여 있었다. 아이의 이름은 에이란 쿠르디.Aylan Kurdi 부모와 형 그리고 다른 열일곱 명의 시리아 난민들과 함께 낡은 난민선을 타고 그리스로 넘어가려다 배가 전복되어 익사했다. 작고 연약한 한 사내아이의 죽음을 본 세계는 슬픔에 잠겼다. 저렇게 작고 연약한 아이가 한 밤중에 익사해 죽어가도록 사람들은 무엇을 하고 있었는가? 이 아이를 죽음으로 몰고 간 사회와 나라와 그리고 세상에 대한 탄식이 이어졌다. 시리아라는 나라가 안정적이었다면 쿠르디는 그렇게 한 밤중에 차 가운 물에 던져지지 않았을 것이다. 국제 사회의 공조가 잘 이루어졌다면 쿠르디는 그 밤에 낡은 난민선을 타지 않아도 되었을 것이다. 그러나 쿠르디가 살았던 나라, 거쳐 간 나라, 그리고 가려고 했던 나라 지도자들과 사람들은 일제히 입을 다물었다. 그들은 그 어떤 말도 하지 않은 채 아이의 죽음을 조용히 덮으려고만 했다. 그때 독일의 총리였던 앙겔라 메르켈Angela D. Merkel이 이렇게 말했다. "쿠르디의 죽음을 깊이 애도합니다. 독일은 그리고 독일 총리인 저는 쿠르디의 죽음에 대해 깊은 책임감을 느낍니다. 앞으로 독일은 인도적인 차원에서 시리아 난민을 더 적극적으로 수용하겠습니다. 쿠르디와 같은 애석한 죽음이 더는 발생하지 않도록 최선의 노력을 기울이겠습니다." 메르켈은 이후 난민들을 적극 수용하고 그들이 독일과 유럽 사회에서 자리 잡고 살 수 있도록 많은 노력을 기울였다. 세 살 쿠르디가 죽고 나서야 세상은 길을 잃은 난민들에게 빛을 비추었고 그들이 안전하기까지 책임을 다하려는 움직임이 시작되었다. 우리의 쿠르디가 좋은 지도자를 만나 살 길을 여는 것은 그만큼 어려운 일이다.

세상은 지금도 쿠르디와 같이 길을 잃고 떠돌다 누구의 도움과 인도 없이 죽어가는 이들로 가득하다. 찬송가의 가사처럼 우리가 사는 세상에는 "곳곳마다 상한 영의 탄식소리가 들려온다." 지금도 우크라이나의 많은 사람들은 빛이 단절된 채 포성이 울려 퍼지는 어두운 땅 곳곳에서 목자 없는 양처럼 신음하고 있다. 가자Gaza 지구의 수많은 사람들을 보자. 그들은 이스라엘 군과 하마스 민병대 사이에 끼인 채 감옥과 같은 현실에서 풍전등화와 같은 삶을 이어가고 있다. 리더의 부재로 고통 받는 것은 단순히 제1세계와 제2세계 사이 어딘가 제3세계 사람들의 문제만이 아니다. 미국의 디트로이트 같은 도시는 수만 명의 사람들이 마약을 탐닉하며 길거리를 방황한다. 모든 것에 만능일 것 같은 도시는 더 이상 그들의 구세주가 되어주지 못한다. 그들에게는 여전히 신실한 지도자의 도움의 손길이 필요하다. 우리 역시 마찬가지다. 지금 우리 사회에는 수많은 사람들이 돈과 쾌락이 주는 순간의 달콤함에 젖어 더 많은 시간을 고통과 절망과 좌절에 파묻혀 보내고 있다. 더 넓은 세상, 더 의미 있는 미래가 그들에게 펼쳐질 수 있음을 알지 못한 채 그들은 지금 현재라는 마약에 빠져 산다. 사실 우리는 절망과 좌절 가운데 있는 사람들을 도와 다시 일어나게 할 만한 충분한 물질적 인적 자원을 가지고 있다. 현재 전 세계가 누리는 물질적인 풍요는 과도하다. 우리 시대 인적 자원의 힘은 그 어느 시대보다 강력하고 지혜롭다. 우리에게 절실한 것은 건강하고 확신에 차 있으며 능력을 갖춘 리더들이다. 그들의 지혜로운 통치이다. 리더들이 활용 가능한 자원으로 자기 책임을 다하여 길을 열고, 안내하고, 그리고 결국에 살아가게 하는 일이 절실하다. 그렇게 리더들이 빛이 되고 등불이 되어 길을 열어 주는 것이야말로 우리 시대가 간절히 소망하는 것들이다.

역사 역시 한 사람 리더의 중요성을 말한다. 인간은 역사 내내 훌륭한 지도자를 갈망해 왔다. 역사 속에서 누군가는 스스로 지도자로서 고통과 좌절에 빠져 있는 사람에게 다가가 그들을 향해 긍휼의 마음을 품고, 그들에게 비전을 심어주어 하나가 되게 한 뒤, 용기 있게 일어서 살아갈 길로 나아가도록 인도하는 일들을 감당해 왔다. 우리는 애굽 땅에서 절망과 고통 가운데 신음하는 이스라엘 자손에게 가서 그들의 지도자가 되고 그들에게 가나안의 비전을 심어준 뒤 일어서 담대하게 그곳으로 나아가게 한 모세를 잘 알고 있다. 우리는 미국 독립전쟁에서 영국의 강력한 공세에 힘을 잃고 사방으로 흩어진 식민지 사람들을 하나로 묶어 싸우게 하고 독립을 쟁취하도록 하고 결국에 미국이라는 나라를 건설하도록 만든 지도자 조지 워싱턴George Washington을 잘 알고 있다. 우리는 역사 내내 고통과 좌절 가운데 신음하다 결국 제2차 세계 대전의 와중에 더 깊은 절망의 구렁텅이로 빠졌던 유대인들을 하나로 묶어 시온으로 돌아오도록 하고 결국에 한 나라를 이루도록 이끈 다비드 벤구리온David Ben-Gurion의 위대한 리더십도 잘 알고 있다. 우리는 역시 위기의 시대에 히틀러의 독일 나치에 항거하며 영국과 서구사회를 결집하고 끝내 미국을 참전하게 한 뒤 전쟁을 승리로 이끈 사람, 그렇게 영국과 유럽사회를 새로운 질서 가운데로 이끌었던 위대한 리더 윈스턴 처칠을 잘 알고 있다. 리더의 중요함은 우리의 경우도 마찬가지이다. 조선 역사에서 최고의 인재들이 모였던 시절은 다름 아닌 선조 때였다. 그러나 우리가 아는한 그 시절은 가장 참혹한 전란이 일어났고, 군주와 지도자들은 당혹스러우리만치 모든 상황을 말도 안 되는 방식으로 대처했다. 그 모든 위기의 순간 나라와 백성을 구한 한 사람이 있었다. 바로 이순신 장군이다. 그는 그 어려운 난국에 가장 지혜롭게 그리고 용맹하게 위기를 극복할 방법을 찾았고 그렇게 그는 나라와 백성을 전란으로부터 구해냈다.

이 모든 역사는 결국 우리에게 리더십의 중요성을 일깨운다. 작고한 삼성그룹 이건희 회장이 말한 대로 위대한 한 사람의 바른 리더십은 수만 명을 살 길로 인도할 힘이 있다. 그러니 우리에게 필요한 것은 올바른 리더를 배출하기 위한 우리의 노력이다. 물론 그 일은 쉽지 않다. 우리의 공동체적 혜안이 좋은 리더를 찾아내기에 역부족일 때가 많다. 좋은 리더를 얻는 행운을 얻을 때도 있지만 그렇지 못하여 리더십의 부재를 경험할 수도 있는 것이다. 그럼에도 우리는 꾸준히 좋은 리더를 찾기 위해 노력해야 한다. 그리고 그렇게 발굴된 리더로 하여금 우리 공동체와 조직과 사회와 나라를 바르게 이끌도록 격려해야 한다. 그러나 우리는 좋은 리더가 혜성처럼 나타나기를 기다리지 말아야 한다. 좋은 리더가 일어날 수 있는 토양을 마련하는 것이 무엇보다 중요하다는 것, 좋은 리더를 볼 수 있는 눈을 갖는 것이 중요하다는 것을 알아야 한다. 중요한 것은 좋은 리더십에 관한 이상적인 모델을 만들어 새기고 그것을 기준으로 리더를 구하고 찾고 세우는 일이다. 기존의 리더들을 평가하고 절하하기 위한 도구로 삼자는 말이 아니다. 다음세대에 더 좋은 리더가 등장할 수 있도록 기반을 닦고, 준비하고, 양성하고, 그리고 기다리자는 말이다. 이런 자세야말로 참 리더십이 간절한 시대를 보내는 올바른 태도일 것이다.

우리가 이제껏 살펴본 이스라엘 왕들의 리더십은 그 길이 쉽지 않다는 것을 알려준다. 제아무리 본이 되고 훌륭한 제왕의 리더십을 보여주었더라도 이스라엘 왕들은 각각의 시대에 그들 리더십의 한계를 분명하게 보여주었다. 그 누구에게서도 완벽한 리더십의 전형을 찾아보기 어렵다. 다윗의 리더십이 있다 한들 그것은 어디까지나 인간적인 전형일 뿐 시대를 초월한 참된 리더십의 전형이라고 하기는 어렵다. 그렇다면 성경이 가르치는 리더십에서는 우리가 따르고 본받아야 할 전형 찾기를 포기해야 하는 것인가? 그렇지 않다. 성경 이스라엘 왕들은 분명히 한 가지 포인트를 지향한다. 대표적으로 다윗의 시대에 하나님께서는 이렇게 말씀하셨다. "내가 네 몸에서 날 네 씨를 네 뒤에 세워 그의 나라를 견고하게 하리라 그는 내 이름을 위하여 집을 건축할 것이요 나는 그 나라 왕위를 영원히 견고케 하리라." 삼하 7:12-13 이것은 다윗의 계보에서 나와 세상을 다스릴 진정한 왕의 탄생을 의미하는 것이다. 이후 이스라엘 왕들은 그들이 경험한 한계와 문제와 가능성과 소망을 넘어선 저 너머의 한 포인트를 지적한다. 그들은 자기들이 가진 리더십의 모든 긍정적인 혹은 부정적인 포인트를 수렴하는 한 가지 포인트가 존재한다고 말한다. 세상과 하나님의 백성에게 바른 길을 보이고 진리로 그 길을 안내하여 결국에 생명의 삶으로 이끄는 '메시아 리더십' Messah Leadership이다. 하나님께서는 다윗을 크게 세우시고 그 계보 가운데서 진정한 세상 리더십의 본을 일으키실 것이다. 다윗은 메시아의 리더십을 향한 여정에 문을 열었으며, 솔로몬은 그 길을 크게 확장했고, 여러 왕들은 그 잘못된 길잡이의 폐해와 문제를 드러내 보였다. 어떤 왕들은 그 가운데 불완전하나마 바른 길로 나아가는 리더십의 가능성을 열기도 했다. 그렇게 다윗을 비롯한 마흔 두 명의 이스라엘 왕들은 그들이 가진 리더십의 문제와 한계, 가능성과 희망을 모두 드러내 보이며 우리를 가르치고 훈계한다. 그리고 우리로 하여금 하나님께서 우리 가운데 보내시는 한 사람, 메시아의 리더십 포인트를 발견하라고 가르친다.

실현될 이상

　이스라엘 제왕諸王의 리더십들은 모두 메시아 리더십으로 수렴한다. 메시아 리더십은 이스라엘 백성이 역사 가운데 여러 시대를 거치며 마음으로 품고 기다려 온 한 사람의 도래와 통치에 관한 소망의 현실 가치다. 메시아Messiah란 '기름 부음을 받은 자'라는 의미다. 고대로부터 왕이나 제사장 혹은 선지자로 세움을 받을 때 그 후보자의 머리 위에 기름을 부어 그가 지도자로 세워질 것임을 사람들에게 알리는 예식에서 유래했다. 특히 고대 이스라엘에서 이런 예식이 각별히 이루어졌다. 이스라엘 사회에서 기름부음을 받는다는 것은 '선택되었음'을 의미한다. 기름부음을 받은 사람은 누리고 얻는 것보다 지키고 감당해야 할 일이 더 많다는 것을 보여주는 것이다. 제사장이나 선지자의 자리도 그랬지만 특별히 왕의 자리가 그랬다. 왕이 된다는 것은 그 자리가 주는 특권을 누리는 일보다는 그 자리가 주는 책임감과 사명의 무게를 감당해야 함을 의미했다. 결국 왕의 자리는 끊임없는 자기 연단과 근신, 공동체와 주변 나라들 사이에서 책임을 다해야 하는 노력들, 무엇보다 하나님 앞에서 온전해야 한다는 문제가 끊임없이 그 자리에 앉은 사람을 괴롭게 만들었다. 이스라엘 제왕들이 그랬다. 그들은 왕의 자리가 주는 무게감을 자기 스스로 온전히 감당할지, 아니면 누군가에게 대신 짊어지게 할지, 혹은 힌놈의 아들 골짜기 어딘가에 내버릴 것인지 끊임없이 갈등하고 고민했다. 어떤 왕이 다행히 자기의 자리를 온전히 감당하려 했다 해도 십중팔구 그는 제대로 된 길을 찾지 못해 어려워했다. 그렇게 왕들의 세대가 지나면서 이스라엘에는 왕에 관련된 하나의 축적된 경험이 쌓이게 되었고 그 경험을 바탕으로 하나님을 향한 기대감 즉, 메시아의 도래와 관련된 기대감이 자라기 시작했다. 이스라엘 백성들 특히 선지자들 사이에서는 그들 사이에 선 제왕들의 넉넉함과 부족함 사이에서 온전한 통치자 메시아를 향한 선지자적 기대감이 자라났다. 메시아로 오실 이의 참된 리더십에 대한 소망이 바로 그것이다. 그런데 메시아 리더십에 관한 소망들이 그렇게 쉬운 일은 아니었다. 주로 선지자들의 선지자적 계시와 상상 속에서 표현된 메시아 리더십은 그 성취와 구현 및 구체적인 실현이 어려웠다. 그래서인지 다윗 이후 제왕들에게서 선지자들의 소망이 온전히 실현되는 것을 보는 것은 매우 어려웠다. 그러나 이스라엘 백성과 선지자들, 그리고 심지어 왕들의 메시아 리더십에 관한 비전은 멈추지 않았다. 특히 성경의 선지자들은 언젠가 한 사람에 의해 실현될 메시아 리더십에 대한 기대감을 그들의 예언 가운데 꾸준히 표현했다.

먼저, 선지자들의 예언에 의하면 메시아의 리더십은 무엇보다 다윗의 계보에서 나타나야 했다. 하나님께서는 당신의 백성들과 세상 모든 피조물에 대한 다스림의 권세를 다윗과 그 계보에게 허락하셨다. 하나님께서는 구약 성경 내내 다윗의 통치 계보가 끊어지지 않도록 지키셨다. 북이스라엘의 왕들은 끊임없는 반정 가운데 여러 왕조가 대를 잇지 못하고 끊어졌지만, 남유다 왕국은 그렇지 않았다. 남유다 왕국 다윗의 계보는 신실하게 그 명맥을 유지했다. 그래서 아합과 이세벨의 딸 아달랴가 다윗의 계보를 제거하려 했던 때에도 요아스는 살아남아 계보를 이어가게 되었다.왕하 11:1-3 아몬 왕 시절에도 그 신하들이 반란을 일으켜 왕을 죽이는 사태까지 발생했지만, 그 계보는 계속 이어져 결국 요시야 왕이 안전하게 다윗의 계보를 이어갈 수 있었다.왕하 21:23-22:1 그런데 중요한 것은 생물학적 계보의 연계가 아니었다. 다윗의 계보가 이어진다는 것은 곧 다윗의 통치 정신이 이어지는 것을 의미했다. 메시아 리더십을 구현할 사람은 다윗의 자리에 앉아서 다윗이 모범을 보인대로 하나님께서 기뻐하실 통치의 길을 가야 한다는 것이다. 그래서 이사야는 이렇게 예언했다. "그 정사와 평강의 더함이 무궁하며 또 다윗의 위에 앉아서 그 나라를 굳게 세우고 지금 이후 영원토록 공평과 정의로 그것을 보존하실 것이라 만군의 여호와의 열심이 이를 이루시리라."사 9:7 이 이상적인 비전은 사실 실현이 쉽지 않았다. 히스기야와 요시야 시대에 그것을 이루기 위한 부단한 노력들이 있었으나 결국 그들의 시대에 다윗의 통치 회복은 온전히 실현되지 않았다. 다윗의 길을 걷는 신실한 통치의 비전은 아직 실현되지 않은 이상으로 남아야 했다.

둘째, 메시아 리더십은 다윗의 가문의 연고지로부터 연약한 가지의 모습으로 그리고 어린 아이의 모습으로 나타나야 했다. 장차 이스라엘을 다스릴 사람의 외형이 작은 가지의 모습이어야 하고 어린 아이의 모습이어야 한다는 것은 흥미롭다. 특히 그 리더의 탄생이 예루살렘이 아닌 이제는 잊힌 베들레헴, 다윗의 옛 마을이어야 한다는 것도 흥미롭다. 구약의 선지자들은 이스라엘을 새로운 비전으로 다스릴 존재의 탄생이 한미하고 미천하여 세상이 알아보지 못할 수준의 연약한 모습이라고 예언한다. 이스라엘의 제왕들 가운데 어린 아이 시절 왕이 된 경우는 요아스와 요시야가 대표적이었다. 그러나 그들은 모두 어린이였던 시절 왕위에 올랐다. 사리를 분별하기 어려운 어린 아기 시절에 왕이 된 경우는 없었다. 게다가 대부분 왕들은 하나같이 예루살렘과 같이 왕이 살고 있는 도시 출신인 경우가 대부분이었다. 그런데 메시아적 리더십의 도래를 이야기하는 선지자들은 그 사람이 다윗이 어린 시절을 보낸 곳, 베들레헴에서 아기의 모습으로 나타나야 함을 이야기한다. 선지자 이사야는 이렇게 전했다. "이는 한 아기가 우리에게 났고 한 아들을 우리에게 주신 바 되었는데 그의 어깨에는 정사를 메었고 그의 이름은 기묘자라, 모사라, 전능하신 하나님이라, 영존하시는 아버지라, 평강의 왕이라 할 것임이라." 사 9:6 그는 아기의 모습으로 나타난 한 사람이 세상과 하나님 백성을 다스리는 정사를 메게 될 것이라고 말한다. 이사야의 예언에 의하면 그 아기는 보통 아기가 아니다. 메시아적 리더십을 발휘하게 될 그 아기는 세상 모든 것을 지혜와 권세로 무엇보다 하나님의 능력으로 다스릴 능력이 있는 존재이다. 선지자 미가 역시 이렇게 예언했다. "베들레헴 에브라다야 너는 유다 족속 중에 작을지라도 이스라엘을 다스릴 자가 네게서 내게로 나올 것이라 그의 근본은 상고에, 영원에 있느니라." 미 5:2 미가의 예언에 의하면 메시아적 리더십을 가진 존재는 다윗의 마을, 이제는 잊히고 사라진 베들레헴에서 태어날 것이다. 미가의 예언은 한 가지를 분명하게 가르친다. 바로 다윗의 초심이 있는 '낮은 자리'가 바로 메시아 리더십이 출발하는 곳이라는 것이다. 이렇게 이사야와 미가의 예언은 역사속 이스라엘 제왕들의 리더십을 초월해 그들의 자리에서는 상상할 수 없는 방식으로 메시아 리더십을 제안한다.

셋째, 구약 선지자들이 제안하는 메시아 리더십은 고난 받는 종의 모습이다. 성경이 예언하는 메시아 곧 구약 성경의 선지자들이 제안하는 메시아 리더십의 주인공은 스스로 고난의 자리로 들어가 그 고난을 받아들이는 가운데 리더로서 자기 자리를 확립한다. 그는 고난 받기를 주저하지 않고 오히려 고난 받는 것이 리더로서 당연히 주어지는 책무라는 것을 분명히 한다. 사실 이스라엘의 제왕들에게서 고난의 흔적을 찾을 수 없는 것은 아니다. 다윗은 대표적으로 왕이 되기 위해 도망자의 세월을 보냈다. 그는 사울과 대적들에게 쫓겨 곳곳에서 피눈물을 흘려야 했다. 그는 심지어 아들 압살롬의 반란 때에도 피난길에 올라 사막에서 고난의 시간을 보내야 했다. 그는 이렇게 외쳤다. "하나님이여 나를 긍휼히 여기시고 나를 긍휼히 여기소서 내 영혼이 주께로 피하되 주의 날개 그늘 아래서 이 재앙이 지나기까지 피하리이다."시 57:1 이외에도 우리는 므낫세가 앗수르의 궁정까지 끌려가 한동안 고초를 당하고 돌아와 바른 선정을 베풀기 위해 노력했던 것을 기억한다. 그리고 요시야가 스스로 고난 받기를 자처하여 므깃도로 나가서 거기서 전투를 치르고 그리고 거기서 장렬하게 죽었다는 것도 잘 알고 있다. 그러나 선지자들의 예언은 이런 제왕들의 고난을 상회한다. 이사야는 그의 메시아를 이렇게 예언한다. "그가 찔림은 우리의 허물 때문이요 그가 상함은 우리의 죄악 때문이라 그가 징계를 받으므로 우리는 평화를 누리고 그가 채찍에 맞으므로 우리는 나음을 받았도다 우리는 다 양 같아서 그릇 행하여 각기 제 길로 갔거늘 여호와께서는 우리 모두의 죄악을 그에게 담당시키셨도다."시 53:5-6 이사야가 그리는 메시아는 도축장으로 끌려가는 순한 어린양의 모습이었다. 그가 그렇게 고난을 당하는 통에 세상과 모든 피조물 그리고 하나님의 백성은 그가 받은 고난으로 구원과 평안의 길을 얻게 되었다. 그래서 이사야는 이렇게 그의 예언을 마친다. "그가 자기 영혼의 수고한 것을 보고 만족하게 여길 것이라 나의 의로운 종이 자기 지식으로 많은 사람을 의롭게 하며 또 그들의 죄악을 친히 담당하리로다." 사 53:11 이사야가 그린 메시아 리더십에는 고난을 통해 자기 백성을 죄악 가운데서 구원하여 샬롬으로 인도하는 리더십이 있다. 그리고 이것은 이스라엘 제왕들의 역사에서 찾아보기 어려운 모습이다. 선지자들은 이런 이상적인 모습이 이제 다윗의 계보 가운데 나타날 한 사람을 통해 메시아 리더십으로 드러나게 될 것을 세상에 알리고 있다.

네 번째로 구약의 선지자들은 이스라엘과 이방 세계 모든 곳에서 흑암이 물러가게 되고 하나님의 빛이 비추게 되리라는 것을 예언한다. 하나님의 택하신 백성 이스라엘의 존재는 세상에 빛이 되는 것이었다. 그래서 하나님께서는 이스라엘 백성을 시내산에서 세우실 때, 그리고 그들을 가나안으로 행진하여 들어가게 하실 때, 그 땅 모든 사람들이 그것을 보게 하시고 그 빛 가운데로 나아와 하나님의 백성의 길에 동참하도록 이끄셨다. 그리고 그 교화의 책임은 이제 왕들에게로 이어졌다. 왕들은 그래서 하나님께서 이스라엘의 지경으로 허락하신 단에서부터 브엘세바에 이르는 모든 곳에 하나님의 율법이 온전히 세워지도록 하는 일에 수고하고 헌신했다. 물론 이스라엘의 모든 왕들이 그렇게 한 것은 아니다. 우리는 다윗과 솔로몬 시대에 하나님 백성의 지경을 크게 확장해 하나님을 믿고 따르는 율법이 소통하게 되고 그 땅 거민들이 하나님을 온전히 믿게 되는 역사가 있었음을 잘 알고 있다. 또 우리는 하나님의 율법과 말씀이 온전하게 서도록 하는 일을 위해 수고한 히스기야와 요시야 두 왕을 알고 있다. 그들은 자기들의 통치 영역인 남유다를 넘어서 옛 북이스라엘의 지경으로까지 가서 거기 사는 사람들이 하나님의 말씀 가운데 온전한 삶을 누리도록 일깨웠다. 왕들의 세상 교화 사명은 이후 여러 선지자들에게도 중요한 메시아적 비전으로 드러났다. 미가는 이렇게 이야기했다. "오라 우리가 여호와의 산에 올라가서 야곱의 하나님의 전에 이르자 그가 그의 도를 가지고 우리에게 가르치실 것이라 우리가 그의 길로 행하리라 하리니 이는 율법이 시온에서부터 나올 것이요 여호와의 말씀이 예루살렘에서부터 나올 것임이라."미 4:2, 사 2:3 그런데 흥미롭게도 선지자 이사야는 이렇게 예언했다. "네가 나의 종이 되어 야곱의 지파들을 일으키며 이스라엘 중에 보전된 자를 돌아오게 할 것은 매우 쉬운 일이라 내가 또 너를 이방의 빛으로 삼아 나의 구원을 베풀어서 땅 끝까지 이르게 하리라."사 49:6 이사야가 선포하는 메시아 리더십의 비전은 다윗과 솔로몬 그리고 히스기야와 요시야가 벌인 계몽과 교화의 범위를 넘어선다. 선지자들은 앞으로 도래할 메시아의 리더십은 이스라엘 제왕들이 보인 것을 훨씬 뛰어넘어 하나님께서 창조하셨으나 이제 낯설고 어두운 이방 땅이 되어버린 곳까지 미치게 될 것이다. 그래서 그곳 역시 하나님의 구원하시는 말씀의 빛으로 환하게 될 것이다. 선지자들은 그 땅 거민들과 피조물들이 메시아 리더십을 보이는 한 사람에 의해 온전히 회복될 것을 말하고 있다.

마지막으로 메시아 리더십에게 최종적인 승리의 행진을 보고 있다. 메시아 리더십은 구약 성경 전체를 하나로 엮어 신약의 예수님 사역과 교회 이야기로 연결하는 하나의 중요한 단어 "여호와의 날"the Day of the Lord을 지향한다.욜 1:15, 2:1,11, 암 5:18, 20, 말 4:5 여호와의 날은 하나님께서 세상 모든 피조물에게 당신의 구원의 빛을 비추시고 온전하게 회복하셔서 당신이 보내신 메시아와 더불어 새로운 세상, 나라를 여는 날이다. 메시아적 리더십을 가진 한 사람은 세상 죄악과 불의와 그리고 어둠을 이기고 승리의 행진을 하는 가운데 그 날을 완성한다. 그런데 이런 승리의 행진은 이스라엘의 왕들에게서도 나타난다. 특히 다윗이 여러 전란과 환란 가운데 꿋꿋이 믿음의 승리를 이루고 예루살렘으로 돌아오는 모습은 이스라엘 왕들의 승리를 상징하는 중요한 모습이다. 실제로 다윗은 블레셋을 비롯한 여러 나라와 민족들과의 싸움에서 이기고 승전가를 부르며 예루살렘으로 귀환했다. 심지어 그는 압살롬의 반란으로 피난했다가 그와의 전투에서 승리하고 반란 세력을 완전히 제압한 뒤 요단강을 건너고 감람산을 넘어 기드론 골짜기를 통해 예루살렘으로 귀환했다. 이후 선지자들은 왕들의 승리의 귀환의 최종장으로 메시아의 승리의 귀환을 그린다. 메시아는 세상 모든 어둠과 죄악을 멸하고 그들과의 전쟁에서 이긴 뒤 승리의 축제적 귀환을 벌인다. 선지자 스가랴는 왕의 귀환을 이렇게 그렸다. "시온의 딸아 크게 기뻐할지어다 예루살렘의 딸아 즐거이 부를지어다 보라 네 왕이 네게 임하시나니 그는 공의로우시며 구원을 베푸시며 겸손하여서 나귀를 타시나니 나귀의 작은 것 곧 나귀 새끼니라."슥 9:9 메시아 리더십의 압권은 바로 여기에 있다. 메시아적 리더십은 예루살렘을 지배하고 다스리던 그 어떤 왕들보다 더 큰 승리를 이루고 세상 모든 피조물과 사람들에게 구원의 기쁜 소식을 안겨주었다. 그러나 그의 승리의 귀환은 지극히 겸손한 모습으로 드러난다. 그는 세상 왕들의 요란하고 사치스런 귀환을 지양한다. 그의 귀환은 겸손하여 나귀를 탄 모습, 그러나 진정한 구원의 주의 귀환이다.

선지자들에 의해 전파된 메시아는 이스라엘의 왕들이 보인 것과 사뭇 다른 차원의 리더십을 자기 백성과 세상에 드러낸다. 그는 다윗의 계보에서 나온다. 그래서 하나님 백성과 모든 피조물의 왕으로서 분명한 명분을 갖는다. 그러나 그는 작고 낮은 곳에서 어린 아이의 모습으로 세상에 자기를 드러내는 가운데 파격적으로 출현한다. 무엇보다 그는 세상 왕들의 행보와 달리 스스로 고난 당하고 죽임 당하는 리더십으로 자기 백성을 구원하고 세상 모든 피조물을 평안으로 이끈다. 그렇게 그의 낮아지고 고난당하는 방식의 대속의 리더십은 자기 백성의 지경을 넘어서 하나님께서 창조하신 세상 모든 피조물에게까지 은혜로 영향을 끼친다. 무엇보다 메시아의 리더십은 최종 승리를 보장한다. 그는 선지자들이 전하는 방식의 메시아적 리더십으로 악을 이기고 불의를 제거한 뒤 세상 모든 어둠을 일소할 것이다. 그렇게 그는 자기 백성을 죄와 어둠으로부터 구해내고 세상 모든 영역을 자신의 빛의 통치 영역으로 삼은 뒤 구원받은 자기 백성과 더불어 승리의 귀환을 이룰 것이다. 선지자들이 전하는 '메시아 리더십'은 그들의 시대에 이스라엘의 열왕들이 보인 리더십과는 차원이 다른 모습이다. 이스라엘의 열왕들이 보인 리더십은 선지자들이 제시하는 메시아적 리더십으로 그 부족함이 채워지고 그 과함이 제거된다. 열왕들의 리더십은 메시아의 오심과 통치 그리고 온전한 리더십 가운데 비로소 다윗의 통치 계보로 귀속된다. 그들의 통치는 메

메시아 리더십: 예수님은 우리의 메시아시다. 예수님은 구약의 많은 예언자들이 전한 참된 왕 메시아의 사명을 이루셔서 성경과 세상 모든 왕과 지도자들의 리더십을 완성하셨다. 그리고 우리에게 리더십의 참된 의미과 교훈을 가르치셨다. 그림은 헝가리의 화가 미하이 문카치(Mihály Munkácsy)가 그린 '골고다의 예수'(1884)이다.

시아의 통치를 통해 온전히 완성되고 성취된다. 이스라엘 백성들은 이스라엘 열왕들의 통치를 메우고 다스리는 메시아의 통치를 통해 하나님의 백성으로 거듭나게 되고 온전하게 된다. 메시아 리더십은 결국 이스라엘 제왕들의 통치 현실에서 이상으로 비추어지다가 역사의 어느 순간 우리 가운데 오시는 메시아를 통해 완성되고 성취된다.

예수님의 메시아 리더십

이제 우리는 한 가지 정답을 알게 되었다. 우리 주 예수 그리스도께서 이스라엘 모든 왕들의 리더십을 당신의 메시아 리더십으로 수렴하신다는 것이다. 메시아 예언과 왕으로서의 리더십은 구약의 예언자들에 의해 선포되고 전파되었다. 그리고 종국에 그 모든 것은 예수님께서는 메시아로 우리에게 오시고 우리 가운데 사역하시는 가운데 온전히 그 모습을 드러냈다. 메시아 리더십은 우리 주 예수 그리스도의 왕 되심을 통해 세상 가운데 완성되고 성취되었다. 하지만 예수님의 메시아 리더십은 세상 왕들과 이스라엘 왕들의 리더십과 같은 맥락에서 발생하지 않는다. 왕으로서 그리고 메시아로서 예수 그리스도의 리더십은 기본적으로 세상의 리더십과는 다른 방식으로 나타난다. 예수님께서는 스스로 제자들에게 이렇게 말씀하셨다. "너희 중에 누구든지 크고자 하는 자는 너희를 섬기는 자가 되고 너희 중에 누구든지 으뜸이 되고자 하는 자는 모든 사람의 종이 되어야 하리라."막 10:43-44 예수님의 리더십은 자기를 낮추고 자기를 비워 결국에 자기를 부인하고 죽기까지 하는 가운데 실현되는 리더십이다. 예수님의 리더십은 자신을 온전히 부정하는 가운데 타인을 진리와 생명의 길로 인도하는 리더십이다. 결국 예수님께서는 다윗의 계보를 이으면서도 낮아지고 자기를 비워 고난 가운데 이스라엘과 세상 모두를 하나님의 참된 구원으로 인도하셨다. 그리고 당신의 백성과 세상 모든 피조물을 당신의 승리의 행진 가운데 동행하도록 하신다. 이것이야말로 예수 그리스도께서 세상 가운데 진정한 왕으로 등극하게 되는 비결이다.

먼저 예수님께서는 다윗의 계보를 잇는 왕으로 세상에 오셨고 그렇게 자신을 드러내셨다. 예수님께서 다윗의 계보를 잇는다는 것은 단순

히 다윗의 생물학적 자손이심을 의미하는 것이 아니다. 그것은 하나님
께서 다윗과 그의 왕들의 계보를 통해 이루시고자 했던 구약적 사명들
이 온전히 예수 그리스도를 통해 성취되고 있음을 의미하는 것이다. 다
윗의 계보를 잇는 왕들, 그들의 사명은 그들 자신을 통해 완수되지 않는
다. 그것은 오직 예수 그리스도께서 다윗의 계보를 잇는 왕이 되셨을 때
에만 온전히 성취될 수 있다. 사실 세상은 그런 예수님을 제대로 알아보
지 못했다. 예수님을 알아본 것은 오히려 이방의 여자들이었고 소경들
이었다.마 15:22, 20:30 막10:47, 눅 18:38 하지만 예수님께서는 그런 것에 아랑곳
하지 않으셨다. 예수님께서는 당신이 다윗의 자손으로서 다윗의 계보
를 이어 다윗의 왕된 사명을 실현하는 존재임을 분명히 아시고 왕으로
서 사명의 행진을 계속하셨다. 예수님의 왕으로서 사명의 행진이 완성
된 곳은 다윗이나 헤롯의 왕궁이 아니었다. 예수님께서는 당신의 왕권
을 골고다 십자가에서 찾으셨고 완수하셨다.

또, 예수님께서는 스스로 낮아지시고 자기를 비우셔서 연약한 아기의
모습으로 오셔서 당신의 메시아 리더십을 이루셨다. 예수님의 메시아
리더십은 강하고 힘센 장군이나 제왕의 모습으로 나타나지 않았다. 예
수님께서는 연약한 인간의 모습 특히 어린 아기의 모습으로 이 세상에
오셨다. 예수님께서는 그렇게 돌봄을 받으시고 사랑을 받으시는 가운데
그리고 성장하는 한 인간의 모습을 보이시는 가운데 당신의 메시아 리
더십을 세상에 보이셨다. 천사는 베들레헴의 목자들에게 이렇게 외쳤다.
"강보에 싸여 구유에 뉘어 있는 아기를 보리니 이것이 너희에게 표적이
니라."눅 2:12 예수님의 이런 모습은 세상이 추구하는 리더십 구현의 패턴

과 근본적으로 다른 방식이다. 세상이 추구하는 리더십은 완성되어 완벽한 모습으로 사람들 가운데 서는 것이다. 세상의 리더십은 이끌고, 정복하여, 지배하는 자리에 서야 드러나지만 예수님의 리더십은 사랑받고 섬김 받고, 보호받아, 이끌림을 받는 가운데 온전히 그 모습을 드러낸다.

셋째, 예수님께서는 대신 고난 받으시고 죽으심 가운데 당신의 메시아 리더십을 완성하셨다. 예수님의 리더십은 지배하고 다스리며 군림하여 누리는 세상의 리더십과 다른 방식으로 나타났다. 세상은 타인을 정복하고 지배하여 그 위에 올라서고 그에게 명령하고 그를 다스리는 것이 리더십의 중요한 부분이라고 가르친다. 그러나 예수님께서는 그와는 전혀 다른 방식으로 당신의 메시아 리더십을 보이셨다. 예수님께서는 당신이 세상을 새롭게 하기 위해 고난당하고 죽임 당해야 한다고 말씀하셨다. 예수님께서는 제자들에게 이렇게 말씀하셨다. "인자가 사람들의 손에 넘겨져 죽임을 당하고 죽은 지 삼 일만에 살아나리라." 막 9:31 그리고 제자들에게도 당신이 걷는 길을 따를 것을 요청하셨다. "누구든지 나를 따라오려거든 자기를 부인하고 자기 십자가를 지고 나를 따를 것이니라." 마 16:24 예수님의 메시아적 리더가 되는 길, 하나님의 백성과 세상 모든 피조물을 위한 참된 왕이 되는 길은 타인을 위하여 그리고 자기 사람들을 위하여 고난 받고 죽기까지 하여 그들을 살리고 자신은 죽는 길을 선택하는 것이다. 그렇게 할 때에만 한 사람을 온전히 하나님의 사람으로 구원하여 얻게 된다는 것이 하나님의 뜻이었고 예수님께서 순종하여 가신 리더의 길이었다. 자기를 낮추고 고난 가운데 내어주어 십자가에 죽도록 헌신하는 일이야말로 예수님 리더십의 정석이며

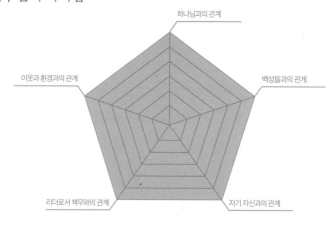

이스라엘 왕들의 레이더 차트
예수님의 리더십

하나님과의 관계

백성들과의 관계

이웃과 환경과의 관계

자기 자신과의 관계

리더로서 책무와의 관계

핵심이 된다.

넷째, 예수님께서는 어두운 이방 세계를 향한 지속적인 영역 확장을 통해 당신의 메시아 리더십을 성취하셨다. 예수님의 리더십은 당신 주변과 당신을 아는 사람들을 밝히는 것만으로 끝나지 않는다. 예수님께서는 세상 곳곳 어두운 곳에 당신의 진리와 생명의 빛을 밝히신다. 그래서 하나님께서 창조하신 세상 어느 곳에서도 어둠과 죄악이 지배하지 않게 되고 오직 하나님의 생성하게 하시는 구원의 빛이 밝히 빛나는 곳이 되도록 하신다. 예수님께서는 빛으로 사람들과 세상을 일깨우는 일을 위해 세상에 오셨다. 예수님의 빛된 사역이야말로 그래서 메시아 리더십의 궁극적인 목적이 된다. 사도 요한은 그래서 예수님의 메시아 리더십을 이렇게 정의했다. "태초에 말씀이 계시니라 이 말씀이 하나님과 함께 계셨으니 이 말씀은 곧 하나님이시니라 그가 태초에 하나님과 함께 계셨고 만물이 그로 말미암아 지은 바 되었으니 지은 것이 하나도 그가 없이는 된 것이 없느니라 그 안에 생명이 있었으니 이 생명은 사람들의 빛이라."요 1:1~4 빛 되신 예수님께서는 줄곧 당신의 빛의 영역을 확장하셨다. 그래서 예수님께서는 제자들에게 늘 어둠이 깃든 곳으로 "건너가자"하시고 그곳을 당신의 진리와 생명으로 밝히셨다.막 4:35, 눅 8:22

마지막으로 예수님께서는 부활과 재림 가운데 하나님 나라를 임하게 하심으로 당신과 당신을 따르는 모든 하나님의 백성들과 공유하는 참된 리더십을 성취하신다. 예수님의 메시아 리더십은 당신의 고난과 죽음으로 끝나지 않는다. 예수님의 리더십은 죽음 이후 부활로 그리고 궁극에 하나님의 새 예루살렘과 더불어 다시 오시는 재림으로 최종 완성된다. 예수님께서 당신의 지상 사역을 완수하시고 하늘로 올라가셨을 때 천사들은 제자들에게 이렇게 말했다. "갈릴리 사람들아 어찌하여 서서 하늘을 쳐다보느냐 너희 가운데서 하늘로 올려지신 이 예수는 하늘로 가심을 본 그대로 오시리라."행 1:11 예수님께서는 당신의 리더십을 따라 메시아 리더십을 세상에 전하는 제자들과 당신의 사람들이 옳았음을 확증하시기 위해 그리고 종국의 당신의 메시아 리더십으로 세상을 온전히 하나님 나라로 새롭게 하시기 위해 이 땅에 다시 오신다. 그래서 예수님께 위임받아 메시아 리더십으로 세상을 섬기고 이끄는 모든 "왕 같은 제사장들"의 리더십을 완성하시고 온전하게 하신다.벧전 2:9

중요한 것은 예수님의 메시아 리더십이 이스라엘 왕들로 대표되는 세상 모든 왕들과 권세자들의 다스림을 온전하게 하는 길이라는 것이다. 하나님께서는 세상의 리더십을 예수님의 메시아 리더십으로 보완하신다. 예수님께서 십자가에서 보이신 메시아 리더십은 다윗과 솔로몬을 비롯한 모든 이스라엘 왕들에게서 드러난 연약함과 부족함을 채우시고 보완하셔서 온전하게 하시기에 충분하다. 예수님께서는 다윗의 부족함을 당신의 성육신으로 채우신다. 예수님께서는 솔로몬의 연약함을 당신의 십자가로 채우신다. 예수님께서는 히스기야와 요시야의 부족함과 한계를 당신의 부활과 재림의 최종 승리로 온전하게 하신다. 심지어 예수님께서는 여로보암의 시기어린 리더십을 보완하시고, 아합의 무위의 리더십조차 온전하게 하시고 새롭게 하신다. 예수님 안에서 모든 리더십은 새로운 것으로 거듭날 수 있다.고후 5:17 그 옛날 죽어 모실에 누운 이들을 되살려 그들의 왕권을 되살리는 것을 말하려는 것이 아니다. 예수님 메시아 리더십의 궁극이 그 시대를 반복하게 하시리라는 것을 말하려는 것이 아니다. 그때 그들의 부족한 다스림을 성경을 통해 바라보는 우리의 연약함과 부족함을 채우시고 보완하시며 새롭게 하시는 예수님의 능력을 말하려는 것이다. 예수님께서는 돌이켜 회개하는 가운데 부족한 모습 그대로 당신에게 돌아온 베드를 품으시고 그 부족함을 스스로 채우셨다. 그리고 그를 교회의 수장이 되도록 다시 이끄셨다. 또 예수님께서는 치기어리고 부족하여 천둥벌거숭이 같은 요한 역시 오래 참음 가운데 당신의 메시아 리더십으로 품으시고 자라게 하셔서 그로 하여금 새로운 교회의 세기에 신실한 사랑의 사도가 되도록 하셨다. 오늘 우리에게도 예수님의 메시아 리더십은 동일한 역사로 함께 하실 것이다. 오늘 우리의 부족함과 연약함에도 예수님의 메시아 리더십은 그 진실함과 능력으로 함께 하신다. 그래서 우리의 세상 다스림을 채우시고 보완하시며 온전하게 하신다. 중요한 것은 우리의 부족함을 아는 것이며 우리의 한계를 아는 것이다. 그래서 우리의 빠진 이와 같은 리더십의 곳곳을 예수님의 메시아 리더십이 채워주시기를 바라는 것이다.

참된 리더가 되려면

캔들러 신학교의 교수이며 영성훈련가인 리차드 포스터Richard J. Foster는 예수님께서 보이신 리더십을 이렇게 정의했다. "예수님의 리더십은 세상 모든 리더들의 본보기이며 모델이다. 예수님께서는 세상 리더들에게 겸손과 긍휼, 온전함, 그리고 타인을 온전히 세우는 진실된 방법을 가르치신다." 예수님의 리더십은 세상이 가르치고 훈육하는 것과는 다른 것이다. 예수님의 리더십은 세상 리더들이 본받아 따를 때 그들을 온전하게 하고 풍성하게 하며 세상 가운데 진정한 빛이 되는 리더로 서게 한다. 이런 비슷한 이야기는 우리 시대 참 신학자였던 제임스 패커James I. packer에게서도 들을 수 있다. 그는 예수님의 리더십을 전하는 강연에서 그분의 리더십을 이렇게 한 마디로 요약했다. "예수님의 왕 되심과 그 리더십은 깨어지고 부서진 세상에 희망의 소식이다. 예수님의 왕 되심과 그 리더십은 우리가 다 통제하지 못하는 것, 우리가 다 온전히 다스리지 못하는 것을 예수님께서 친히 다스리시며 온전하게 하신다는 것을 보여준다." 그렇다. 우리는 우리의 리더로서 자리가 갖는 한계와 약점을 잘 알아야 한다. 그리고 우리의 부족함을 우리를 창조하시고 우리를 섭리하시며 결국에 우리를 구원하시는 예수님께서 채우시고 온전하게 하신다는 것을 알아야 한다.

참된 리더가 된다는 것은 자신의 한계와 약점, 부족함을 아는 것이다 그래서 우리의 다스림에 예수 그리스도의 메시아 리더십이 덧입혀져야 함을 아는 것이다. 중요한 것은 우리의 한계 상황에서 그리고 우리가 부족하다고 여기는 현실에서 예수님의 메시아 리더십을 체험하는 것이다. 그러기 위해서 우리는 우리의 리더로서 수행하는 모든 시간과 공간에 예수님과 대화하며 예수님과 동행하는 시간의 여유를 가져야 한다. 모든 것을 우리의 것으로 가득 채워 그것으로만 우리 리더십의 에너지로 삼으려 하는 것은 지극히 어리석은 짓이다. 우리 리더십에는 두 개의 연료통이 필요하다. 하나는 하나님께서 우리의 천성과 우리의 훈련에 채워주신 우리 스스로의 리더십의 능력이다. 다른 하나는 우리가 가진 리더십의 능력이 부족하다 여겨질 때 우리 리더십의 공백을 채우고 온전하게 하는 예수님의 메시아 리더십 능력이다. 이 두 개의 연료통을 온전히 품고 리더로서 우리의 자리에 서게 될 때 우리는 우리와 하나님의 크신 사랑, 예수 그리스도의 크신 은혜, 성령의 크신 능력을 경험하게 된다. "우리가 알거니와 하나님을 사랑하는 자 곧 그의 뜻대로 부르심을 입은 자들에게는 모든 것이 합력하여 선을 이루느니라."롬 8:28

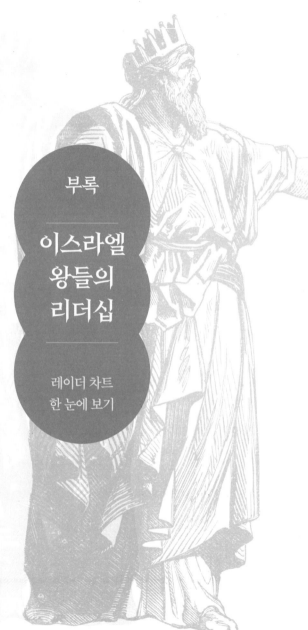

부록

이스라엘
왕들의
리더십

레이더 차트
한 눈에 보기

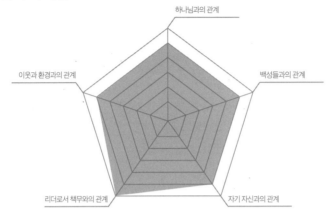

이스라엘 왕들의 레이더 차트
다윗의 리더십

하나님과의 관계

이웃과 환경과의 관계

백성들과의 관계

리더로서 책무와의 관계

자기 자신과의 관계

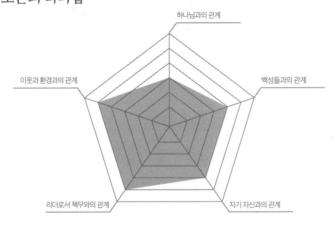

이스라엘 왕들의 레이더 차트
솔로몬의 리더십

하나님과의 관계

이웃과 환경과의 관계

백성들과의 관계

리더로서 책무와의 관계

자기 자신과의 관계

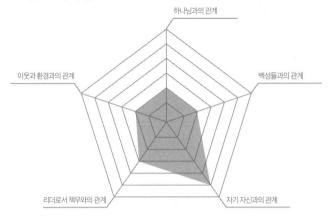

이스라엘 왕들의 레이더 차트

여로보암의 리더십

하나님과의 관계

백성들과의 관계

이웃과 환경과의 관계

자기 자신과의 관계

리더로서 책무와의 관계

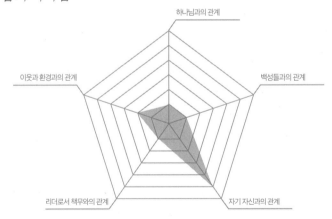

이스라엘 왕들의 레이더 차트

아합의 리더십

하나님과의 관계

백성들과의 관계

이웃과 환경과의 관계

자기 자신과의 관계

리더로서 책무와의 관계

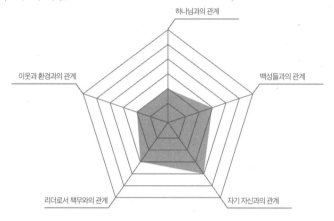

이스라엘 왕들의 레이더 차트
예후의 리더십

- 하나님과의 관계
- 백성들과의 관계
- 자기 자신과의 관계
- 리더로서 책무와의 관계
- 이웃과 환경과의 관계

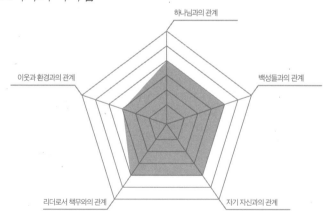

이스라엘 왕들의 레이더 차트
히스기야의 리더십

- 하나님과의 관계
- 백성들과의 관계
- 자기 자신과의 관계
- 리더로서 책무와의 관계
- 이웃과 환경과의 관계

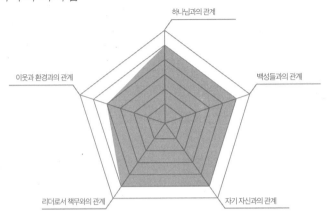

이스라엘 왕들의 레이더 차트
요시야의 리더십

하나님과의 관계

백성들과의 관계

이웃과 환경과의 관계

리더로서 책무와의 관계

자기 자신과의 관계

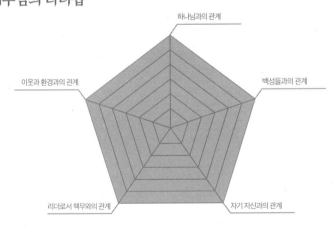

이스라엘 왕들의 레이더 차트
예수님의 리더십

하나님과의 관계

백성들과의 관계

이웃과 환경과의 관계

리더로서 책무와의 관계

자기 자신과의 관계